VDI BERICHTE
Herausgeber: Verein Deutscher Ingenieure

VDI BERICHTE 1295

VEREIN DEUTSCHER INGENIEURE

VDI-GESELLSCHAFT
FÖRDERTECHNIK MATERIALFLUSS LOGISTIK

KUNDEN-NUTZEN-LOGISTIKNETZE

10. Jahrestagung Lagerlogistik

Tagung Hamburg, 26. und 27. November 1996

VDI VERLAG

Die Deutsche Bibliothek – CIP-Einheitsaufnahme

Kunden-Nutzen-Logistiknetze : Tagung Hamburg,
26./27. November 1996 / VDI-Gesellschaft Fördertechnik
Materialfluß Logistik . – Düsseldorf : VDI Verl., 1996
(VDI-Berichte : 1295)
ISBN 3-18-091295-2
NE: Gesellschaft Fördertechnik Materialfluß Logistik ;
Verein Deutscher Ingenieure: VDI-Berichte

Der VDI-Bericht, der die Vorträge der Tagung enthält, erscheint als nichtredigierter Manuskriptdruck. Die einzelnen Beiträge geben die auf persönlichen Erkenntnissen beruhenden Ansichten der jeweiligen Vortragenden bzw. Autoren wieder.

Printed in Germany.

ISSN 0083-5560

ISBN 3-18-091295-2

Vorwort

Die VDI-Gesellschaft Fördertechnik Materialfluß Logistik (VDI-FML) veranstaltete am 26. und 27. November 1996 in Hamburg zum zehnten Mal die Jahrestagung Lagerlogistik.

Viele Unternehmen stehen im wirtschaftlichen und gesellschaftlichen Umbruch vor einer harten Bewährungsprobe. Durch die zunehmende Globalisierung wird auch die Logistik vor immer neue Herausforderungen gestellt. Sie wird zu einem entscheidenden Erfolgsfaktor für die Unternehmen. Wirtschaftliche Leistungsvergleiche sind jedoch komplex. Kosten sollen gesenkt und die Verlustquellen sichtbar gemacht werden. Die Effizienzsteigerung muß meßbar werden, um gesteckte Ziele zu erreichen und dauerhaft zu sichern.

Themenschwerpunkte der VDI-Tagung waren die Materialflußtechnik, die Informationsverarbeitung sowie die Motivation und Einbeziehung der Mitarbeiter. Der Vergleich verschiedener Lagersysteme deckt Rationalisierungs- und Kostensenkungspotentiale in logistischen Netzen auf und zeigt deren Einbindung in die Unternehmenslogistik. Hochaktuell sind Sicherheitsfragen in Datennetzen wie dem Internet. Die zunehmende Abwicklung sensibler Firmendaten und Rechtsgeschäfte in offenen Netzen macht zuverlässige Lösungen nötig.

Eine umfangreiche Fachausstellung und die Besichtigung des neuen und zukunftsweisenden Logistikzentrums von TKN (Tchibo, Kühne & Nagel) in Gallin rundeten das Tagungsangebot ab.

VEREIN DEUTSCHER INGENIEURE
VDI-Gesellschaft Fördertechnik Materialfluß Logistik (VDI-FML)

Inhalt

Einleitung
Die Lagerlogistik zur Unternehmensoptimierung

Rolf H. Rupp, Ratingen

o Ausgangslage

Viele Unternehmen stehen vor einer harten Bewährungsprobe angesichts des zur Zeit stattfindenden enormen wirtschaftlichen und gesellschaftlichen Umbruchs.

An der Logistik werden durch die zunehmende Globalisierung der Wirtschaft immer neue Herausforderungen gestellt. Die Logistik ist ein entscheidender Erfolgsfaktor für die Unternehmen.

Die wirtschaftlichen Leistungsvergleiche zur Logistikoptimierung sind komplex. Die Aufgaben lauten: die Kosten zu senken und die Verlustquellen sichtbar zu machen. Die Effizienzsteigerung muß meßbar werden, um die gesteckten Ziele zu erreichen und dauerhaft zu sichern. Zuverlässige Prognosen und aussagefähiges Controlling sind die Voraussetzungen hierzu.

Gegenwärtige Schwerpunkte sind u. a. die Materialflußtechnik, die Informationsverarbeitung, die Motivation und Einbeziehung der Mitarbeiter. Die menschenzentrierte Erneuerung der Arbeitsvorgänge sind vorrangig.

Der Vergleich verschiedener Lagersysteme deckt Rationalisierungs- und Kostensenkungspotentiale in logistischen Netzen auf und zeigt deren effiziente Einbindung in die Gesamtlogistik der Unternehmen.

Hochaktuell sind Sicherheitsfragen in Datennetzen z. B. Internet. Durch zunehmende Abwicklung sensibler Firmendaten und Rechtsgeschäften in offenen Netzen sind zuverlässige Lösungen notwendig.

o Veränderungen im Markt / Globalisierung

Neben vielen Markteinflüssen wird der Wandel unter anderem von einer gravierenden Umorientierung geprägt. Das einstige Qualitätssiegel „Made in Germany" verliert bei immer mehr, insbesondere bei den jüngeren Konsumenten, deutlich an Bedeutung. Dies ist eines der zentralen Ergebnisse einer Studie der Gesellschaft für Konsumforschung (GfK), die im Auftrag der Frankfurter Werbeagentur TBWA erarbeitet worden ist.

Bei vielen Unternehmen rückt „Made in Germany" in den Hintergrund. Dort heißt es vielfach bereits „Made by xxx" oder „Made by yyy". Nicht mehr das Herkunftsland spielt bei der Vermarktung von Produkten eines global operierenden Konzerns eine Rolle, sondern die Marke.

Diesen Trend belegt eine aktuelle Untersuchung der deutsch-amerikanischen Handelskammer zum Thema Selbstdarstellung deutscher Markenanbieter auf dem US-Markt. Danach stellen dort deutsche Unternehmen vor allem ihre GLOBALITÄT statt ihre HERKUNFT heraus. So setzen etwa Autobauer und Chemiekonzerne kaum auf „Made in Germany" - in Imageanzeigen oder Broschüren wird das Herkunftsland kaum genannt. Das aber heißt, daß dadurch eine Störung der jeweiligen Produktionsstandorte und Regionen erfolgt.

o Strukturwandel

Die Ausrichtung der Unternehmensstrukturen auf die Bedürfnisse des Kunden beherrscht die Diskussion nicht erst seitdem Konzepte wie Business Reengineering, Total Quality Management und Lean Production als Allheilmittel in der Managementliteratur propagiert werden. Vielmehr stehen die Unternehmen von jeher vor der Frage, wie Kosten, Qualität, Durchlaufzeiten und der Ressourceneinsatz reduziert und gleichzeitig die Flexibilität und damit die Anpassungsfähigkeit erhöht werden können. Basis für derartige Anpassungsprozesse ist die Besinnung auf die elementaren Grundlagen eines jeden Unternehmers; - die Abläufe bzw. Prozesse. Träger und Ausführende dieser Prozesse sind die Mitarbeiter im Unternehmen. Somit gewinnt die konsequente Prozeßorientierung in der Logistik und die Integration der Mitarbeiter über den gesamten logistischen Leistungserstellungsprozeß an Bedeutung und verschafft den nötigen Spielraum, um die Wettbewerbsfähigkeit langfristig zu erhöhen.

Die Globalisierung der Märkte und immer kürzer werdende Innovationszyklen erfordern eine steigende Anpassungsfähigkeit und -geschwindigkeit an die jeweils aktuelle Marktsituation. Die Unterschiede zwischen Produkten verschiedener Hersteller sind oft nur noch marginal. Qualitätsbewußte Unternehmen bauen auf den Erfolgsfaktor Logistik und deren integrale Informationslogistik.

Die Logistik durchzieht wie ein roter Faden den gesamten betriebswirtschaftlichen Wertschöpfungsprozeß vom Einkauf über die Lagerverwaltung und -steuerung bis hin zum Verkauf. Daher wirkt sich jeder Zeit- und Kostenvorteil, den sie durch die Automatisierung mittels einer logistischen Softwarelösung gewinnen, direkt in einer Verbesserung Ihrer betriebswirtschaftlichen Erfolgskennzahlen aus.

o Anschauungswandel in der Logistik

Logistik ist einer der strategischen Schlüsselfaktoren für den Erfolg eines Unternehmens. Der enorme internationale Wettbewerb in Industrie und Handel zwingt verstärkt zur permanenten Rationalisierung, zur anhaltenden Kostensenkung, zu immer besserer Qualität, in einer äußerst flexiblen Produktion - und das Ganze in immer weniger und kürzerer Zeit.

Nachdem die Rationalisierungspotentiale in den Unternehmen in der Fertigung vielfach nahezu erschlossen oder nur mit erhöhtem Aufwand auszuschöpfen sind, besteht über die Notwendigkeit logistikorientierter Strukturen einzuführen kein Zweifel mehr.

Vorrang haben heute die Optimierung der Organisation und Steuerung des gesamten Material-, Waren- und Informationsflusses. Dadurch wird der logistische Grundsatz noch aktueller: Alles, was ein Unternehmen zur Produktion und Distribution benötigt, muß zum richtigen Zeitpunkt in der richtigen Menge und Qualität am richtigen Ort verfügbar sein.

Innovative Logistiknetze sind Haupthandlungsfeld und damit die Dreh- und Angelpunkte in Unternehmen. Nur die Unternehmen werden in Zukunft am Markt bestehen, die über eine ganzheitliche, durchgängige, Fachgrenzen übergreifende, effiziente und wirtschaftliche Unternehmenslogistik verfügen.

Prozeßorientierte Logistik bedeutet innovative Gestaltung der zu erfüllenden Aufgaben. Es sind neue Wege gefragt, die Bereitstellung von Material und Information zur höheren Wertschöpfung der Unternehmen zu erreichen.

Die Kundenanforderungen im Wettbewerb haben dazu geführt, daß die Typenvielfalt erheblich zugenommen hat und somit die Logistikkomplexität überproportional beeinflußt.

Im folgenden sind die Erfolgsfaktoren in 3 Gruppen zusammengefaßt, die Logistikoptimierungsanalyse bieten.

Kundenorientierte Erfolgsfaktoren ⇒ Ziel: maximales Ergebnis	
- Zufriedenheit des Kunden - langfristige Strategievorg. (Visionen) - Reaktionszeit zw. Auftragserteil. und Auslieferung - Entwicklungszeit für neue Produkte - Fähigkeit zur Produktvariierung - Innovationsfähigkeit	- termingerechte Auftragsausführung - Komplettauslieferung - Umweltschutz (Verpackungen) - Lieferantenanbindung - Servicegrad

Prozeßorientierte Erfolgsfaktoren	
Anlagen/ Maschinen	⇒ Ziel: Hohe Anlagen/Maschinen-Auslastung - störungsfreie Abläufe (Prozeßsynchronisation) - Teilefamilien - Komplettbearbeitung - Transparenz im Prozeß (Prozeßsicherheit) - hohe Verfügbarkeit
Material	⇒ Ziel: Niedrige Bestände - Selektion von qualitätsgerechten Zulieferern - Ressourcenverfügbarkeit (Bestandssicherheit) - Varianteneingrenzung (Normierung) - permanente Aktualisierung
Information/ Kommunikation	⇒ Ziel: Informationsverfügbarkeit - durchgängiges DV-Parallelnummern-System - durchgängiger DV-Einsatz (Regelkreise) - kompletter Basisdaten-Bereitstellung - aktuelle Istdatenbereitstellung

Mitarbeiterorientierte Erfolgsfaktoren Mensch ⇒ Ziel: Humanisierte Arbeitswelt	
- Qualifizierte Mitarbeiter (Schulung) - Motivation kreativer Mitarbeiter - Produktive Mitarbeiter (Disziplin) - Problemerkennungsfähigkeit - Konsensfähigkeit	- Originalität - Teamfähigkeit - Qualitätsbewußtsein - Kooperation - Zielvereinbarungen

Erfolgreiche Unternehmen müssen ihre wirtschaftliche Leistungsfähigkeit, gemessen etwa an der Produktivität, der Marktreaktion und innovativen Beweglichkeit beweisen, denn es stehen umfassende Umgestaltungen ins Haus. Die Situation in industriellen Kernbereichen läßt keinen Zweifel mehr daran, daß die Sicherung der Wettbewerbsfähigkeit eine grundlegende Erneuerung z. B. der Logistiksysteme notwendig macht. Die Leitvorstellungen sind zwar vorhanden, die Umsetzung in die betriebliche Praxis aber weniger erfolgreich oder nur mit Nachbesserungen.

Diese Umbruchsituation machte sich nicht erst in der jüngsten Rezession bemerkbar, sondern zeichnete sich schon Ende der achtziger Jahre ab. Die enormen Produktivitätsunterschiede zwischen erfolgreichen durchschnittlichen Wettbewerbern, das Verlieren von Marktanteilen im internationalem Vergleich waren Vorboten einer sich anbahnenden Krise.

Konkrete Erfolge gezielter Umstrukturierungsmaßnahmen im Rahmen von „Reengineering", d. h. auch Umgestaltung von Logistikprozessen zeigen Untersuchungen der Universität Mannheim, die 1995 veröffentlicht wurden. Bei 800 untersuchten Reengineering-Maßnahmen ergaben sich

- 36 % höhere Qualität
- 23 % niedrigere Gemeinkosten
- 30 % höhere Produktivität
- 37 % höhere Produktentwicklungszeiten
- 53 % kürzere Durchlaufzeiten
- 19 % zufriedenere Kunden

Diese Erfolgsmöglichkeiten in Prozenten sind beeindruckend und die logistikbedingten Anteile müssen zum genaueren Untersuchen und zur Umgestaltung der Logistikprozesse geradezu herausfordern.

o Schwerpunkt Informationslogistik

Um zielgerichtet und in kürzester Zeit die Geschäftsprozesse im Unternehmen durchführen zu können, sind ungehinderte, zuverlässige und sichere Informationsflüsse über Unternehmensnetz und über Unternehmensgrenzen hinweg notwendig. Der Unterstützung dieser Informationsflüsse ist sicher der neue Schwerpunkt „Informationslogistik" in den kommenden Jahren gewidmet.

Die Forderungen an den Logistikprozeß sind bekanntermaßen

- das gewünschte Gut
- am gewünschten Ort
- zur gewünschten Zeit
- in der gewünschten Menge und Qualität mit
- hoher Verfügbarkeit und einem
- Minimum an Aktivitäten (Transaktionen)

Die klassische Betriebswirtschaftslehre beschreibt den ökonomischen Werteumwandlungsprozeß durch den Güter- und den Geldstrom, die parallel in entgegengesetzter Richtung durch ein Unternehmen fließen. Im Zeitalter der Informationstechnologie tritt Informationsfluß hinzu: Grundlage dafür sind vernetzte DV-Systeme des Unternehmens. Hierzu ist die entsprechende integrierte Software notwendig, welche die Daten und Informationen, die durch wirtschaftliche Interaktionen mit der Umwelt entstehen, erfassen.

Der aktuelle Ansatz, um der Forderung nach einer sicheren und effizienten Informationslogistik gerecht zu werden, sind Softwareentwicklung, die z.B. Client/ Server-Lösungen.

Die Lösungen der Unternehmen in Großrechnersysteme (Host) scheinen Vergangenheit zu sein. Die rasante Entwicklung der letzten Jahre führt zu Arbeitsplätzen mit bedienerfreundlicheren PC-Sytemen.

Für die Unternehmen bedeutet Informationslogistik:

- Handhabung komplexer Projekt- und Produktinformationen

- Installation eines Informationsflusses entlang der CAD/CAM-Prozeßkette und

- rechtzeitige und transparente Bereitstellung der für den Arbeitsfortschritt notwendigen Informationen.

Informationslogistik muß die Planung und Generierung der Informationsflüsse von der Akquisition bis zur Präsentation umfassen. Grundvoraussetzung ist ein zuverlässiger und effizienter Datenaustausch sowie der transparente Zugriff auf aktuelle Daten. Deshalb sind zur Unterstützung der unternehmens- und branchenübergreifenden Informationslogistik drei Komponenten von besonderer Bedeutung:

- eine zuverlässige Kommunikationsinfrastruktur zwischen den Unternehmen und den einzelnen Arbeitsplätzen im Verbundnetz bis hin zu globalen Verbundnetzen.

- eine ausgeprägte Verwaltung von Produkt- und Prozeßinformationen

- ein funktionierendes Projektmanagement zur Planung und Koordinierung aller Informationsflüsse.

Die Kommunikationsinfrastruktur muß die Basisdienste zur Realisierung der Kommunikation zwischen Arbeitsplätzen und Unternehmen anbieten. Dieses sind Datenaustausch, -haltung, -konvertierung und -visualisierung mit den darauf aufbauend zu anwendungsorientierte Dienste.

o Automation

Ein Erfolgsgeheimnis des konkurrenzfähigen Unternehmens liegt im effizienten Management der Unternehmenslogistik. Der ständige Wandel zwingt zu neuen Wegen und angepaßten Methoden, um positiv auf die Herausforderung des Marktes antworten zu können. Die Automation bietet hierfür effiziente technische und organisatorische Systemlösungen.

Die erfolgreiche Automation erfordert ein besseres Verständnis der Art und Weise, wie Menschen ihre Arbeit tun, in anderen Werten. Sie setzt detaillierte und reflektierte Kenntnis des operativen Prozesses voraus.

Unterschiedliche Auffassungen über die Struktur und Abwicklung einer Aufgabe führen zu unterschiedlichen Ansichten über optimale Methoden, z. B. bei der Herstellung in der Produktion und um zentrale Probleme des Logistikmanagements bzw. der Logistik im allgemeinen.

Eine beste Methode der Automation gibt es nicht. Es führt kein Weg daran vorbei, die Gesamtaufgabe und das Gesamtproblem und dessen Erfordernisse in systembedingter Gesamtkomplexität zu verstehen. Dazu ist es notwendig, daß der zu automatisierende Prozeß erst dann optimierbar ist, wenn die technisch organisatorische Anforderungen vollständig begriffen worden sind. Das heißt, Automatisierungskonzepte sind erst dann zu entwickeln, wenn die Anforderungen einer Aufgabe vollständig analysiert und verstanden und eine klare Zielvorgabe erkannt wurde.

Die anzuwendende Technologie bzw. der Automatisierungsgrad ergibt sich aus den Erfordernissen des Geschäftsprozesses. In anderen Worten, erst wenn die Erfordernisse aus dem „operativen Bereich" erkannt und verstanden sind, kann mit der Strukturierung und Dimensionierung des Automatisierungskonzeptes begonnen werden. Es sind die Operationen bis ins Detail sorgfältig zu untersuchen und zu gestalten und u. U. verfahrensbedingt von Grund auf umzugestalten. Vom weiteren Einfluß ist die zu antizipierende Entwicklung des Marktes, die Auswirkungen auf die Nachfragestruktur und damit auf das Lieferprogramm, dem Kundendienst, den sich aus „life-cycle" der Produkte ergebenden Erfordernissen, maßgeblich zu berücksichtigen.

Die Erfahrungen aus den unterschiedlichen Projekten in Industrie und Handel, bei kleinen und mittleren Unternehmen zeigt, daß die Kenntnis über die optimale Vorgehensweise weitgehend fehlt oder unbekannt ist. Hier wird auf verschiedene Lösungsansätze zurückgegriffen, wodurch allerdings nur bestimmte Engpässe, die symptomatisch im gesamten Ablauf auftreten, behandelt werden (Flaschenhalsbetrachtung), ohne deren gesamten Zusammenhänge und damit den systemtechnischen, gesamtplanerischen Ansatz zu erkennen bzw. zu verwenden, geschweige denn, danach vorzugehen und zu verfahren. . Diesen Unternehmen fehlen damit auch die Entscheidungsgrundlagen zur Beurteilung von optimalen Lösungskonzepten.

o Gruppenarbeit

In zahlreichen Betrieben findet eine Änderung der Organisationsstrukturen mit den Zielen, Durchlaufzeiten zu verringern, Kosten zu reduzieren und die Produktqualität zu verbessern statt.

Gekennzeichnet sind diese Umstrukturierungsbemühungen vor allem durch die Realisierung dezentraler Organisationsformen und das Bestreben, Aufgaben und Verantwortung stärker nach „unten" an die Basis zu den Werksmitarbeitern zu verlagern. Schlagworte wie Fertigungsinseln, Lean Management oder Total Quality Management stehen für diesen Ansatz.

Die Einführung von Gruppenarbeit in der Werkstatt ist dabei ein entscheidender Schritt auf dem Weg zu einem flexiblen Unternehmen. An die Stelle von zentraler Detailplanung und nachgelagerter Kontrolle in den indirekten Bereichen treten mehr Selbstverantwortung, Eigeninitiative und Entscheidungskompetenz in der Werkstat. Von der Umsetzung dieser Konzepte sind alle Hierarchieebenen betroffen und damit in den Einführungsprozeß zu integrieren.

Wie bereits erwähnt, ist hier die genaue Kenntnis der operativen Prozesse und deren Vernetzung im Unternehmen zwingend notwendig.

Ein Beispiel, wie die zur Umgestaltung fähigen Entscheidungen getroffen werden, liegen im sogenannten ringi-System (siehe Literatur Lit. 2).

o ringi-System

Die Vorbereitungen nach einer Einladung zu Vorträgen, Gesprächen und Besuchen in Japan führten zu einem eingehenden Studium mit der japanischen Kultur mit ihrer Gesamtheit der wirtschaftlichen, politischen, ästhetischen und religiösen Kräften und Wirkungszusammenhängen.

Eine wesentliche Frage, die sich immer wieder stellte, wie werden Entscheidungen optimiert?

Manager werden von ihren Vorgesetzten nach der Qualität der Entscheidungen beurteilt, die sie treffen und sie legen selbst gewöhnlich diesen Maßstab an. Das Problem ist, daß solche Urteile nur im nachhinein möglich sind, den die Richtigkeit einer Entscheidung zeigt sich erst, wenn die Entscheidungen getroffen sind und sie erweist sich erst während oder nach der Ausführung. Manager halten auch bei Mißerfolgen gerne an den Vorgaben fest, und beschuldigen Untergebene, Entscheidungen nicht oder nur unzureichend ausgeführt zu haben. Diese Diskrepanz zwischen Entscheidung und Ausführung führt zum Dilemma der westlichen Form von Betriebsorganisation. Kraß ausgedrückt: Manager werden dafür bezahlt, daß sie diese Entscheidungen ausführen. Die Mittel hierzu bildeten bisher die Autorität in jeglicher Form, kraft Vorgesetztenposition und deren Anerkennung durch den Untergebenen oder rechtlicher Verpflichtungen, die dem Untergebenen z. B. durch den Arbeitsvertrag auferlegt sind.

Die Japanischen Manager haben einen leichteren Part ausgewählt. Einmal betrachten sie Entscheidungen nicht mit derselben Ängstlichkeit wie ihre westlichen Kollegen; zum anderen sind die japanischen Betriebsorganisationen weniger konfliktgeladen; sie stützen sich auf ein recht gutes Betriebsklima - und eine gute Dosis Erfolg. Der Entscheidungsprozeß in der japanischen Industrie weist einige Besonderheiten auf.

o Sicherheit in Datennetzen

Auch wenn die vielen Informationsanbieter z. B. im Internet ihre Informationen im Web veröffentlichen, damit sie von möglichst vielen Leuten gelesen werden, so gibt es doch Anwendungen, die einen abhörsicheren Datenverkehr erfordern. Sei es nun bei E-Mails, die nicht für die Öffentlichkeit bestimmt sind oder bei finanziellen Transaktionen, wo die dazugehörigen Daten nur den daran Beteiligten zugänglich sein sollten. Deshalb sind eine Reihe von Überlegungen zu Sicherheitsfunktionen notwendig.

Die Verlagerung von Alltagsgeschäften in eine digitale Umgebung wird im wesentlichen zwei Probleme aufwerfen: Zum einen gehen die heutigen Vorschriften über Rechtsgeschäfte meist von Willenserklärungen aus, die von Menschen aus Fleisch und Blut in unverfälschbarer Weise, etwa durch unterschriebene Dokumente, abgegeben werden, und deren Abgabe notfalls durch eben solche Menschen bestätigt werden kann. In einem offenen digitalen System tritt an die Stelle des Menschen sein Rechner, der zudem keine materiellen unterschriebenen Dokumente erzeugt, sondern nur digital codierte Information, die beliebig kopiert werden kann. Das Erzeugen einer solchen Information, die z. B. die verbindliche Bestellung einer Ware darstellen kann, ist zudem auch weniger durch einen Menschen bezeugbar, als wiederum durch eine Maschine, etwa einen Rechner der Post, die die Information über das ISDN dem Empfänger übermittelte.

Mit der Einführung eines neuen Kommunikationssystems durch die Deutsche Bundespost, das ISDN (integrated services digital network), das zunächst nur alle schmalbandigen Kommunikationsdienste wie Telefon, Telex, Teletex etc. und später auch alle breitbandigen Kommunikationsdienste wie Fernsehen und Bildfernsprechen in sich vereinigen und den Benutzern durch wenige, „multifunktionale" Endgeräte anbieten wird, wird zugleich die Grundlage für die Einführung offener digitaler Systeme gelegt. Ein solches System soll potentiell allen Benutzern des ISDN zugänglich sein und spezielle Dienste anbieten. Möglichkeiten wären reine Informationsdienste, etwa in der Nachfolge von Bildschirmtext, die ihren Benutzern spezielle Datenbanken zugänglich machen, die Verbreitung von POS-Terminals oder „elektronische Marktplätze", die den Benutzern das Anbieten und Bestellen von Waren, das Überweisen von Geld, kurz das Abwickeln von Rechtsgeschäften verschiedenster Art erlauben.

Die Frage der Rechtssicherheit im offenen digitalen System wird inbesondere in den zu erwartenden gesetztlichen Regelungen im nationalen und europäischen Rahmen behandelt (siehe hierzu Literatur Lit. 3).

KONSEQUENSEN /*FAZIT*

Die Umstrukturierung hat die Schwerpunkte Systemoptimierung durch hochqualifizierte Planung und deren zielkonformen Realiseirung durch Projektmanagemnt.

Der Anwender hat hierzu zwar viele Optionen, aber bislang wenig vertrauensbildende Auswahlhilfen, den den Praktiker überzeugen. Es sind deshalb Qualifikationen als Beurteilungsbasis zu entwickeln, die effizienter sind und akzeptiert werden.

Aufgabe ist es, den Planungs- und Entscheidungsprozeß im Hinblick auf die Zielvorgabe transparent zu gestalten und die Auswirkungen der Auswahlvariante bzw. der sinnvollen Alternativen überzeugend darzulegen.

Das Zusammenwachsen der Weltmärkte und damit die Umstrukturierungen bieten einerseits große Chanchen, neue Produktions- und Logistikstrukturen zu schaffen, andererseits aber einen nicht zu unterschätzenden Handlungsbedarf, der durch technische Hemmnisse, Handelshemmnisse usw. nötig ist.

Diese Strukturveränderungen im Makro-System der Logistik erfordern in den Transportketten Pufferfunktionen, die durch Mengenflußregler, d. h. letztlich Hochleistungslagersysteme erreicht werden. Die Standorte dieser Lager (Mikro-Systeme) hängen vom jeweiligen Versorgungsnetzt und den verfügbaren Transport- und Verkehrsträgern ab. Der absehbare Verkehrskollaps kann damit entkrampft werden. Dadurch werden aber auch die Schnittstellen zwischen den einzelnen Teilsystemen sichtbar und für die Versorgungslogistik, die Produktion, Fertigwarenlager, Distribution, Entsorgung mit Leergutrücklauf von großer Bedeutung.

Die strategischen Anforderungen an die Unternehmens- und Systemplaner wachsen also sowohl durch die horizontale Ausweitung der Systemgrenzen, als auch vertikal durch die Veränderungen im anzupassenden Produktionsspektrum und der damit verbundenen Fertigungstiefe.

Als Schwergewicht aus der Betrachtung der aufgezeigten Handlungsfelder ist der herausragende Wettbewerbsfaktor, der Faktor Zeit und damit

- die Planungsdauer

- die Realisierungsdauer als auch beim

- effizienten Betrieb des Systems.

Die zukünftigen Entwicklungslinien als Haupthandlungsbedarfe sind

- **Steigerung der Leistungsfähigkeit**
  der automatischen Lagersyteme gemessen am Zeitverhalten
  beim Mengendurchsatz

- **Verkürzung der Innovationszeiten**
  d. h. der Planungs- und Realisierungszeit
  je kürzer die Innovationszeit, umso besser ist der
  wirtschaftliche Nutzeffekt eines Logistiksystems

- **Verbesserung** der
  - **Störungsfreiheit** und
  - **Verfügbarkeit** der Automatisierten Lagersysteme
    und der Standorte

Literatur

Lit.1 Rupp, R. H.: Systementwicklung, Planungs- und Durchführungssystematik

Lit. 2 ringi-System Fischer Taschenbuch 6555 - Japan und der Westen, Band 2, Frankfurt am Main 1986

Lit. 3 Rechtssicherheit trotz Anonymität in offenen digitalen Systemen, Teil 1+ 2, Birgit Pfitzmann, Michael Waidner, Andreas Pfitzmann, Datenschutz und Datensicherung 5/90

Lit. 4 VDI-Richtlinien zum Thema
Siehe hierzu beigefügten Artikel „Aus der Arbeit des VDI-FML-Ausschusses A1 „Integrierte Material- und Datenflußsysteme", Zeitschrift Logistik im Unternehmen 10(1996), Nr. 5/6

Lit. 5 VDI-Berichte

VDI 776	„Automatisierte Lagersysteme „90"
VDI 909	„Automatisierte Lagersysteme „91"
VDI 1004	„Automatisierte Lagersysteme „92"
VDI 1085	„Lagerlogistik", 1993
VDI 1131	„Kommissionieren in Industrie und Handel", 1994
VDI 1164	„Lagerlogistik", 1994
VDI 1233	„Lagerlogistik" 1995

Physischer Materialfluß und Informationstechnik

Prof. Dr.-Ing. **Dieter Spath,** Dipl.-Ing. **U. Osmers,**
Dipl.-Ing. **J. Weber,** Karlsruhe

Abstract

Im anhaltenden strukturellen Wandel der Produktionstechnik ändern sich auch insbesondere die Anforderungen an Systeme zur Produktionsplanung und -steuerung (PPS-Systeme). Die Hauptdefizite heutiger Systeme liegen hier in den Bereichen Ressourcenmanagement und Materialfluß. Auf Basis eines Szenarios werden diesbezüglich Ansätze vorgestellt, mit deren Hilfe sich die Logistik im Unternehmen hinsichtlich der Qualitätsmerkmale Lieferzeit und Liefertreue optimieren läßt. Dabei führt der Einsatz funkbasierter Kommunikationsmechanismen zwischen Leitstand und aktiven teilautonomen Einheiten (Agenten) in der Fabrik zu einem optimierten Abgleich zwischen Modell und Realität und schafft damit die Grundlage für eine präzisere Logistik.

1 Defizite beim Einsatz von PPS-Systemen

Bereits in der Mitte der 60er Jahre begannen die ersten Großunternehmen, Softwaresysteme für die Produktionsplanung und Steuerung (sog. PPS-Systeme) einzusetzen, um bei maximaler Kapazitätsauslastung die Bestände, Terminabweichungen und Durchlaufzeiten zu minimieren. Anfang der 80er Jahre zogen dann auch die mittelständischen Industrien nach. Die Zahl der installierten Systeme nahm dabei rapide zu: Entsprechend einer Untersuchung des VDMA wurden 1988 bereits von 60% aller Firmen PPS-Systeme eingesetzt, 1994 waren es laut einer Umfrage des FIR schon über 80% [Wess-95].

Aufgaben und Softwaresysteme der Produktionsplanung und -Steuerung sind also keineswegs neu; ihre Probleme sind jedoch auch heute noch keineswegs gelöst. Die Ursachen hierfür liegen zum einen in der steigenden Komplexität heutiger Produktionssysteme, zum anderen in den sich ständig ändernden Rahmenbedingungen [Kurb-95], [Wiend-96]:

- Wandel vom Verkäufer zum Käufermarkt
- zunehmender Rechnereinsatz in der Fertigung
- Übergang von zentralen zu verteilten Rechnersystemen
- Einsatz von Datenbanksystemen
- zwischen- und innerbetriebliche Rechnervernetzung

Unter diesen Randbedingungen lassen sich heute für den Einsatz von PPS-Systemen die folgenden Zeit- und Mengenziele ausmachen [Kurb-95]:

Zeitziele:
- Minimierung der Durchlaufzeiten
- Minimierung der Wartezeiten
- Minimierung der Stillstandszeiten
- Minimierung der Terminüberschreitungen
- Maximierung der Kapazitätsauslastung aller Betriebsmittel

Mengenziele:
- Minimierung der Werkstatt- und Lagerbestände
- Minimierung von Fehlmengen

Das *Dilemma der Ablaufplanung* besteht hierbei darin, daß einzelne Ziele miteinander konkurrieren. Insbesondere stehen die Forderungen nach maximaler Kapazitätsauslastung sowie Minimierung der Durchlaufzeiten offensichtlich im Widerspruch zueinander.

Hinsichtlich der Erreichung der genannten Ziele weisen die heute am Markt erhältlichen Systeme nach wie vor schwerwiegende Defizite auf. Entsprechend der oben erwähnten FIR-Untersuchung werden die Systeme insbesondere in den Teilbereichen Produktionsplanung, Auftragssteuerung und Stammdatenverwaltung sowie den dazwischenliegenden Schnittstellen den Anforderungen der Anwender noch nicht in genügendem Maße gerecht. Den Hauptproblembereich stellt jedoch die Produktionssteuerung dar. Denn während vor 30 Jahren, als im damaligen Verkäufermarkt die ersten PPS-Systeme installiert wurden, die maximale Auslastung der vorhandenen Ressourcen im Vordergrund stand, steht heute der Kunde mit seinen unbedingten Forderungen nach Termintreue, Flexibilität und Qualität im Mittelpunkt des Interesses (Abbildung 1).

Abbildung 1: Status quo in der Produktionsplanung und -steuerung

Problematisch wirkt sich hier insbesondere die in der Regel geringe Übereinstimmung des innerhalb des PPS-Systems gehaltenen Modells mit dem tatsächlichen Zustand der Produktion aus, was einerseits eine exakte Bewertung des Umlaufvermögens verhindert, andererseits nicht akzeptable zeitliche und kapazitive Dispositionssicherheiten erfordert. Gründe für diese Inkonsistenzen liegen in den zufallsverteilten Störgrößen des realen betrieblichen Umfelds, die durch die den Systemen zugrundeliegenden Modelle nicht prognostiziert werden können. Medienbrüche und Eingabefehler verschlechtern die Situation weiter. Die Defizite im Bereich der Produktionssteuerung sind in Abbildung 2 zusammengefaßt.

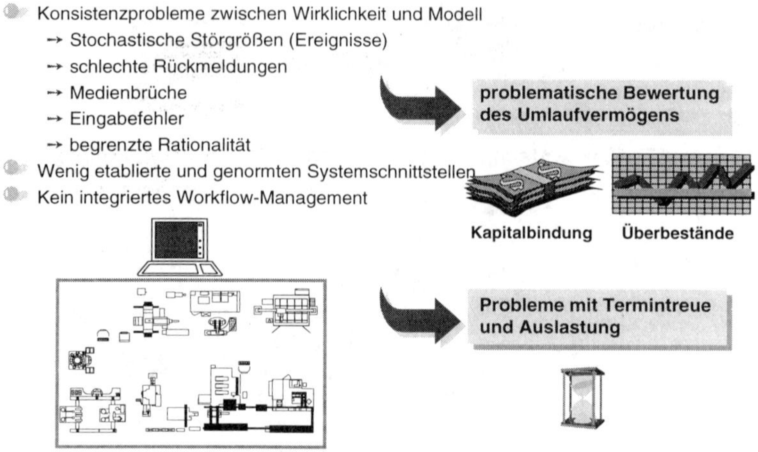

Abbildung 2: Defizite im Bereich der Produktionssteuerung

Einem direkten Abgleich von Modell und Wirklichkeit durch aktuelle Erfassung und Rückmeldung des Ist-Standes steht der dafür heute nötige Aufwand entgegen. Die Erfassung der Ist-Daten an der Maschine und Rückmeldung an das Planungssystem erfolgt heute oftmals noch konventionell papiergebunden. Für die Eingabe an BDE-Terminals fehlt im Spannungsfeld des operativen Tagesgeschäfts häufig schlicht die Zeit. Die verfügbaren Werkzeuge zur Betriebsdatenrückführung (BDE) sind dabei insgesamt zu unflexibel, zu zeitaufwendig und den Anforderungen des betrieblichen Umfelds nicht angepaßt (Abbildung 3).

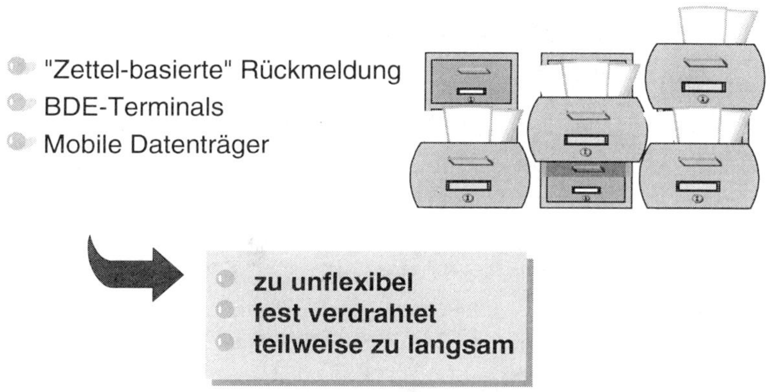

Abbildung 3: Defizite im Rückmeldewesen

Die mangelnde Aktualität der Modelldaten verhindert kurzfristige Reaktionen auf Nachfrageänderungen oder die definitive Zusage eines Liefertermins und untergräbt somit die im Wettbewerb so dringend erforderliche Flexibilität eines Unternehmens [Kurb-95].

2 Anforderungen an PPS-Systeme und Tendenzen

An neue Ansätze für die Realisierung von PPS-Funktionen werden vor dem Hintergrund der geänderten Randbedingungen wie sinkender Produktlebenszyklen, zunehmender Globalisierung der Märkte und steigender Komplexität von Produkten und Prozessen neue Anforderungen gestellt:

- Einführung und Anwendung drahtloser, funkbasierter Kommunikationssysteme (Mobile Computing), d.h. Verlagerung der ortsgebundenen Kommunikation über Terminals in den drahtlosen Kommunikationsbereich. Durch die Möglichkeit, schneller auf Änderungen und Störungen reagieren zu können, lassen sich neue, effizientere Arbeitsformen schaffen.

- Umsetzung flexibler mobiler Leitstandsysteme, um auftragsrelevante Informationen ortsungebunden erfassen, visualisieren, modifizieren und rückführen zu können. Hierbei sind Aspekte der Portabilität (Oberflächenportierung), der kontinuierlichen Netzwerkanbindung (etwa mittels Breitbandfunkkommunikation), der Stifteingabe mit Handschrifterkennung oder Spracheingabe mit Spracherkennung sowie der Videoausgabe mit synchroner Audiowiedergabe - um nur einige Beispiele zu nennen - zu berücksichtigen [ScSp-96].

- Einführung entsprechender Identifikationssysteme zur Kopplung des physischen Materialflusses und dessen Information [Arno-96, -96]

- Weiterhin müssen aktive, „intelligente" Einheiten für Materialfluß- bzw. Produktionssysteme zur Verfügung gestellt werden, wie sie zum Beispiel in Agentensystemen realisiert sind. Die autonomen Einheiten (Agenten) innerhalb eines solchen Systems zeichnen sich dadurch aus, daß sie selbständig, d.h. unabhängig vom Benutzer, Aufgaben innerhalb eines größeren Informationsverbunds erfüllen können. Agenten können hier beispielsweise Montageeinheiten oder Materialflußeinheiten sein. [Ropo-79, Ahre-96]

- Als Basis für eine allgemeingültige und vor allem portierbare Anwendung und praxistaugliche Realisierung sind normierte Schnittstellen, wie STEP, MAP, TOP etc., anzuwenden und weiterzuentwickeln.

Abbildung 4 faßt diese Anforderungsblöcke zusammen:

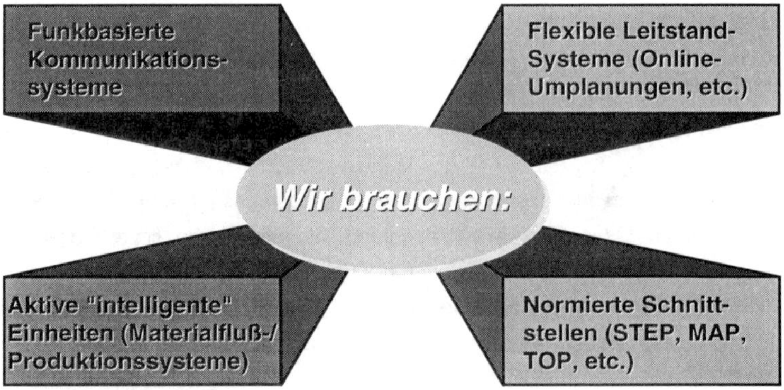

Abbildung 4: Grundlegende Anforderungen an neue PPS-Systeme

3 Einsatz von Agentennetzen als flexibel adaptierbare Softwarearchitektur

Die oben beschriebenen geänderten Randbedingungen produzierender Unternehmen haben zusammen mit der dramatischen Entwicklung des Preis-Leistungs-Verhältnisses von Rechner-Hardware auf dem Gebiet der PPS-Systeme zu einer Abkehr von den großen, zentral gesteuerten monolithischen Systeme geführt, die den gesamten Planungs- und Produktionsprozeß umfassen. Die Entwicklung geht hier hin zu einer Vielzahl kleiner, spezialisierter, beweglicher, anpassungsfähiger und selbständiger Einheiten, die sich nur noch fall- und zeitweise für die Erbringung einer bestimmten Leistung zusammenschließen. Dieser Trend zu kleinen, sich selbst verwaltenden Einheiten, kommt in neuen Organisationskonzepten wie der fraktalen Fabrik, holonischen Fabrik (Japan) oder agilen Fabrik (USA) zum Ausdruck.

Ein zusätzlicher Aspekt ist hier die wieder in steigendem Maße angestrebte Integration menschlicher Bearbeiter in den Planungs- und Steuerungsprozeß. Dies resultiert aus der Erfahrung, daß die Vollautomatisierung größerer Prozesse zu unbeweglichen, unüberschaubaren und anfälligen Lösungen führt. Die Abkehr von der früher in CIM-Konzepten propagierten Idee der umfassenden rechnergestützten Automatisierung führt dazu, daß der Mensch mit seinen spezifischen Fähigkeiten wieder direkt in die Problemlösung einbezogen wird. Um die komplexen Abläufe beherrschen zu können, müssen hier Rechner und IV-Systeme umfangreiche Assistenzfunktionen bieten.

Das informationstechnische Strukturmodell der Agenten und der daraus gebildeten Agentennetze, hat sich bereits in verschiedenen anderen Anwendungsbereichen bewährt. Die Grundannahme für diesen Ansatz ist, daß sich alle Aktivitäten im Produktionsplanungs- und -steuerungsprozeß, zusammen mit den sie ausführenden Organisationseinheiten, aus informationstechnischer Sicht durch autonome Agenten modellieren lassen, die innerhalb der vorgegebenen Spielräume selbständig zu handeln vermögen. Das flexible, aufgabenspezifische und zeitlich befristete Zusammenwirken dieser organisatorischen Einheiten spiegelt sich darin wieder, daß sich die Agenten zu einem Agentennetz zusammenschließen, in welchem sie nach gewissen, durch die Aufgabe bestimmten Kooperationsprotokollen kommunizieren. Das Agentennetz kann sich nach Erledigung der gemeinsamen Aufgabe gegebenenfalls auch selbständig wieder auflösen [Fisc-93], [Le-Ha-93].

Unter Agenten werden *selbständig handelnde* oder *ereignisgesteuerte*, miteinander unter der Einhaltung gegebener Protokolle *kommunizierende* und *kooperierende* Einheiten verstanden, die zu einer bestimmten Zeit bestimmte Aufgaben lösen müssen. Agenten müssen in gewissem Umfang *autonom* handeln können, damit sie ihre Ziele verfolgen können; sie müssen *lernfähig* sein, um sich an neue Aufgaben oder Randbedingungen anpassen zu können oder um Fehler der Vergangenheit nicht zu wiederholen. Sie werden durch übertragene Aufgaben in Aktion versetzt (Reaktivität) oder dadurch, daß sie selbständig einen Bedarf zum Handeln erkennen (Proaktivität). Abbildung 5 verdeutlicht die Struktur eines Agenten.

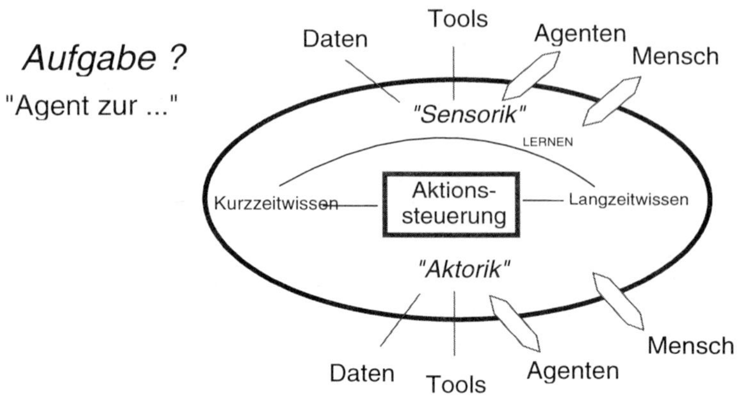

Abbildung 5: Struktur eines Agenten

Um eine gemeinsame Aufgabe zu lösen bilden Agenten Agentennetze. In ihnen kommunizieren und kooperieren die Agenten über Kommunikationskanäle unter der Einhaltung von vorgegebenen Protokollen. Über Sensorik und Aktorik interagieren die Agenten und ihre Netze mit der Umwelt [Lüth-94].

Nicht nur Agenten, auch Agentennetze haben eine innere Dynamik (Abbildung 6). Dies beginnt damit, daß sich ereignisgesteuert einschlägige Agenten zu einem Agentennetz zusammenfinden. Der Zusammenschluß hängt nicht allein von der Aufgabe selbst ab, sondern auch von der Erfahrung der Agenten aus der Lösung früherer Aufgaben oder von Randbedingungen und Zielvorstellungen, die sich im Lauf der Zeit wandeln können. Schließlich können sich viele dieser Aspekte auch noch im Laufe einer Kollaboration ändern, worauf das Netz flexibel reagieren können muß, etwa durch Hinzunahme oder Ablösen von Agenten oder durch Übergang auf andere Protokolle.

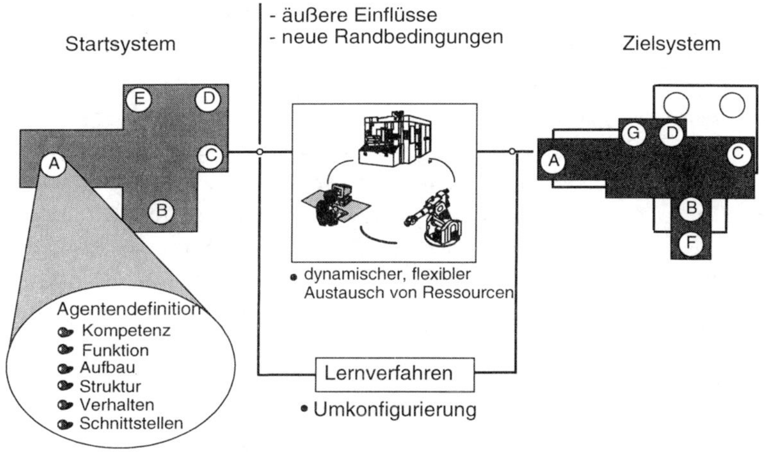

Abbildung 6: Dynamik von Agentennetzen

Zusammenfassend muß ein Agent u.a. folgende Fähigkeiten aufweisen.

Nach außen gerichtete Fähigkeiten:

- Funktionalität zur Erfüllung der von der Anwendung gestellten Aufgaben samt notwendiger Sensorik und Aktorik
- Wissen über die Umgebung und um generische Problemlösungsansätze
- Lernfähigkeit
- Interaktions- und Kommunikationsfähigkeit

Nach innen gerichtete Fähigkeiten:

- mindestens eine eigenständige Grundfunktionalität, um die für reaktives oder proaktives Verhalten erforderliche Unabhängigkeit zu besitzen
- Zustandsinformationen u.a. in Form von Wissensbasen, um das Verhalten abhängig von früheren Tätigkeiten und Beobachtungen gestalten zu können

Über die Fähigkeiten einzelner Agenten hinaus muß ein Agentennetz die folgenden Fähigkeiten besitzen:

- Skalierbarkeit: Das Agentennetz muß sich selbständig durch Vermehrung, Verminderung, Verschlankung oder Veränderung der Ressourcenanforderungen auf die Evolution der Kooperation und den Wechsel von Belastungen einstellen können.

- Rekonfigurierbarkeit: Das Agentennetz muß auf äußere Anstöße hin, z.B. auf neue, vergrößerte oder verkleinerte Aufgabenumfänge oder auf Störsituationen, Aufgaben neu verteilen und sich dementsprechend rekonfigurieren können, sei es durch Verschiebungen von Aufgaben von einem Agenten zum anderen, sei es durch Inkarnation neuer Agenten oder Stillegung nicht mehr benötigter Agenten.

4 Ein Szenario

Anhand eines beispielhaften Szenarios werden im folgenden Ansätze und Potentiale der Unterstützung des physischen Materialflusses durch Informationstechnik aufgezeigt (Abbildung 7).

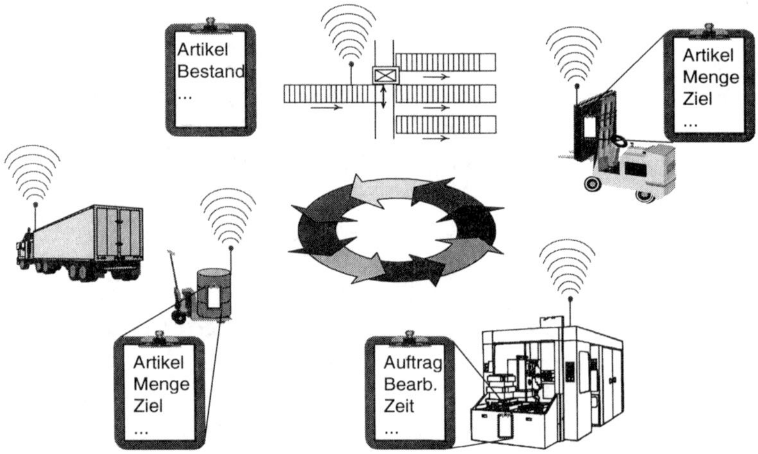

Abbildung 7: Beispielszenario

Innerhalb dieses Szenarios verfügen alle am Leistungserstellungsprozeß beteiligten Funktionen bzw. Unternehmensbereiche über mobile Kommunikationssysteme, welche durch

Agentensysteme miteinander in Verbindung stehen. Logistische Kenngrößen, wie beispielsweise Auftragskennung, Bearbeitungszeit, Artikel, Menge, Bestand etc. werden im komplexen Gesamtprozeß den einzelnen Subprozessen zugeordnet und definieren deren Restriktionen und Zielgrößen.

Betrachtet man nun die einzelnen Teilkomponenten des Szenarios, so sind im Umfeld des überbetrieblichen Materialflusses effizientere Lösungen zur ON-line Entlade bzw Belade-Erfassung möglich, da zu jedem Zeitpunkt der spezifische Auftrag unabhängig von Ort und Zeit lokalisierbar ist.

Der Einsatz mobiler Rechnerterminals ermöglicht es zudem, auch das Transportflottenmanagement zu verbessern. Hierbei sind im wesentlichen Teilaspekte wie dynamische Routenplanung oder die Auftragskonfiguration während des Transports zu sehen.

Innerbetrieblich lassen sich minimale Bestände durch interagierende informationslogistische Systeme im Bereich der Fertigung und Montage realisieren. Erst durch die Kenntnis aktueller Produktionslogistischer Kennzahlen kann eine lückenlose und terminorientierte Produktion umgesetzt werden. Bei Störungen an Produktionseinrichtungen kann einerseits der terminkritische Auftrag einfach umgeplant werden, andererseits können schnelle und gezielte Instandsetzungsaktivitäten initiiert werden.

5 Zusammenfassung

Die wachsende Kundenorientierung, die globale Verteilung von Märkten und Standorten sowie der Trend zu immer komplexeren Produkten und Prozessen sind die neuen Randbedingungen, denen sich produzierende Unternehmen heute ausgesetzt sehen. Gerade im Bereich der Planung und Steuerung des inner- und außerbetrieblichen Materialflusses kommt hier der Konsistenz zwischen Modell und realer Produktion entscheidende Bedeutung zu. Die Kopplung von Leitstand und PPS-System auf Basis autonom agierender informationstechnischer Einheiten (Agenten), die sich in Agentennetzen organisieren, stellt hier einen vielversprechenden Ansatz zur Lösung der Probleme dar, die sich im Bereich der Produktionsplanung und -steuerung aus diesen geänderten Randbedingungen ergeben.

6 Literatur

[Ahre-96] **Ahrens, V.:** *Unterstützung von Entscheidungsprozessen in dezentral organisierten Produktionssystemen,* In: Werkstattmanagement - Organisation und Informatik, vdf Hochschulverlag Zürich, 1996

[Alba-92] **Albayrak, S.:** *Kooperative Lösung der Aufgabe Auftragsdurchsetzung in der Fertigung durch ein Multi-Agentensystem auf der Basis eines Blackboard-Modells.* Dissertation, Fachbereich Informatik der TU Berlin.

[Arno-95] **Arnold, D.:** *Materialflußlehre,* Vieweg Verlag, Braunschweig / Wiesbaden, 1995

[Arno-96] **Arnold, D.:** *Flexible, physisch gekoppelte Informationsflüsse,* In: Sonderforschungsbereich 346: Rechnerintegrierte Konstruktion und Fertigung von Bauteilen. Arbeits- und Ergebnisbericht, Universität Karlsruhe 1996, S. 599-628

[Fisc-93] **Fischer, K.:** *Verteiltes und kooperatives Planen in einer flexiblen Fertigungsumgebung,* Dissertation zur Künstlichen Intelligenz, Band 26, infix Verlag.

[Kurb-95] **Kurbel, K.:** *Produktionsplanung und -steuerung.* 2. Auflage. Oldenbourg, München 1995.

[LeHa-93] **Levi, P.; Hahndel, S.:** *Kooperative Systeme in der Fertigung.* In: Müller, J. (Hrsg.): Verteilte Künstliche Intelligenz. BI Wissenschaftsverlag, S. 322-367.

[Lüth-94] **Lüth, T.:** *Multi-Agenten-Systeme für die Fertigungsautomatisierung.* Vorlesungsskriptum, Universität Karlsruhe 1994.

[ReLü-94] **Rembold, U.; Lüth, T.:** *Intelligent Manufacturing Components for Future CIM Systems.* In: Proceedings of IMS IFAC WS on Intelligent Manufacturing Systems Vienna, S.1-10.

[Ropo-79] **Ropohl, G.:** *Eine Systemtheorie der Technik - Grundlegung der Allgemeinen Theorie,* Carl hanser Verlag, München, Wien, NewYork, 1979

[ScSp-96] **Schmidt, J.; Spath, D.:** *Rückführung von Fertigungsinformation zur dynamischen Umplanung.* In: Sonderforschungsbereich 346: Rechnerintegrierte

Konstruktion und Fertigung von Bauteilen. 2. Fortsetzungsantrag. Universität Karlsruhe 1996, S. 541-567.

[Wess-95] **Wesseler, B.:** *Wachablösung.* In: Business Computing 7/95, S. 68-70.

[Wien-96] **Wiendahl. H.-P.:** *Zukünftige PPS-Systeme müssen Logistik-Netzwerke beherrschen.* Industrie Management Special „PPS Management" 1996, S. 6-10

Kundenorientierung in der Logistik – „Sanierungs- und Modernisierungskonzepte"

Dipl.-Ing. (FH) **K.-H. Dullinger,** Mönchengladbach

1. Einleitung

Das Jahr 1996 ist ein wahres Jubiläumsjahr. Dies ist die 10. Jahrestagung "Lagerlogistik" und vor fast genau 30 Jahren wurden die ersten Schritte im Bereich der automatisierten Lagerlogistik unternommen. In diesem Zeitraum wurden die ersten automatisierten Regalbediengeräte installiert. Waren es in der damaligen Zeit noch Geräte und Systeme, die den Geruch der Einzelfertigung hatten, so kann man sagen, daß heute bei einem Volumen von ca. 1.000 Regalbediengeräten in Deutschland pro Jahr die Standardisierung und die ständige Innovation Einzug gehalten haben.

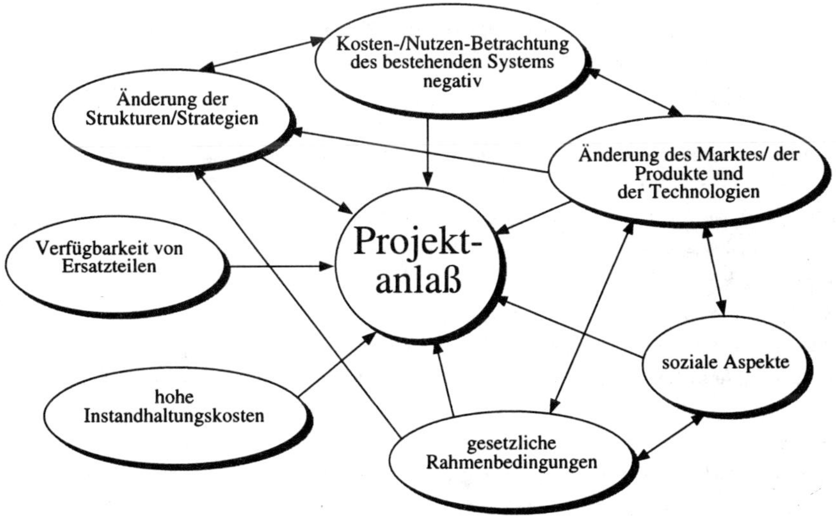

Bild 1: Projekt-Anlaß

Der Bestand an automatisierten Systemen in Deutschland ist riesengroß und es gilt, diesen Bestand im Sinne von Kundennutzen und Kundenorientierung an die gesteigerten Anforderungen anzupassen.

Im Sprachgebrauch sind die Worte "Modernisieren, Sanieren, Revitalisieren, Erweitern, Erneuern und Re-Engineering" gebräuchlich und im englischen ist der Begriff "retro-fitting" das richtige Wort.
Mit dem nachfolgenden Referat möchte ich auf den Begriffsdschungel näher eingehen und deutlich aufzeigen, welchen Kundennutzen so eine "Generalüberholung" neben den reinen Kostenvorteilen bringt. Viele Umbauten müssen bei laufendem Betrieb durchgeführt werden, was bei der Planung und Realisierung besondere Sorgfalt erfordert.

2. Anlaß / Auslöser für eine Sanierung bzw. Erweiterungsplanung

Der Auslöser für ein Sanierungs- bzw. Erweiterungsprojekt kann vielfältig sein. Die wichtigsten Gründe sind auf dem Bild 1 dargestellt, wobei in der Regel mehrere Aspekte gleichzeitig zusammentreffen.
Wenn so ein Lagersystem in die Jahre kommt, 12 bis 18 Jahre alt ist, dann stimmt in der Regel die Kosten-/Nutzenbetrachtung nicht mehr.

Die Instandhaltungskosten sind zu hoch und die Ersatzteilbeschaffung wird immer schwieriger. Die damals gewählten Strategien sind vermutlich nicht mehr passend und nicht flexibel genug, um den heutigen Anforderungen Paroli bieten zu können. Outsourcing und andere Kooperationsstrategien verändern oft über Nacht die bisherige Aufgabenstellung.

3. Besonderheiten im Planungsablauf

Der Ablauf einer Sanierungs- bzw. Erweiterungsplanung entspricht im wesentlichen dem Ablauf einer Neuplanung von Logistik-Systemen, hat aber in den einzelnen Planungsphasen einige markante Unterschiede. Bild 2 zeigt den Planungsablauf.

In den einzelnen Planungsschritten ist besonders Wert auf die sanierungsspezifischen Aspekte zu legen:

Vorplanung:
- Analyse des IST-Zustandes
- erkennen von Schwachstellen
- beurteilen der Risiken

Grobplanung:
- kritische Auswahl der Systemtechnik bzgl. der Schwachstellen
- Machbarkeit aufgrund der Randbedingungen

Feinplanung:
- exakte Ausarbeitung des Terminplanes
- Stufenplan mit in sich abgeschlossenen Einheiten

Die häufigsten Schwachstellen in der Technik sind:
- schlechte Anlagenverfügbarkeit

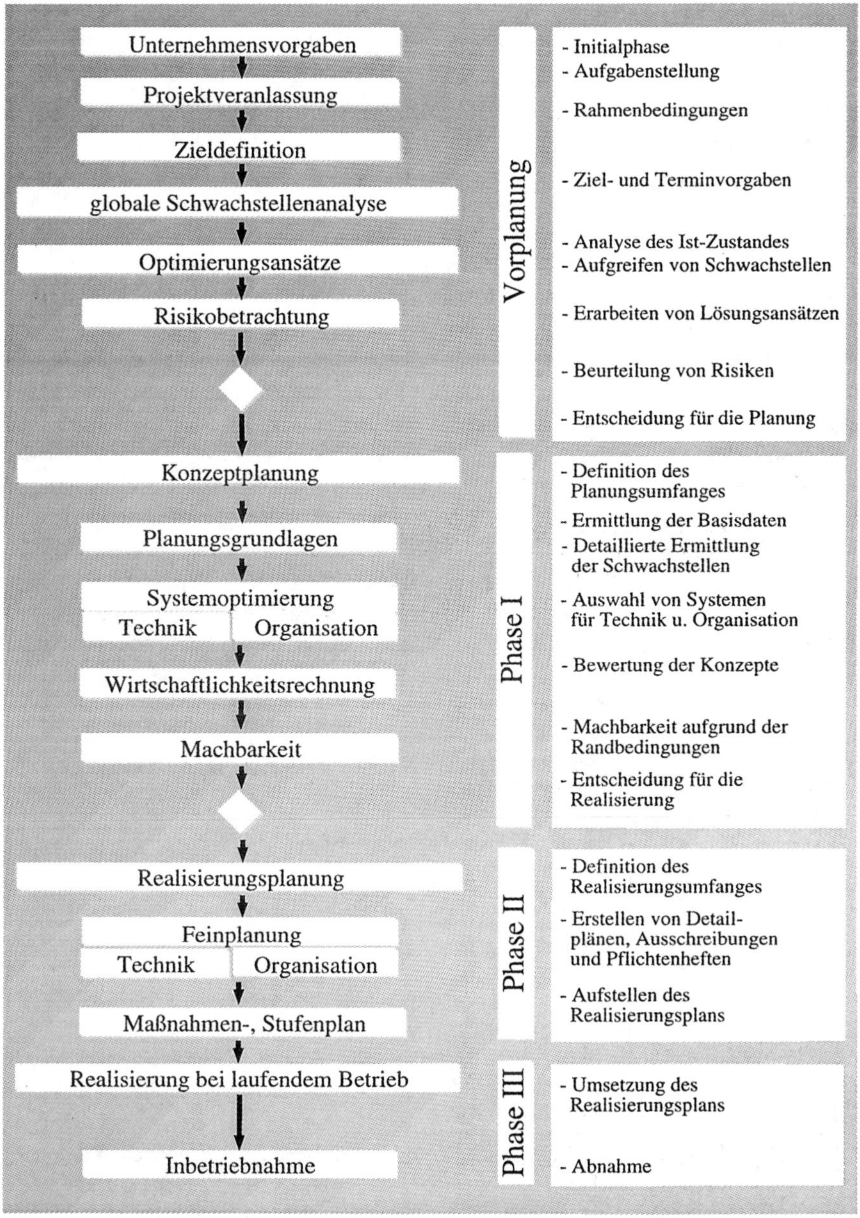

Bild 2: Planungsablauf

- häufig notwendige Reparaturen
- Ladehilfsmittel passen nicht mehr zur Artikelstruktur
- kein geradliniger Materialfluss
- Leistungsengpässe (bottle-neck im Materialfluß)
- veränderte Anforderungen (Regalfachteilung, Fachlasten,...)
- veraltetes Sicherheitskonzept
- DV-Hardware und Systemtechnik (keine Leistungsreserven, ...) sind nicht Stand der Technik

Die häufigsten Schwachstellen in der Organisation sind:

- zu wenig Flexibilität
- zu wenig Optimierungsstrategien
- geringe Bedienerfreundlichkeit
- fehlende Transportstrategien zur Vermeidung von dead-locks bei kritischen Situationen
- hoher Inventuraufwand/Bestandsfehler, usw.
- Dispositionsstrategien passen nicht mehr zur geforderten Durchlaufzeit

Nutzenanalyse im qualitativen Systemvergleich

Nicht quantivizierbarer Nutzen Beispiel	Systemvarianten				
	Kriteriengewichtung (KG)	V1 Erfüllungs-Wert (E)	E x KG	V2 Erfüllungs-Wert (E)	E x KG
Unfallsicherheit					
Diebstahlsicherheit					
Störungssicherheit					
Manuelle Bedienungsmöglichkeiten					
Flexible Nutzung des Gebäudes					
Flexibilität in den Strategien					
Reduzierung der Durchlaufzeit					
Höhere Qualität					
Summe	100%				

Erfüllungswert: Kriterium gut erfüllt 5, durchschnittlich erfüllt 3, schlecht erfüllt 1

Bild 3: Kosten-/Nutzenanalyse

4. Kosten-/Nutzen-/Risikoanalyse

In der Phase Grobplanung muß eine Kosten-/Nutzenanalyse durchgeführt werden. Damit hier optimal vorgegangen werden kann, benutzt man am besten die VDI-Richtlinie 2693 Blatt 1 und Blatt 2.

Das Bild 3 zeigt eine Nutzenanalyse im qualitativen Systemvergleich.
Eine ähnliche Analyse muß, bezogen auf das Risiko, bei den einzelnen Systemvarianten ebenfalls gemacht werden.
Bei der Zusammenstellung der Kosten für die Sanierung bzw. Erweiterung müssen natürlich auch die Kosten für Zwischenlösungen (Ersatzflächen, Zelte, kurzzeitige Bestandserhöhung, usw.) mit erfaßt werden.
Erst unter der Gesamtbetrachtung Kosten, Nutzen, Risiko, kann man sich dann für eine der Systemvarianten bzw. Lösungswege entscheiden.

Mögliche Planungsergebnisse können sein:

- reine Sanierung
- Sanierung/Erweiterung
- Sanierung und Erneuerung
- Quasi-Neubau

Die Merkmale und die Leistungsinhalte der vier verschiedenen möglichen Planungsergebnisse gehen aus dem Bild 4 hervor.
Bei jeder Planung möchte man natürlich nicht nur die Schwachstellen ausbessern und das Logistiksystem an die heutigen Anforderungen anpassen, sondern man möchte natürlich auch soweit wie möglich zukünftige Entwicklungen in die Planungskonzepte einarbeiten.

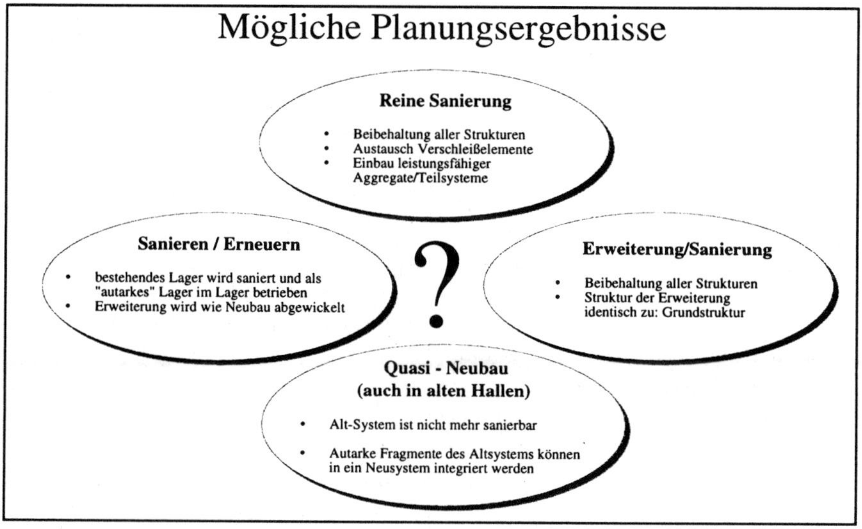

Bild 4: Planungsergebnisse

Dieser Blick in die Zukunft ist für jeden Planer eine Herausforderung.
Zu einer vorausschauenden und kundenorientierten Planung gehört die Beachtung folgender, im Wandel befindlicher, Planungsparameter:

A) Die Lagerbestände nehmen ab bzw. werden dynamisiert (Auslöser: efficient consumer response, just in time, supply on demand...).

B) Zunehmende Sortimentbreite mit rasch wechselnder Artikelzusammensetzung (Flexibilität ist gefordert).

C) Trend zur Miniaturisierung der Artikel.

D) Zunehmende Durchsatzmengen bei abnehmender Anzahl von Positionen und zugleich größerer Schwankungsbreiten (z.B. durch ECR).

E) Qualität, Zeitbedarf und Kosten des Kommissioniervorgangs sind entscheidend für die Effizienz der gesamten Logistikkette.

F) Transparente Prozesse (mehr Info an Kunden heißt: mehr Datenerfassung im Prozeß, mehr Qualitätssicherung, einheitliche und genormte Schnittstellen zur Integration in Logistiknetze, usw.).

G) Umweltaspekte gewinnen an Bedeutung (Ladungsträger Kreislauf, Verpackungsoptimierung, usw.).

Neben all diesen wichtigen Punkten muß natürlich jeder Planer gemeinsam mit dem Betreiber die Frage stellen:

"Stimmt die Ablauf- und Aufbauorganisation?"

Fallstricke	Vorbeugende Maßnahmen /Gegenmaßnahmen
Störung des Ablaufs durch Umbau bei laufendem Betrieb	• Erfahrene Partner auswählen • Feine Terminierung aller Aktivitäten • Konstantes Controlling aller Aktivitäten/Maßnahmen • Worst-case Szenario mit Ersatz-Strategien
Durch unvorhersehbare Ereignisse dauern Aktivitäten (z.B. Demontage) länger als geplant	• Terminplan mit etwas "Luft" erstellen • Wochenende nur für "kritische" Aktivitäten einplanen • Flexibilität im Umplanen - Ausweichmöglichkeiten vorsehen
Leistungsparameter werden nicht eingehalten	• Relevante Werte im Vertrag fixieren (Verfügbar-keit, Leistungsdaten, Abnahmeprozedere, Optimierungsstrategien) • eindeutiges Pflichtenheft (VDI 3962) • soviel wie möglich vor der Inbetriebnahme testen - DV-Integrationstest - Schnittstellentest - Ladungsträgertest - Fördertechniktest Diese qualitätssichernden Maßnahmen verhüten Überraschungen bei der Inbetriebnahme, die zu zeitraubenden und kostspieligen Improvisationen führen. • Die Hochlaufkurve bei einem komplexen System ist keine Sprungfunktion
Unterschiedliche Erwartungshaltung bezüglich der Hochlaufphase	• Die Bediener-Mannschaft muß geschult und mit der Anlage vertraut sein • Diese Projektphase muß im Terminplan aus reichend berücksichtigt werden

Tabelle 1 (Teil 1)

Fallstricke	Vorbeugende Maßnahmen /Gegenmaßnahmen
• Technische Machbarkeit eines Key-Elementes fehlt • Kostenexplosion • Rahmenbedingungen ändern sich während der Projektlaufzeit	• Stufenkonzept planen (jede Stufe muß für sich lebensfähig sein) • In der ersten Stufe muß die größte Schwachstelle beseitigt werden, bzw. es müssen die Maßnahmen mit dem größten Ratio-Effekt realisiert werden • Es sollte genug Zeit zwischen der 1. und 2. Stufe zur Verfügung stehen, um Erfahrung sammeln zu können bzw. um eine Modifikation des Stufenkonzeptes zuzulassen
Kostenplanung	Mehrkosten für Zwischenlösungen, Provisorien und Anlaufkosten einplanen

Tabelle 1 (Teil 2)

5. Konzeptumsetzung unter Beachtung der Restriktionen

Bei Sanierungs- und Erweiterungsprojekten ist in der Regel der Aufwand im Bereich Projekt-Management und Controlling größer als bei Neubauprojekten. Eine detaillierte Ablaufplanung ganz zu Beginn ist die Voraussetzung für eine erfolgreiche Realisierung.

Im folgenden soll nun aufgezeigt werden, welche Fallstricke und böse Überaschungen auftreten können und wie man sie vermeidet bzw. die Auswirkungen reduziert. (Tabelle 1 auf der vorherigen und dieser Seite).

6. Betreibernutzen an Beispielen

6.1 RBG-Sanierung

Regalbediengeräte in einem Alter zwischen 12 und 16 Jahren sind in der Regel sanierungsbedüftig. Eingangs habe ich erwähnt, wie groß der Bestand an Regalbediengeräten allein in Deutschland ist, so daß sich daraus ableiten läßt, wie immens der Sanierungsbedarf ist.

Die Sanierung von Regalbediengeräten bringt für den Betreiber eine Vielzahl von Nutzenaspekten. In der folgenden Tabelle (Tabelle 2) wird gezeigt, welche Sanierungsmöglichkeiten es gibt und wie diese sich positiv auf den Betrieb auswirken.

Maßnahmen	Ergebnis	Betreiber-Nutzen
Austausch des Positioniersystems	- weniger Positionierfehler - Wegfall der Fach-Fein-Positionierung und kürzere RBG-Spielzeit	höhere Förderleistung
Austausch der Antriebe	- höhere Beschleunigung - kürzere Spielzeit - geringere Außenmaße ergeben geringere Anfahrmaße	- höherer Durchsatz - geringerer Wartungsaufwand - evtl. Erhöhung der Lagerkapazität
Austausch der Schienen	- Reduzierung Vibration, Stöße - exakte Verlegung der Schienen durch LASER-Nivellierung	- geringere Abnutzung
Austausch der Führungselemente - Rollen - Gleitbacken - Gleitschuhe	Reduzierung von Widerstand und Reibung	- geringere Abnutzung
Austausch der Ausfahreinrichtung	- geringere Gabeldurchbiegung - weniger Spiel	- höhere Lagerleistung
Austausch der Steuerung	- leichter vernetzbar - geringeres Gewicht - in zentrale Anlagenvisualisierung	- geringere Wartungskosten - geringere Ersatzteilkosten - geringere Störanfälligkeit - höhere Verfügbarkeit

Tabelle 2: Sanierungsmaßnahmen bei einem RBG

Selbstverständlich dürfen dabei die sicherheitstechnischen Aspekte nicht außer Acht gelassen werden und müssen den entsprechenden technischen Modifikationen angepaßt werden.

Müssen in einem mehrgassigen Lager die Regalbediengeräte saniert werden, und will man diese Sanierung in relativ kurzer Zeit durchführen, um den Betrieb so kurz wie möglich zu behindern, so wird man sich für einen stufenweisen aber überlappenden Umbau entscheiden.

Bild 5 zeigt den Terminplan für die Sanierung eines viergassigen Lagers und die dafür notwendigen Zwischenlagerflächen in den einzelnen Umbauphasen.

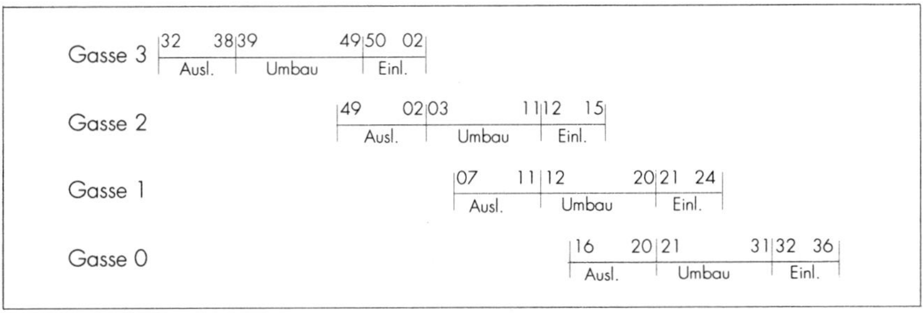

Bild 5: Zeitplan Lagerumbau

6.2 Modernisierung von Distributionszentren

Das Bild 6 zeigt das Distributionszentrum von Hilti in Oberhausen nach der Modernisierung. Die gesamte Einbringung der neuen Fördertechnik mußte auf der Fläche erfolgen, wo sich das Altsystem noch im operativen Einsatz befand.

Der zusätzliche Schnelldreherbereich trägt mit dazu bei, die gesteigerten Durchsatzmengen abzuwickeln. Alle Abläufe sind DV-optimiert, so daß einerseits die Fehlerraten reduziert werden konnten und andererseits man wesentlich flexibler auf Änderungen in der Auftragsstruktur reagieren konnte.

Ein weiteres Beispiel ist die Firma MAPA in Zeven. Das bestehende Lager- und Versandgebäude hatte nach 10 Betriebsjahren ein mengen- und wertmäßig doppelt so großes Volumen

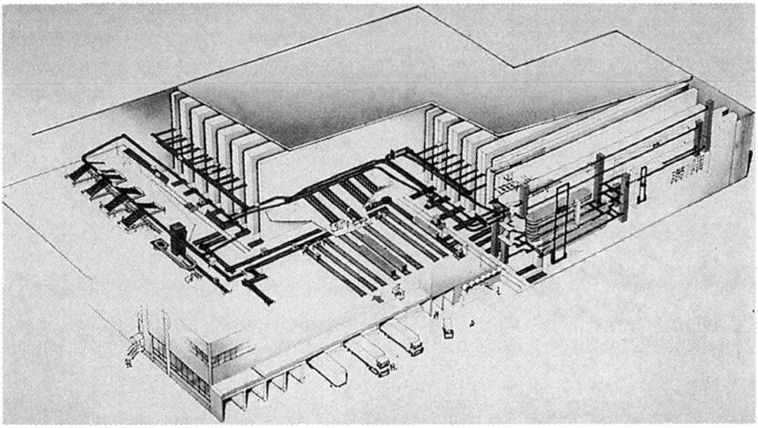

Bild 6: Das Verteilzentrum von Hilti in Oberhausen nach Erweiterung und Umbau

wie im Jahr seiner Entstehung zu bewältigen. Man entschloß sich zu einem Lagerneubau, um angemietete Außenlagerflächen wieder im eigenen Hause zu haben. Durch diesen Neubau allein waren jedoch die Probleme durch mehr Einzelaufträge und mehr Einzelpositionen, sowie durch höheren Anteil an Terminaufträgen und dem Trend zur aufwendigeren Direktbelieferung nicht gelöst.

Deshalb entstand auch Handlungsbedarf zur Erneuerung der Kommissionier- und Fördertechnik. In diesem Umfang enthalten war die Lager- und Fördertechnik sowie Hard- und Software für die Steuerungs- und Kommissioniertechnik. Im Bereich der Kommissionierung konnte teilweise auf bereits vorhandene mechanische Ausrüstungen zurückgegriffen werden, die durch moderne Förder-, Stau- und Sorterelemente ergänzt wurden. Die wesentliche Durchsatzerhöhung wurde durch die Umstellung von serieller Kommissionierung auf parallele Kommissionierung erreicht:

Im ursprünglichen Konzept waren viele Kommissionierplätze dadurch blockiert, daß ein ganzer Zug hintereinander weg kommissioniert werden mußte. Jetzt wird parallel kommissioniert. Dadurch wird das Arbeitsaufkommen bei den Kommisionierteams wesentlich gleichmäßiger verteilt und es kann auf eine zweite Versandschicht verzichtet werden.

Bild 7: Konsolidierung und Verpackung der Sendungen an ergonomisch gestalteten Arbeitsplätzen

Das Bild 7 zeigt den Warenausgangsbereich am Ende der Sorterstrecke.

6.3 Erweiterung einer Paketumschlagshalle

Die Bilder 8 und 9 zeigen die Paketumschlagshalle von DPD Aschaffenburg vor und nach dem Umbau. Auch dieser Umbau mußte so durchgeführt werden, daß der täglich stattfindende Sortierbetrieb nicht beinträchtigt wird.

So ein Umbau kann also nur nachts bzw. an Wochenenden und mit vielen Zwischensteps durchgeführt werden und stellt an den Systemlieferanten hohe Anforderungen. Beachtet werden mußte, daß durch die nun größere Entfernung zwischen Eingabe- und Ausgabebereich und durch den Entfall der Unscrambler ein ganz anderes Systemverhalten bzgl. der Dynamik zustande kommt.

Um die Ausgangsleistung beizubehalten, muß man in solchen Fällen zusätzliche Optimierungsstrategien in die Materialfluß-Steuerung integrieren.

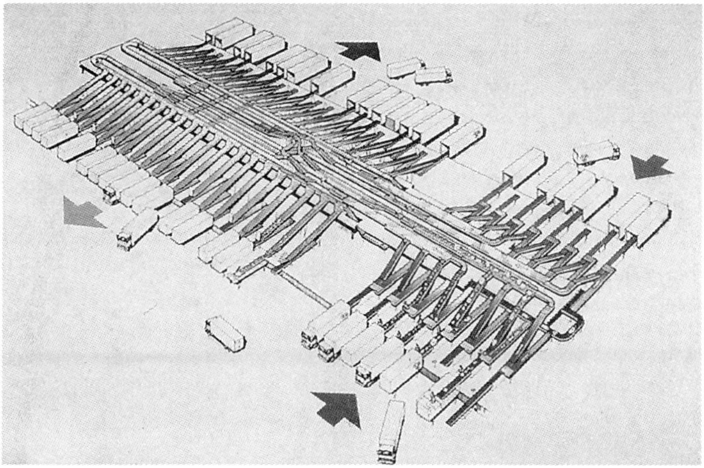

Bild 8: Das DPD–Paket-Umschlagzentrum in Aschaffenburg vor dem Umbau

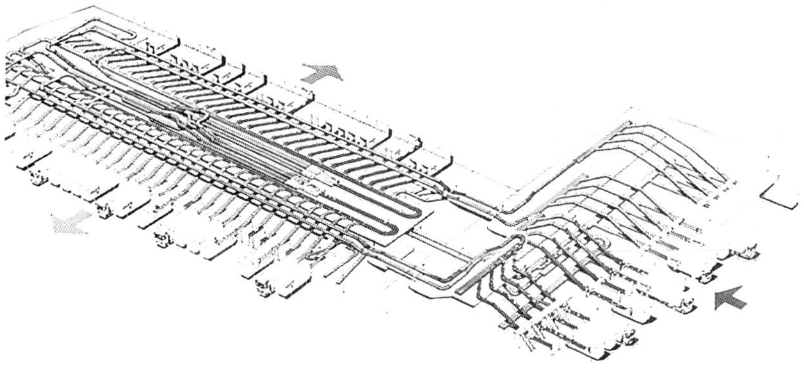

Bild 9: Das DPD–Paket-Umschlagzentrum in Aschaffenburg nach dem Umbau

7. Zusammenfassung

Die Sanierung bzw. Erweiterung vorhandener Logistik-Systeme ist ein effektiver und kostengünstiger Weg, dieser Weg benötigt aber in diesem Metier erfahrene Systemspezialisten, wie Vanderlande Industries.

Ein weiterer Aspekt ist wichtig, das sind verschiedene Tests bzgl. der Förder- und Lagertechnik im Vorfeld. Vanderlande stellt für diese Tests ein ca. 6.000 qm großes sogenanntes Advanced Design Centre zur Verfügung.

Dort können alle Tests im Vorfeld durchgeführt werden, damit das Risiko so gering wie möglich wird. Dies ist insbesondere bei sehr großen Systemen sinnvoll, wo an Testsystemen im voraus alle Funktionen ausgiebig erprobt werden können. Die Zusammenarbeit erfolgt auch hier auf der Grundlage des gegenseitigen Vertrauens.❑

Bild 10: Das Vanderlande Industries "Advanced-Design-Centre" in Veghel

Vorsprung durch neue Logistik

Dipl.-Kfm. **Karl-Gerhard Asmus,** Gallin

Zusammenfassung

Die auf Wachstum ausgerichtete Unternehmensstrategie der Tchibo Frisch-Röst-Kaffee GmbH fordert ein integriertes Logistikkonzept, das die Lagerung, Kommissionierung und Distribution des gesamten Sortiments effektiv gewährleistet. Zukünftig werden 22.000 Handelspartner zentral versorgt. An der Schnittstelle von Produktion und Absatz wird das Logistikzentrum Gallin zur zentralen Drehscheibe für den gesamten Warenfluß. Modernste Technologie bewegt den Kaffee und die Gebrauchsartikel reibungslos und effizient.

1 Das logistische Konzept

1.1 Die logistische Aufgabe

Die Tchibo Frisch-Röst-Kaffee GmbH ist in Deutschland der zweitgrößte Kaffeeanbieter; in Polen und Tschechien ist Tchibo Marktführer.

Die Tchibo Frisch-Röst-Kaffee GmbH vertreibt neben Röstkaffee ein schmales Sortiment kaffeeafiner Artikel wie z.B. Extrakt-Kaffee oder Instant-Spezialitäten unter der Marke PICCO und in beträchtlichem Umfang NON FOOD Artikel (Gebrauchsartikel). Die Artikel werden in über 22.000 Outlets in Deutschland z.B. in Bäckereien (Frischdepots), Geschäften des Lebensmittelhandels und auch in Tchibo-eigenen Filialen angeboten.

Dabei werden die FOOD-Artikel als Dauersortiment, die NON-FOOD-Artikel jedoch wöchentlich wechselnd über einen relativ kurzen Zeitraum (i.d.R. eine Woche) angeboten.

Produktgruppen:	Vertriebskanäle:
Röstkaffee	
- Bohne	Filialen
- Vacu	Lebensmittelhandel
Sortiment (kaffeeafine Artikel)	Frischdepots
Gebrauchsartikel (NON FOOD)	

Die Tchibo Frisch-Röst-Kaffee GmbH ist eine 100 %ige Tochter der Tchibo Holding AG. Der Geschäftsbericht 1995 zeigt für die Tchibo Frisch-Röst-Kaffee GmbH folgende Zahlen:

Brutto-Umsatz	3,15	Mrd.DM
Anteil NON FOOD	49 %	
Bilanzsumme	1,060	Mrd.DM
Sachanlagen	0,234	Mrd.DM
Finanzanlagen	0,264	Mrd.DM
Mitarbeiter (ohne Beteiligungen)	4.465	

Folgende Stationen beschreiben die logistische Entwicklung von Tchibo:

1949	Gründung durch Max Herz	
	Vertriebsweg:	Postversand
	Einzelmarke:	GOLD MOCCA
1955	1. Filiale	
	Distribution:	Kühne & Nagel, täglich
1963	1. Frischdepot	
	2. Kaffeesorte:	Feine Milde
	Distribution:	Kühne & Nagel, 2 x wöchentlich
1973	3. Kaffeesorte:	SANA
	Einführung NON FOOD	
1987	1. Depot im Lebensmittelhandel	
1992	Einführung Vakuum Kaffee	
	Projektstart neue Tchibo Logistik	

Weitere Besonderheit in der Tchibo-Logistik ist, daß alle Waren, die Tchibo anbietet, bis zum Verkauf an den Endverbraucher im Besitz von Tchibo bleiben (Kommissionsgeschäft). Daher müssen NON-FOOD-Artikel, die innerhalb von ca. 2-4 Wochen nicht abgesetzt werden, zurückgenommen werden. Dies erfordert eine Rückhollogistik und ggfs. die anschließende Wiederaufbereitung in einen verkaufsfähigen Zustand. Wiedereinsatzort sind die Tchibo-eigenen Filialen.

Eckdaten der Tchibo-Logistik:

	Planung 94->97 (pro Jahr)	Planung 95->98 (pro Jahr)	Planung 95->98 (Schnitt pro Tag)*
Anzahl Aufträge	1,23 Mio.	1,23 Mio.	6.150
Picks Röka	22,9 Mio.	22,8 Mio.	114.000
Picks Sortiment	7,4 Mio.	3,5 Mio.	17.500
Picks GA	62,9 Mio.	83,6 Mio.	418.000
Summe Picks	92,9 Mio.	109,9 Mio.	549.500
Versandbehälter	7,6 Mio.	8,8 Mio.	44.000
Versandtrays	4,4 Mio.	3,9 Mio.	19.500
Displays	328.000	328.000	1.640
Paletten im WE	485.000	525.000	2.625
Paletten im WA	506.000	548.000	2.740
Tonnage	154.600	166.900	835
Retourenpaletten	37.300	48.000	240
Retouren (VKE)	9,9 Mio.	13,3 Mio.	66.500
LKW im Zulauf	15.400	16.200	81
LKW im Abgang	16.400	17.800	89
zu entsorgende Kartons	3,5 Mio.	4,7 Mio.	23.500

* gerechnet auf 200 Arbeitstage p. a.

1.2 Die „Alt-Logistik“

Bis 1996 war die Tchibo-Logistik gekennzeichnet durch

- ❒ dezentrale Lagerhaltung an 14 Standorten
- ❒ zweistufige Kommissionierung im Nahverkehr, das heißt
  - in den Lägern wurde auf eine Tour und dann
  - auf dem Lieferfahrzeug auf die Empfänger kommissioniert;
  - mit Ausnahme der Filialen, deren Kommission auf Rollis in den Lägern zusammengestellt wurden.

TCHIBO Logistik heute

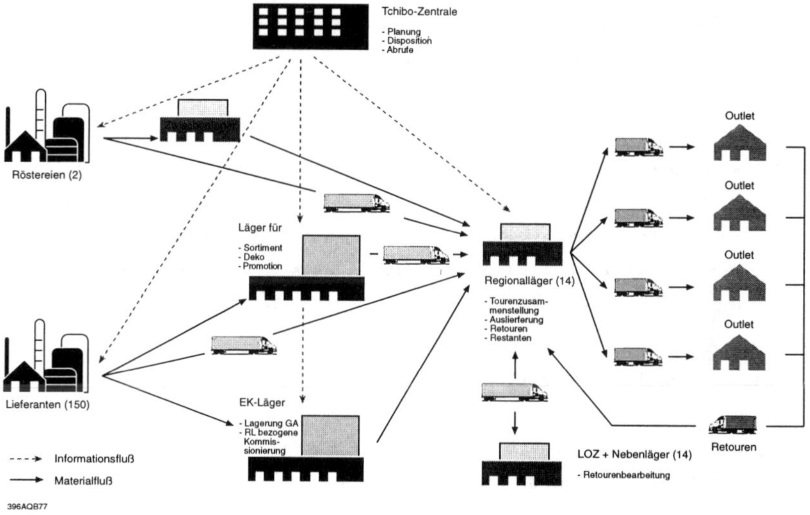

Abbildung 1

Die Ausweitung des Arikelspektrums und die zunehmend schwierigere Anlieferung mit langen Standzeiten setzten der Alt-Logistik ihre Grenzen. Dabei ergaben sich folgende Schwierigkeiten:

- hoher Platzbedarf bei der Zusammenstellung einer Tour auf den Auslieferlägern
- lange Übernahmezeiten durch die Auslieferfahrzeuge
- lange, z.T. prohibitive Kommissionierzeiten auf den Fahrzeugen
- lange, z.T. unzumutbare Dauer der Warenannahme in den Verkaufsstellen
- relativ hohe Fehlerquote durch Nichtauffinden der Artikel auf dem Fahrzeug

Als weitere Schwäche des bisherigen Systems erwies sich die Lagerung der Bestände an vielen Standorten. Dadurch ergab sich durch nicht nachfragegerechte Einlagerung die Notwendigkeit von Querversänden. Überdies wurden die Kontrollen der Bestände und die Inventuren immer aufwendiger.

1.3 Die neue Logistik

Die Ziele der neuen Tchibo-Logistik leiten sich einerseits aus den Schwachstellen der Alt-Logistik und anderseits aus der Forderung nach höherer Wirtschaftlichkeit in der gesamten Prozeßkette ab.

Die neue Tchibo-Logistik ist gekennzeichnet durch:

- ein Zentrallager mit verschiedenen Kommissionierbereichen
- Feinverteilung von im wesentlichen bestandslosen Umschlagspunkten durch Dritte
- integriertes oder kompatibles Mehrwegbehälter- bzw. -traysystem
- Integration der Retourenaufbereitung in das Logistikzentrum

Neue TCHIBO Logistik

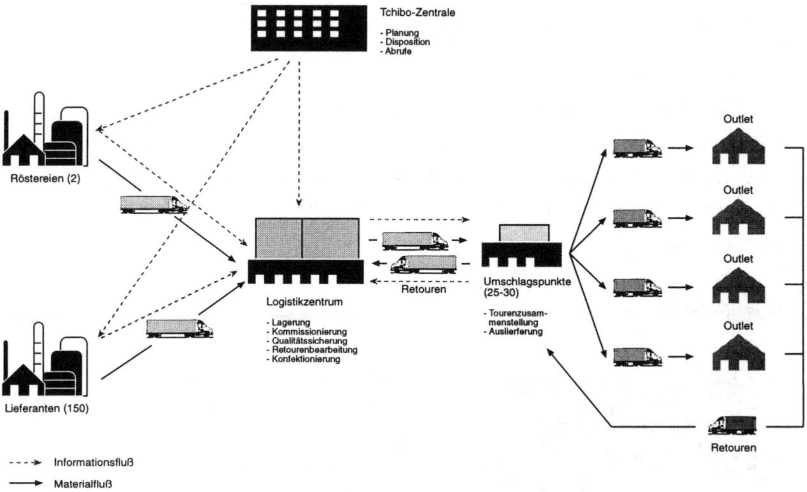

396AQB78

Abbildung 2

Die Umschlagspunkte wurden so ausgewählt, daß die kleinste täglich auszuliefernde Menge eine Wechselbrücke füllt, was zu ca. 30 Umschlagspunkten führt.

Eine der Kernfragen war, wie die kommissionierte Ware zu verpacken ist. Dabei war zu berücksichtigen, daß in den eigenen Filialen, aber auch bei Partnern in Bäckereien, die Vereinnahmung der Ware durch Frauen ohne Handlingseinrichtungen möglich sein muß. Das bedeutet eine Beschränkung auf relativ kleine Transporteinheiten.

1.4 Das Betreiberkonzept

Mehrere Alternativen des make or buy wurden in der Planungsphase untersucht; Ergebnisse:

- Tchibo Frisch-Röst-Kaffee GmbH tätigt die Investition
- Tchibo und Kühne & Nagel gründen eine gemeinsame Tochtergesellschaft zur Planung und zum Betrieb des Logistikzentrums - TKN Logistik GmbH
- Fernverkehre und Betrieb der Umschlagspunkte inkl. Feinverteilung werden ausgeschrieben

TKN - Firmenportrait

TKN Logistik GmbH		
Gründungsjahr		1994
Stammkapital		5 Mio DM
Gesellschafter	Tchibo Frisch-Röst-Kaffee GmbH	51%
	Kühne & Nagel (AG & Co)	49 %
Mitarbeiterentwicklung	01.07.95	30
	01.01.96	148
	01.07.96	517
	01.11.96	600

Der Auftrags- und Leistungsumfang der TKN Logistik GmbH umfaßt:

- Vortransport aus den Röstereien Hamburg und Berlin
- Shuttle-Verkehr ab Hafen Hamburg
- Einlagerung mit Probenzug und Qualitätskontrolle
- Lagerung, Lagerverwaltung und Bestandsführung
- Auslagerung und Kommissionierung
- Transport und Verteilung
- Rückführung der Retourenkartons ab Umschlagspunkt
- Bearbeitung der Retouren
- zusätzliche logistische Dienstleistungen

2 Das Logistikzentrum

2.1 Das Konzept

Das breite Artikelsortiment, dessen einzelne Warengruppen völlig unterschiedliche Anforderungen aufweisen, ist kennzeichnend für das Distributionsgeschäft der Tchibo Frisch-Röst-Kaffee GmbH. Man trifft auf eine breite Palette unterschiedlicher spezifischer Anforderungen, für die individuelle Lösungen erforderlich sind, die nachher im Zusammenspiel des Ganzen harmonieren müssen, z.B.:

- in ihrer Zusammensetzung konstante Teilsortimente
- wöchentlich wechselnde Sortimente
- wechselnde Abmessungen innerhalb der Sortimente
- gleichbleibende Abmessungen innerhalb der Sortimente
- Abkommissionierung von ganzen Kolli und von einzelnen Warenstücken aus Anbruchkartons
- etc.

Die Auswahl der jeweils besten Lösung für die einzelnen Funktionsanforderungen führt zum Zusammenspiel zahlreicher einzelner Komponenten innerhalb einer komplexen Anlage, z. B.:

- einem Wareneingang mit Schnellentladesystemen
- einem Hochregallager, bei dessen Dimensionierung die Aufnahme von Retouren ebenso berücksichtigt werden muß wie die Saisonschwankungen auf der Absatzseite und die unterschiedlichen Soll-Reichweiten verschiedener Artikelgruppen
- einem Retourenzentrum zur Sortierung und Wiederaufbereitung nicht verkaufter Ware
- einer Elektrohängebahn zur Entsorgung des Wareneingangs, Versorgung des Hochregallagers und der Kommissionierung
- sechs verschiedene Kommissionierzonen mit unterschiedlichem Automatisierungsgrad als Antwort auf unterschiedliche Artikelanforderungen; das heißt, jeder Kundenauftrag wird in mehrere Teilaufträge zerlegt, die in den verschiedenen Kommissionierzonen gleichzeitig bearbeitet werden
- einem Hochleistungssorter, der die Teilaufträge nach der Kommissionierung zu kompletten Kundenaufträgen zusammenführt
- etc.

Mit der Vielzahl aufgabenorientierter Funktions- und Produktions- bzw. Kommissionierbereiche ist das Distributionszentrum vergleichbar mit einer Fabrik und der damit verbundenen Steuerungsproblematik. Das Logistikzentrum Gallin verfügt über einen simulationsgestützten Leitstand für die optimale Ressourcendisposition, die bestmöglichen Personal- und Maschineneinsatz und kürzeste Auftragsdurchlaufzeiten garantiert.

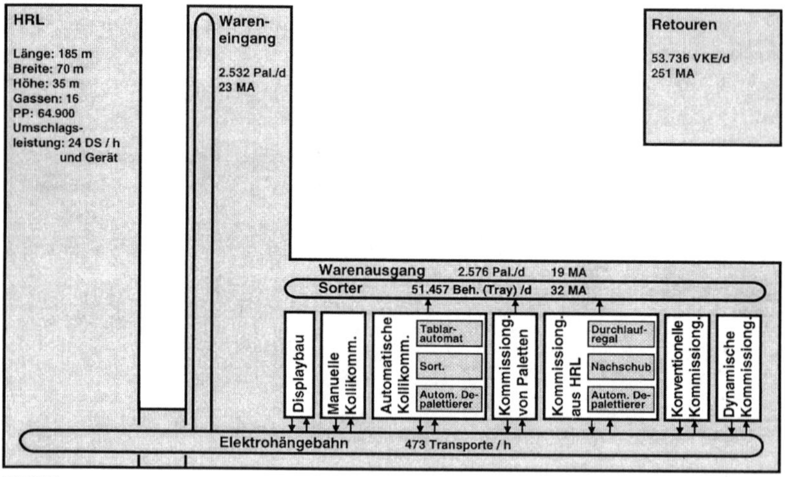

Abbildung 3

Leistungsdaten: durchschnittliche Tagesmengen

2.2 Die Kommissionierung

In dem Logistikzentrum gibt es 6 Kommissionierzonen für die unterschiedlichen Artikelanforderungen:

- Automatische Tray Kommissionierung (KTA)
  i.d.R. für Hauptkaffee-Artikel
- Manuelle Tray Kommissionierung (KTM)
  i.d.R. für weniger gängigeKaffee-Artikel, bei Überlastung der KTA und ausgewählte Gebrauchsartikel
- Kommissionierung aus Durchlaufregalen (KDR)
  i.d.R. für schnelldrehende, kleine Gebrauchsartikel
- Kommissionierung von Paletten (KSP)
  i.d.R. für schnelldrehende, große Gebrauchsartikel und kaffeeafine Produkte
- Konventionelle Kommissionierung (KKO)
  i.d.R. für langsamdrehende Gebrauchsartikel
- Dynamische Kommissionierung (KDP)
  i.d.R. für langsamdrehende Artikel mit großer Menge pro Auftrag
- Sonderlager (KSG)
  i.d.R. für Sonderaufgaben, z. B. für „UP-geraffte“ Artikel

Allen Kommissionierzonen gemeinsam ist die redundante Auslegung. Das heißt, jede Kommissionerzone ist in Module eingeteilt. In den einzelnen Modulen kann immer wieder dasselbe Artikelspektrum angeboten werden.

Der Nachschub wird über Mindestbestandsüberwachung ausgelöst; mit Ausnahme der KKO und KDP ist immer eine volle Palette jedes einzelnen Artikels in der Zone zwischengepuffert. Das heißt, daß die Bestände im Logisitkzentrum auf jedem Platz je Palette oder je Karton genau mit Nulldurchgangsbearbeitung geführt werden.

In allen Kommissionierzonen wird papierlos kommissioniert. Entweder wird der Kommissionierer über stationäre Displays oder mobile Datenterminals geführt. Kommissionierabweichungen aufgrund von Bestandsdifferenzen werden sofort erfaßt und die Bestände korrigiert. Jede Entnahmeposition wird über Waagen auf richtige Entnahmemenge geprüft, um Fehler weitgehend zu vermeiden.

Anhand der Abbildungen 4 und 5 erklärt sich der typische Auftragsdurchlauf durch die Kommissionierung.

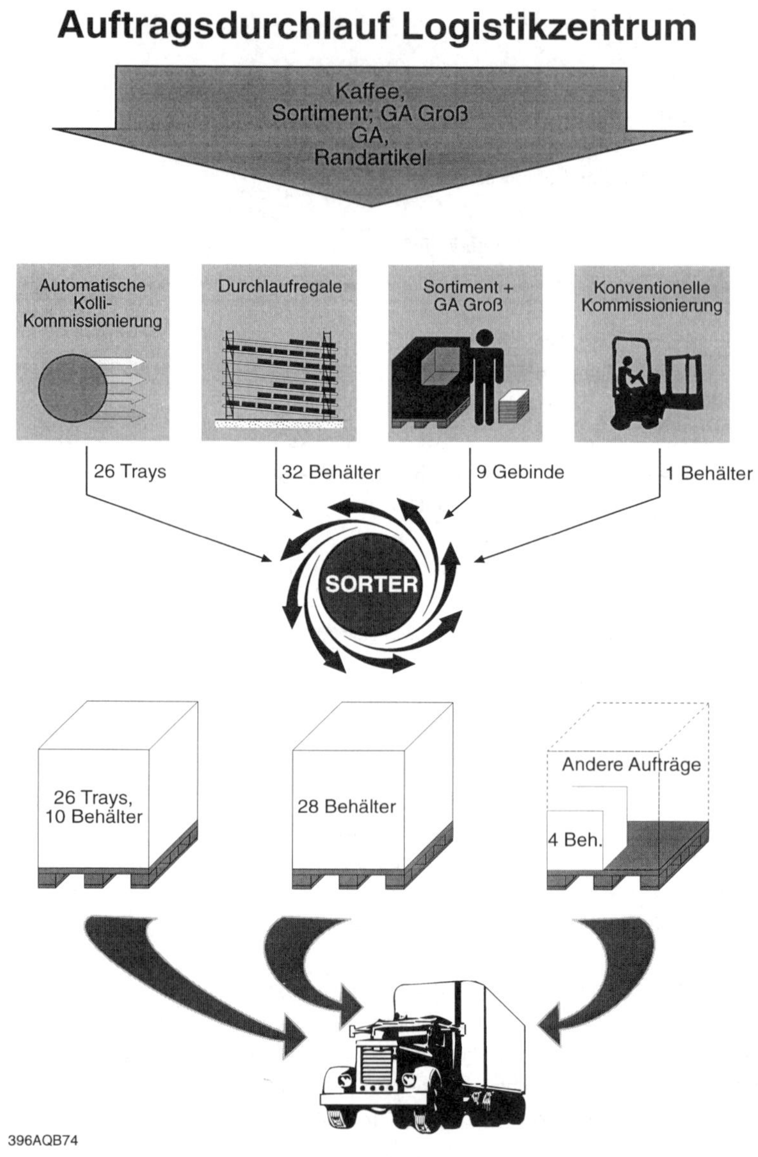
Auftragsdurchlauf Logistikzentrum
Kaffee,
Sortiment; GA Groß
GA,
Randartikel
Automatische Kolli-Kommissionierung
Durchlaufregale
Sortiment + GA Groß
Konventionelle Kommissionierung
26 Trays
32 Behälter
9 Gebinde
1 Behälter
SORTER
26 Trays, 10 Behälter
28 Behälter
Andere Aufträge
4 Beh.
396AQB74

Abbildung 4

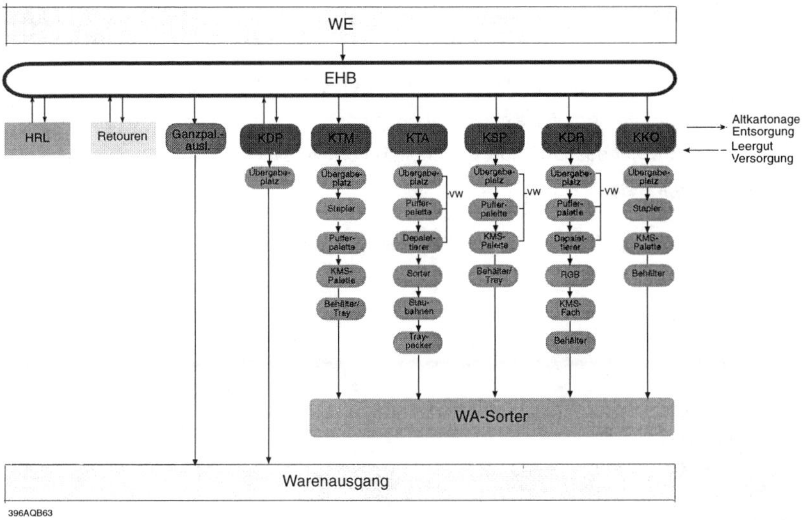
WE
EHB
HRL
Retouren
Ganzpal.-ausl.
KDP
KTM
KTA
KSP
KDR
KKO
Altkartonage Entsorgung
Leergut Versorgung
Übergabeplatz
Stapler
Pufferpalette
KMS-Palette
Behälter/Tray
Depalettierer
Sorter
Staubahnen
Traypacker
RGB
KMS-Fach
Behälter
VW
WA-Sorter
Warenausgang
396AQB63

Abbildung 5

2.3 Das Steuerungskonzept

Um die Komplexität der Steuerung des Logistikzentrums Gallin in vertretbaren Grenzen zu halten, ist ein ziehendes, sich selbst regelndes Steuerungskonzept gewählt worden. Abbildung 6 zeigt das Grundprinzip und die Vorteile. Die Abbildung 7 stellt den Makro-Informationsfluß dar.

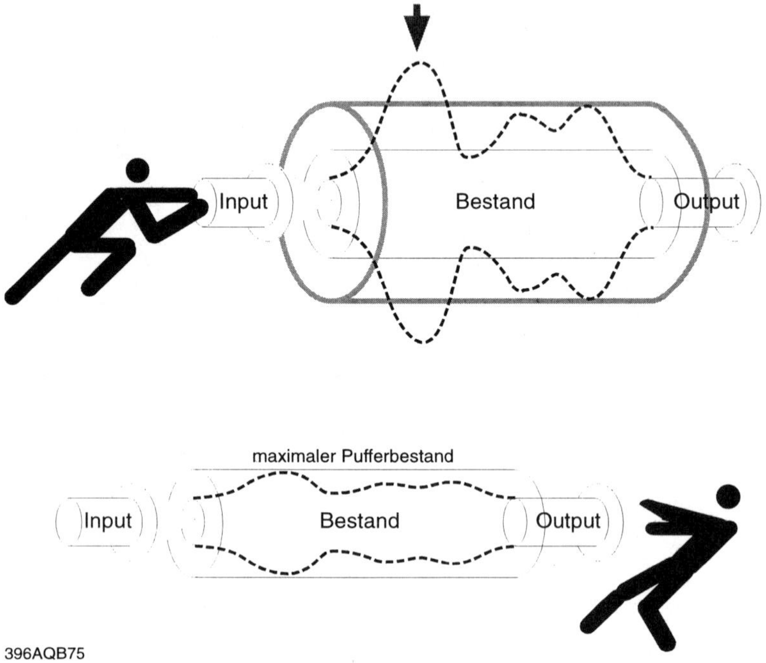

396AQB75

Abbildung 6

Pullprinzip-Vorteile

- ❒ minimaler Bestand
- ❒ kurze Durchlaufzeiten
- ❒ einfache Kapazitätsplanung
- ❒ geringster technischer Aufwand
- ❒ geringster Personalbedarf

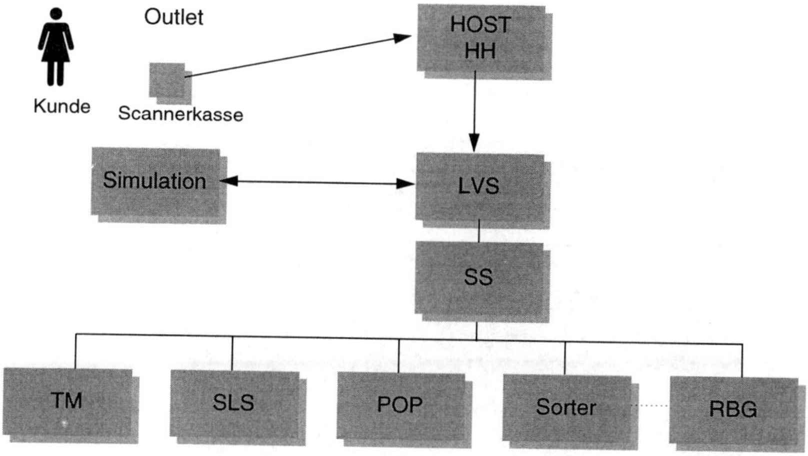

Abbildung 7

LVS = Lagerverwaltungssystem

SS = Steuerungssystem

TM = Transportmanagement

SLS = Staplerleitsystem

POP = Paperless Order Picking

RBG = Regalbediengerät

3 Realisierung

3.1 Terminplan

Rahmentermine / Meilensteine

02/94	Systementscheidung, Architektenplanung
06/94	Baugenehmigung
08/94	Baubeginn
09/94	Vergabe Palettenfördertechnik
	Vergabe Informationssysteme
10/94	Grundsteinlegung
11/94	Beginn Stahlbau
	Vergabe Kommissionier- und Behälterfördertechnik

02/95	Richtfest
03/95	Abnahme DV-Pflichtenheft
04/95	Montagebeginn Fördertechnik
10/95	Testbetrieb
12/95	Abnahme Baugewerke

01/96	Probetrieb Retourenbearbeitung
03/96	Probebetrieb Kundenkommissionierung
11/96	Gefahrenübergang

3.2 Realisierungspartner

Gewerke

Bau, HET, Brandschutz	Hochregal-lager	Förder-technik	Kommis-sionierung	Retouren	Lagever-waltungsys.	Transport-management

Fachplaner

Kohlbecker Gesamtplan	i + o - Industrieplanung + Organisation GmbH	ACK

Generalunternehmer / Vertragspartner

Köster Bau	Voest-Alpine	Mannesmann-Demag

Realisierungspartner

Köster Bau	Voest-Alpine	Mannesmann-Demag	PSI

Rechnergestützte Geschäftsprozeßanalyse

Prof. Dr.-Ing. **Hartmut F. Binner,** Hannover

1.0 Einleitung

Die kooperative Wertschöpfung als neuer Strategieansatz für die Ausrichtung der eigenen Unternehmensprozesse auf den Kunden und Lieferanten mit dem Ziel, einen Wissenstransfer aufzubauen, der die umfassenden Kundenanforderungen besser erfüllt und dabei gleichzeitig eine Risikominimierung durch Risikoteilung zwischen den beteiligten Partnern ermöglicht, erhält einen immer höheren Stellenwert für den Unternehmenserfolg. Nur das Unternehmen kann zukünftig überleben, das in der Lage ist, die eigenen Kernprozesse flexibel und anpassungsfähig mit den Kunden- und Lieferantenprozessen entlang der gemeinsamen Wertschöpfungskette zu verknüpfen und dabei die organisatorischen, funktionalen und DV-Schnittstellen zu minimieren. Eine neue Organisations- und Führungsstruktur mit dem Mitarbeiter im Mittelpunkt der Prozeßgestaltung unterstützt die Kundenorientierung.

Gekennzeichnet ist die Situation durch einen ständig steigenden Flexibilitäts- und Kostendruck, der die Unternehmen zwingt, die Fertigungstiefe zu reduzieren (Flexibilisierung) und günstiger produzierende Zulieferer einzubinden. Um den Zusatznutzen für den Kunden zu erhöhen, sind fremdbezogene Komponenten mit den eigenen Kernprodukten zu innovativen Systemlösungen im eigenen Unternehmen zu verknüpfen (Bild 1).

Für eine unternehmensübergreifende Geschäfts- und Betriebsprozeßverknüpfung und Prozeßgestaltung aus logistischer Sicht sind folgende Komponenten zu berücksichtigen:

- Aufbau sauber definierter und transparenter externer Kunden-Lieferanten/Beziehungen
- Offenlegung der funktionalen, organisatorischen und DV-Schnittstellen für die unternehmensübergreifende Auftragsabwicklung und Entwicklung
- Aufbau interner Kunden/Lieferanten-Beziehung mit logistischen Zielvorgaben und -vereinbarungen
- Einführung neuer prozeßorientierter Organisations- und Führungsstrukturen
- Integration von DV-Altsystemen in einem integrierten DV-gestützten Logistiksystem
- Integriertes Qualitäts- und KVP-Management

2.0 Prozeßorientierung versus Funktionsorientierung

Für die Unternehmen in Deutschland wird es immer wichtiger, der Dynamik der lokalen und globalen Märkte folgen zu können und die eigenen Organisations- und Prozeßstrukturen den sich ändernden Rahmenbedingungen flexibel anzupassen. Die heute noch überwiegend starren Abläufe in verfestigten hierarchischen Organisationsformen mit funktionalen Barrieren an den Schnittstellen zu anderen Bereichen lassen diese Anpassung allerdings selten zu.

Viele Unternehmen in Deutschland befinden sich deshalb z. Zt. in einer Strukturkrise, weil die Unternehmensorganisation nach arbeitsteiligen (tayloristischen) Prinzipien zu tief gestaffelten Hierarchien, einem zu hohen Koordinierungsaufwand und zu einer ineffizienten Auftragsausführung mit langen Durchlaufzeiten bei hohen Kosten führt. Kostensenkungsmaßnahmen und Effizienzverbesserungen sind deshalb zu einer Überlebensfrage geworden. Die Unternehmen müssen rasch ihre Organisations- und Führungsstrukturen ändern, damit sie am Markt Erfolg haben [1].

Wie Bild 2 zeigt, ist der entscheidende unternehmerische Ansatz zur Wettbewerbsverbesserung die Durchsetzung der Prozeßorientierung. Hierbei werden die Nachteile der Funktionsorientierung, also des Kästchen- und Schubladendenkens, aufgehoben. Durch den Abbau der Hierarchien und die Zusammenfassung zu ganzheitlichen Arbeitsinhalten ohne störende funktionale oder organisatorische Barrieren können die Geschäfts- und Betriebsprozesse sehr viel schneller und kostengünstiger ablaufen.

Bisher fehlten allerdings rechnerunterstütze Analyse-, Gestaltungs- und Dokumentationswerkzeuge, die die Umstrukturierungen im Unternehmen durch die Bereitstellung von Prozeßkenndaten, wie Zeiten und Kosten, erleichtern. Die Kenntnisse über die Inhalte der ablaufenden Prozesse mit den beteiligten Funktionsbereichen ist aber die absolute Grundlage, um Erneuerungs- und Verbesserungsmaßnahmen durchzuführen.

CIM-house Hannover hat eine systematische Vorgehensweise in Verbindung mit einem PC-Prozeß-Analyse- und Modellierungs-Tool unter der Bezeichnung „SYCAT" (Systematische CIM-house Analyse-Tools) entwickelt, das es dem Management ermöglicht, in kürzester Zeit unter Berücksichtigung der drei Strategiefelder:

- Kundenorientierung
- Mitarbeiterorientierung
- Prozeßorientierung

die Prozesse erfolgreich zu verändern und damit dem äußeren Wandel wettbewerbsfähig zu folgen. Gleichzeitig wird bei dieser Vorgehensweise gemeinsam mit den Mitarbeitern ein rechnerunterstützter Erfahrungsspeicher aufgebaut, der das Leitbild vom lernenden Unternehmen zur langfristigen Wettbewerbssicherung unterstützt. Hierbei wird eine neue Kernkompetenz entwickelt, die mit erfolgreicher Umsetzung in der Praxis die Überlebensfähigkeit des Unternehmens ermöglicht.

Im folgenden wird erläutert, wie die Gestaltung unternehmensübergreifender Logistikketten auf der Grundlage der Prozeßorientierung mit dem SYCAT-Prozeßmanagement-Tool möglich wird.

3.0 Darstellung von Logistik-Kernprozessen

Der durchgängige Unternehmensprozeß setzt sich aus mehreren logistischen Schwerpunktbereichen zusammen, die alle unterschiedliche Logistikzielsetzungen besitzen. Wie Bild 3 zeigt, gehören dazu folgende Logistikhauptfunktionen:

- Vertriebslogistik
- Entwicklungslogistik
- Auftragsabwicklungslogistik
- Beschaffungslogistik
- Produktionslogistik
- Lager/Versandlogistik
- Entsorgungslogistik

Die Vertriebslogistik hat als Hauptziel die Lieferfähigkeit und Lieferflexibilität für den Kunden zu garantieren. Die Entwicklungslogistik soll durch kurze Entwicklungszeiten dafür sorgen, daß die am Markt angebotenen Produkte dem Stand der Technik entsprechen und die steigenden Kundenanforderungen erfüllen können. Die Beschaffungslogistik hat als Zielsetzung die benötigten Materialien und Komponenten exakt zum definierten Termin in der geforderten Qualität für die Produktionslogistik zur Verfügung zu stellen, damit der Kundenauftrag dort mit hoher Qualität, Flexibilität und Produktivität gefertigt werden kann. Die Lager- und Versandlogistik muß dann diese fertig hergestellten Produkte termintreu und vollständig ausliefern. Im Rahmen der Entsorgungslogistik sind Wiederverwertungen und Wiederverwendungen durch Rücknahmen von gebrauchten Produkten vom Kunden zu organisieren.

Aufgrund der einleitend genannten kooperativen Wertschöpfungsstrategie entwickeln sich entlang der Hauptprozeßkette sehr viele Berührungspunkte zwischen Lieferanten und Unternehmen, wobei die Beschaffungslogistik im weiteren Sinne zuständig ist für den Aufbau dieser unternehmensübergreifenden Logistik-Kooperationen. Da die Zulieferer immer mehr Systemanbieterfunktionen übernehmen, bilden sich innerhalb der Entwicklungslogistik eine ganze Anzahl von Ansätzen zur Zusammenarbeit. Stichworte hierzu sind Simultaneous Engineering, Concurrent-Engineering, integrierte Entwicklungs-Team-Bildung und Target-Costing. Die Verringerung der Fertigungstiefe geht Hand in Hand mit dieser Entwicklung, weil immer mehr Unternehmen einzelne Systeme oder Module komplett außer Haus entwickeln lassen.

Es ist einleuchtend, daß nach einer derartigen engen Zusammenarbeit im Entwicklungsbereich die Lieferung der Komponenten im Auftragsfalle bzw., bei der Serienfertigung durch den vorher stattgefundenen intensiven Informationsaustausch sehr viel einfacher und reibungsloser ablaufen wird. Davon partizipiert dann auch die Produktionslogistik, weil durch eine enge Planungsabstimmung, beispielsweise von der Kurzfristplanung des Vertriebs bis zum Schichtprogramm in der Montage eine Just-in-time-Anbindung sehr viel einfacher zu realisieren ist. Hierbei kommt begleitend eine weitgehend automatisierte Kundenkommunikation, z.B. durch

Einsatz von EDI, zum Tragen. Wareneingangsprüfungen im eigenen Hause entfallen aufgrund der vorgenommenen Liefervereinbarungen. Häufig ist es so, daß das Unternehmen seinen Lieferanten spezielles Know-how in bezug auf Verfahrens-, Arbeits- sowie Qualitätsanweisungen zur Verfügung stellt, damit der Lieferant anforderungsgerecht die bestellten Teile anliefern kann. Diese Kunden-Lieferanten-Verbindung wird fortgesetzt in der Entsorgungslogistik bei der Rücknahme oder Wiederverwendung von Komponenten, die vom Kunden nach Gebrauch zurückgegeben wurden. Auch die Transport- bzw. Transportbehälterorganisation ist in diese Betrachtung integriert. Gerade im Automobilbereich werden häufig nur kundenspezifische Paletten für die Warenanlieferung durch den Lieferanten verwendet. Er muß diese Paletten also beim Kundenabruf zur Verfügung haben, damit er den Auftrag ausführen kann.

4.0 Kritische Erfolgsfaktoren in dem Logistiknetzwerk

Allerdings läßt sich kein allgemein gültiges logistisches Konzept entlang dieser Logistik-Hauptprozeßkette formulieren, weil die Einflußgrößen auf diesen Logistikprozeß sehr vielfältig und unterschiedlich sind. Sie üben deshalb erheblichen Einfluß auf die Erreichung der einleitend genannten Zielsetzungen innerhalb der Logistik-Hauptfunktionen aus. Wie Bild 4 zeigt, sind diese Einflußgrößen bezogen auf den Vertriebs- und Marketingprozeß beispielsweise die Kundenstruktur, die Marktstruktur die Verbrauchsschwankungen, die vorhandenen Vertriebswege, das Kaufverhalten der Kunden, die Kundengewohnheiten sowie das Marktwachstum.

Bei der Entwicklungslogistik sind die Einflußgrößen die Zielgruppe des Unternehmens, die zu entwickelnden System- bzw. Produktkomponenten in Abhängigkeit der Produktstruktur, die verwendeten Materialien oder ähnliche, bereits existierende Konkurrenzprodukte. Bei der Beschaffungslogistik sind diese Einflußgrößen die vorhandenen Lieferantenanzahl, das praktizierte Dispositionssystem, das Verhalten im eigenen Hause, die zu beschaffenden bzw. zu liefernden Mengen sowie die Kooperationspartner in dieser Kette. Bei der Produktionslogistik kommt es auf das Produktionsprogramm, auf die Fertigungsart, vorhandene Fertigungstiefe, den Automatisierungsgrad und die Qualifikation der Mitarbeiter an. Bei der Lager- und Versandlogistik sind die Einflußgrößen die Kommissionierung, die benötigte Verpackung, die Größe und das Gewicht der zu liefernden Teile ebenso wie die Empfindlichkeit und Handhabbarkeit sowie die Transportart. Für die Entsorgungslogistik geht es um die umweltgerechte Entsorgung von Energie, Emissionen, Abwässern und Abfällen im Rahmen der bestehenden Normenforderungen.

Entscheidend für das Zusammenspiel der einzelnen Logistikfunktionen ist, daß richtige Material zur richtigen Zeit am richtigen Ort in richtiger Qualität zu plazieren. Um dieses oberste logistische Ziel zu erreichen, bedarf es der Erfüllung von diversen Voraussetzungen, die ebenfalls wieder den bereits genannten logistischen Hauptfunktionen zuzuordnen sind. Wie Bild 5 zeigt, beginnt dies im Marketingprozeß mit der Formulierung logistikorientierter Kundenforderungen, sie enthalten folgende Komponenten:

- kundengerecht, vorschriftengerecht, funktionsgerecht, sicherheitsgerecht, informationsgerecht.

Daraus leitet sich für den Entwicklungsprozeß bzw. für die Entwicklungslogistik die zu entwickelnde logistikgerechte Produktstruktur ab. Sie ist gekennzeichnet durch normgerechte, fertigungsgerechte, montagegerechte und zuliefergerechte Ausführungen. Die sich anschließende logistikgerechte Beschaffungssstruktur, mit der die Materialien und Komponenten für vorher entwickelte logistikgerechte Produktstruktur zur Verfügung gestellt werden, ist gekennzeichnet durch die Voraussetzungen „termingerecht, bereitstellungsgerecht, qualitätsgerecht und haftungsgerecht“. Die Herstellung der Produkte mit diesen Teilen und Komponenten innerhalb einer logistikgerechten Prozeßstruktur muß flußgerecht, steuerungsgerecht, regelkreisgerecht und auflagengerecht erfolgen. Der sich anschließende Lager- und Versandprozeß ist durch eine logistikgerechte Lagerstruktur zu unterstützen. Diese setzt eine bereitstellungsgerechte, termingerechte, transportgerechte und verpackungsgerechte Gestaltung voraus. Die logistikgerechte Entsorgungsstruktur ist gekennzeichnet durch die Voraussetzungen, servicegerecht, wartungsgerecht, reparaturgerecht und entsorgungsgerecht.

Für einen durchgängigen logistischen Fluß wird für die Erfüllung der einzelnen Zielsetzungen in den beschriebenen Logistikhauptfunktionen ist aber noch eine weitere Betrachtung aus informationstechnischer Sicht mit aufzunehmen.

Kein Informationssystem ist in der Lage, Material- und Zeitwirtschaftsfunktionen anforderungsgerecht abzuwickeln, wenn von einem falschen Produkt- und Prozeßmodell ausgegangen wird. In Bild 6 sind die Vorgaben zur Logistik- bzw. PPS-System-Einführung in den drei Schritten

- logistikgerechte Produktstruktur
- logisitkgerechte Prozeßstruktur
- logistikgerechte Planungs- und Steuerungsstruktur

abgebildet. Die zusammengefaßte Erläuterung dieser Strukturen bezüglich Zielen, Voraussetzungen und Hilfsmittel zeigt Bild 7.

Die logistischen Produktstrukturen sind Ausgangspunkt und Eingangsgröße für alle weiteren Prozeßgestaltungsüberlegungen ist. Modular aufgebaute Produktgliederungen (nach fertigungs- und montagegerechten Gesichtspunkten) unterstützen den erzeugten flußorientierten Auftragsdurchlauf. Hauptkennzeichen einer logistikgerechten Produktgestaltung ist ein durchgängiger logistikgerechter Grunddatenaufbau mit einheitlichen Datenstrukturen innerhalb eines Baugruppenschemas. Dazu gehört beispielsweise ein EDV-verarbeitbares Parallel-Nrn.-System mit gezielter Wiederholeilverwendung über Klassenverzeichnisse. Dies sind im System hinterlegte Suchstrukturen, die ein rasches Auffinden einmal hinterlegter Artikelinformationen ermöglichen. Weitere Kennzeichen sind eine konsequente Anwendung der CAD-Variantenkonstruktion mit Normierung, Typisierung und Standardisierung, ein modularer Produktaufbau nach fertigungs- und montagegerechten Gesichtspunkten bei geringer Grundteilevielfalt, sowie eine beschaffungs-, bereitstellungs- und durchlaufzeitgerechte marktorientierte Konstruktion. Aus Flexibilitätsgründen sinnvoll ist auch häufig die Unterteilung der Produktstruktur in kundenneutrale Grundeinheiten und eine kundenspezifische Endproduktmontage.

Die Kennzeichen einer logistikgerechten Prozeßstruktur sind flußorientierte produkt- bzw. auftrags-bezogene Fertigung und Montagebereiche, die durch Bildung kleinerer autonomer Produktionseinheiten (Fertigungs-segmentierung) entstanden sind. Darauf baut sich ein durchgängiger Material- und Arbeitsfluß mittels daten-technischer Integration von Bereitstellungs-, Bearbeitungs- Prüf-, Transport- und Lagerfunktionen auf. Auch eine gruppenorientierte Produktion mit getrennten Fertigungs-strukturen für Serien- und Einzelfertigung ist möglich. Weiterhin gehört dazu der Einsatz von flexiblen Technologien im Rahmen einer rechnerintegrierten Fertigung, z.B. von DC-, CNC-, oder CAM-Komponenten oder computergesteuerter Handhabungs-einrichtungen und Industrieroboter sowie von computergesteuerten Transportmitteln. Ein weiteres Kennzeichen ist die Synchronisation der dezentralen Bereiche durch vermaschte Regelkreisbildung und EDV-Vernetzung über alle Produktionsstufen.

Eine logistikgerechte Planungs- und Steuerungsstruktur, wie im folgenden Pkt. 5.0 beschrieben, baut sich auf der vorgegebenen Produkt- und Prozeßstruktur auf.

Bei Nichtbeachtung der genannten Struktur-Voraussetzungen für einen durchgängigen Auftragsabwicklungsfluß innerhalb der Logistik treten in der Praxis erfahrungsgemäß eine ganze Anzahl Schwachstellen auf. Sie sind beispielhaft in Bild 8 den bereits beschriebenen logistischen Hauptfunktionen zugeordnet. Im bezug auf die Beschaffungslogistik sind die immer wieder anzutreffenden Defizite, beispielsweise die verspätete/unvollständige Bestellung beim Einkauf, Lieferverzüge des Lieferanten, unzureichende Wareneingangskontrollen, eine fehlende Bestellüberwachung, unvollständige Stammunterlagen, eine fehlerhafte Bedarfsauslösung, nicht definierte Bereitstellungspunkte, Bestandsunsicherheiten, Auftragsfreigaben bzw. Bereitstellauslösungen, die nicht termingerecht erfolgt sind.

Aus diesen Schwachstellen leiten sich die Ansatzpunkte zur Verbesserung ab. Den größten Einfluß auf die Vereinfachung und Beschleunigung des logistischen Flusses hat produktseitig eine Vereinheitlichung durch Standardisierung, Typisierung und Normierung. Die Vorteile einer logistikgerechten Produktgestaltung anhand vorgegebener Prozeßstrukturen mit einer Verminderung des Teileumfanges sind vielfältig. Sie führen in vielen Funktionsbereichen zu direkten Kosteneinsparungen. Beispielsweise sind hier nur der geringere Dispositionsaufwand im Einkauf und die Vereinfachungen bei der Lagerhaltung genannt. Weniger Lagerplätze bedeuten auch kleinere Lagerfläche. Die dabei gewonnene Fläche kann ein Zuwachs zugunsten wertvollerer Fertigungsfläche sein.

Die bereits angesprochene Teilereduzierung z.B. durch Teilefamilienbildung und Sachmerkmalsleisteneinsatz bewirkt viele Synergieeffekte. Beispielhaft sind im Bild 9 einige dieser Vorteile mit ihren positiven Auswirkungen auf die logistische Kette aufgeführt. Wie dieses Bild zeigt, lassen sich auf der Basis einfacherer Produkte mit weniger Stücklistenpositionen, weniger Stammdaten, weniger Lieferanten, weniger Qualitätsproblemen und weniger Koordination einfachere Prozesse mit weniger Arbeitsteilung, weniger Automatisierung und weniger Steuerungsaufwand gestalten. Einfachere Prozesse wiederum ermöglichen eine einfachere Prozeßausführung mit weniger Komplexität, weniger Fehler und niedrigen Kosten bei einer einfacheren Organisation und dem Einsatz einfacherer Werkzeuge.

Prozeßseitig bewirkt die Prozeßvereinfachung eine Reduzierung der organisatorischen, funktionalen, personellen und DV-technischen Schnittstellen. Wichtig ist die Bildung definierter interner Kunden-Lieferanten-Beziehungen, wie sie in Bild 10 mit der Hilfe von Kernthesen beschrieben sind. Auf die Durchsetzung dieser Maßnahmen wird im folgenden eingegangen.

5.0 Auflösung logistischer Zielkonflikte

Die logistischen Zielkonflikte innerhalb der betrieblichen Grundfunktion sind im Bild 11 angesprochen. Beim Beschaffungsprozeß liegt der Zielkonflikt darin, daß trotz niedriger Wareneingangsbestände ein hoher Servicegrad für die Produktion gesichert sein muß. In der Produktionslogistik besteht eine konkurrierende Zielbeziehung zwischen den geforderten kurzen Durchlaufzeiten der Produktionsaufträge und den hohen Maschinenauslastungen. Bezogen auf den Vertriebsprozeß soll eine große Absatzmenge über ein kleines Versandlager realisiert werden. Diese genannten logistischen Zielkonflikte lassen sich nur über eine umfassende Informationsbereitstellung auf der Basis eines integrierten logistischen DV-Konzeptes beseitigen, bei dem das PPS-System eine Schlüsselposition einnimmt. Im wesentlichen ist dieses PPS-System modulartig aufgebaut. In der Praxis hat sich ein 3-Ebenen-Modell herauskristallisiert, wobei die in Bild 12 dargestellten Grundstrukturen üblich sind. Unterschieden wird in die PPS-System-Planungs-, Steuerungs- und Ausführungsebene.

Die PPS-System-Planungsebene umfaßt i.d.R. die Module:

- Absatzplanung
- Produktionsprogrammplanung
- Disposition/Beschaffung
- Auftragsbearbeitung
- Mengen- und Zeitplanung
- Versandabwicklung

Voraussetzung für die Erledigung der einzelnen PPS-Aufgaben innerhalb dieser Module ist die Bereitstellung der Stammdaten über die Grunddatenverwaltung sowie die Eingabe der Kunden- bzw. Auftragsdaten bezüglich der Zeit- und Mengenvorgaben. Üblich ist, daß im wiederkehrenden Rhythmus nach einem rollierenden Verfahren vom Vertrieb eine Vertriebsplanung durchgeführt wird. Diese Vertriebsplanung legt die Primärbedarfe für einen frei wählbaren Zeitraum fest. Die eingehenden Kundenaufträge, die in der Auftragsbearbeitung spezifiziert und in den Auftragsbestand aufgenommen sind, werden in einer rollierenden Planung den Absatzzahlen gegenübergestellt und über diesen Weg das Produktionsprogramm für die kommende Planungsperiode festgelegt. Die Bedarfssicherheit ist hier eine wichtige Planungsgröße, damit gerade bei Lagerfertigern nur Produkte geplant und produziert werden, die der Markt auch abnimmt. Ansonsten würden diese Artikel in großer Stückzahl im Fertigwarenlager lagern, bis sich ein Kunde dafür interessiert. Im Produktionsplan sind die geschätzten Zusatzbedarfe für Ersatzteile oder sonstige Aufträge mit enthalten, der so gebildete Primärbedarf ist die Ausgangsbasis für die Materialbedarfsrechnung im Rahmen der Mengenplanung, auch als Disposition bezeichnet.

Anhand des artikel- oder baugruppenbezogenen Produktionsprogramms wird der Bruttosekundärbedarf über die entsprechenden Stücklisten stufenweise aufgelöst. Für jede Dispositionsstufe werden die Fertigungs- und Bestellaufträge unter Berücksichtigung der vorhandenen Bestände den geplanten Zu- und Abgängen sowie den vorher eingeplanten Aufträgen gegenübergestellt. Diese Netto-bedarfsrechnung wird unter Berücksichtigung logistischer Kenngrößen wie Durchlaufzeiten, Mindest- und Sicherheitsbestände, Auftragsreservierungen für bereits eingeplante Aufträge und Verbrauchsprognosen durchgeführt. Weiter können Umterminierungs- und Stornierungsvorschläge angezeigt werden.

Es ergeben sich nach dieser dynamischen Betrachtung die Nettofertigungs- und Bestellbedarfe. Gleichzeitig kann bei der Stücklistenauflösung durch die Unterschreitung von Bestellbeständen die Beschaffung von verbrauchsgesteuerten Teilen und Rohmaterialien ausgelöst werden, die direkt als Nettobedarfe angelegt sind.

Im Anschluß an die Netto-Sekundärbedarfs-Ermittlung wird den zu disponierenden Teilen die Beschaffungsart, d.h. also Fremd- oder Eigenfertigung zugeordnet. Simultan sollte zu dieser Mengenplanung eine Termin- und Kapazitätsrechnung erfolgen, um die Fertigungsaufträge und Beschaffungsaufträge grob zu terminieren. Die Bestellvorschläge werden vom Einkauf bearbeitet, die Fertigungsvorschläge von der Arbeitsvorbereitung. Grundlage für die Termin- und Kapazitätsplanung sind einmal die Vorlauf- oder

Wiederbeschaffungszeit-Angaben in der Stückliste oder die Planzeit-Vorgaben in den Arbeitsplänen. Die Arbeitspläne beinhalten in der Regel die Einzelarbeitsgänge, dem die Materialien, das Personal, die Werkzeuge und Betriebsmittel usw. zugeordnet sind. Ein Arbeitsgang entspricht deshalb bei der Auftragseinlastung einen Fertigungsauftrag. Ein Verursacherbezug bei Einkaufs- und Fertigungsaufträgen, d.h. die Angabe des dahinterstehenden Kundenauftrages sollte in Bedarfsfällen gewährleistet sein.

Das Ergebnis dieser Produktionsbedarfsplanung und -auflösung ist im wesentlichen die Vorgabe des Beschaffungsprogramms an Einkaufs- und Eigenfertigungsaufträgen mit Menge und Termin. Damit ist die Ebene der Ressourcenplanung abgearbeitet. Es beginnt die Steuerungsebene mit der Beschaffung der geplanten Kaufteile und Rohmaterialien durch den Einkauf sowie der Feinplanung der Eigenfertigungsaufträge in der Fertigung.

Sollten die vom Kunden bestellten Produkte bereits im Fertigwarenlager zur Verfügung stehen, kann über die Versandsteuerung sofort eine Auslieferung an den Kunden organisiert werden. Voraussetzung ist, daß im Lagerwirtschaftsmodul die Bestandsdaten über alle Fertigungsstufen bis zum Endprodukt zur Verfügung stehen. Das Lagerwesen besitzt damit als separates Programmodul eine Querschnittsaufgabe mit Lagersteuerungsfunktionen über alle drei Betrachtungsebenen. In diesem Modul ist eine Lagerbewegungsführung zur Bestimmung von Lagerorten und Lagerplätzen enthalten. Folgende Lagerbewegungsfälle sind im Regelfalle zu unterscheiden: Einlagerungen von Material und Teilen vom Lieferanten, Entnahmen von Teilen und Materialien für die Fertigung und Montage, Rückeinlagerungen von Mengen nach der Fertigung und Montage, Einlagerungen von Fertigerzeugnissen oder fremdbezogenen Komponenten, Entnahme von eingelagerten Erzeugnissen zum Versand an den Kunden. Die dazugehörende Bestandsverwaltung bezieht sich auf die Verwaltung von Lagerorten und Plätzen bis hin zu einzelnen Transportbehältern. Im PPS-System selber wird für die Bereitstellung und Abrechnung nur die mengen- und wertmäßige Erfassung der gelagerten Materialien vorgenommen.

Sobald das Eigenfertigungsprogramm für die Fertigung und Montage bekannt ist, muß ein detailliertes Zeit- und Kapazitätsgerüst zur Belegung der Maschinen zur Verfügung gestellt werden. Hierfür ist erforderlich, daß die Fertigungsaufträge hinsichtlich der Durchlaufzeiten und des Kapazitätsbedarfes in Form von optimalen Losgrößen zusammengefaßt werden. Die Feinterminierung erfolgt auf Arbeitsgangebene unter Berücksichtigung zeitlicher Puffer. Zur Reduzierung der Durchlaufzeit können in der Teilefertigung Aufträge überlappt gefertigt werden. In der Regel wurden bei der Produktionsbedarfsplanung die erforderlichen Kapazitäten grob, d.h. auf Gruppenebene geplant. Im Rahmen der Feinterminierung erfolgt die Zuordnung der Arbeitsgänge zu den einzelnen Maschinen. Bei der Durchlaufterminierung wird zunächst davon ausgegangen, daß unbegrenzt Kapazitäten zur Verfügung stehen.

Die im folgenden Schritt stattfindende Ressourcenfeinplanung ermittelt die tatsächliche Kapazitätsbelastung und korrigiert die Feintermine hinsichtlich des vorhandenen Kapazitätsangebotes. Häufig wird hier versucht, eine optimale Abarbeitungsreihenfolge unter Beachtung entsprechender Prioritätsregeln durchzuführen. Das Ergebnis ist jetzt ein Werkstattprogrammvorschlag, auf dessen Basis die Verfügbarkeit von Material und Kapazität vor Fertigungsbeginn nochmals geprüft werden. Sind alle Ressourcen vorhanden, so wird der Werkstattauftrag zur Fertigung freigegeben. Die Eigenfertigungsplanung und -steuerung übernimmt dabei mit der Terminkapazitätsplanung eine Schaltfunktion.

Auf der einen Seite ist der Planungs- und Dispositionscharakter aus den darüberliegenden Bedarfsplanungprogrammen zu erfüllen, zum anderen muß der operative Charakter, d.h. der gegenwärtige Prozeß-Ist-Zustand mit berücksichtigt werden. Aus diesem Grund ist auf der Ausführungsebene der Stand der Auftragsausführung zu überwachen. Die Fortschrittskontrolle der Werkstattaufträge erfolgt heute in der Regel über BDE-Systeme. Bei Störungen im Fertigungsprozeß muß die Durchführbarkeit des vorgegebenen Eigenfertigungsprogrammes hinterfragt werden. Dies kann mit Hilfe von Leitständen geschehen, die rechnerunterstützt Feinplanungs- und Steuerungsfunktionen übernehmen.

6.0 Umfassender Organisations- und Logistik-Gestaltungsansatz mit SYCAT

Bei der Prozeßorientierung steht das Erreichen des Gesamtoptimums und nicht des Teiloptimums der einzelnen logistischen Hauptfunktionen zur Diskussion. Dieses Gesamtoptimum bezieht sich auf die gesamte logistische Wertschöpfungskette zwischen und Zulieferern. Es läßt sich nur dann durchsetzen, wenn die ablaufenden Prozesse bei beiden Partnern analysiert, modelliert, aufeinander abgestimmt und dokumentiert sind. Im folgenden wird eine rechnergestütze Geschäftsprozeßanalyse-Software vorgestellt, die in

Verbindung mit einer ebenfalls beschriebenen systematischen Vorgehensweise dazu führt, daß das logis,tische Gesamtoptimum unternehmensübergreifend erreicht wird.

Bezugspunkt für die Verknüpfung von Kunden- und Lieferantenprozessen mit der SYCAT-Anwendung ist das gemeinsam entwickelte Prozeßbild als Grundlage des Prozeßmanagements. Es unterscheidet nicht mehr in dem klassischen Sinne nach Aufbau- und Ablauforganisation, sondern integriert Ablauf und Aufbau zum Prozeß. Diese Prozeßabbildung zeigt in Bild 13 objektbezogen in der vorhandenen zeitlichen Dimension die funktionalen (horizontalen) Strukturen ebenso wie die hierarchischen (vertikalen) Strukturen mit den dazugehörenden Orts- und Zustandsveränderungen. Auch die wechselseitigen Überlagerungen von Aufgabenträgern und Ablaufinhalten werden bei dieser Darstellung deutlich.

Über die in der Datenbank hinterlegten Prozeßparameter gibt dieses Modell im Rahmen der Prozeß-analyse (Ist- und Sollzustand) Auskunft über:

- Aufbauorganisation (Funktionsbereiche, Stellen),
- Entscheidungs-, Weisungsbefugnisse,
- Ablauforganisation (Funktionen),
- Führungs-, Fach-, Sachbearbeitungs- und Unterstützungsaufgaben,
- Planungs-, Steuerungs-, Ausführungs- und Kontrollfunktionen,
- Informationen, Dokumente und Daten,
- Kommunikationsbeziehungen,
- Raum-Zeit-Verhalten der Aktivitäten,
- Personen und Anforderungen, Profile,
- Mengen und Frequenzen,
- Potentiale (Tätigkeitszeiten/-kosten),
- Ressourcen-Input/-Output, z.B.
  - Materialien,
  - Hilfsstoffe,
  - Betriebsmittel,
  - Hardware,
  - Software,
  - Finanzen,
- Schwachstellen, Maßnahmen, Termine, Verantwortlichkeiten.

Diese einheitliche und ganzheitlich durchgängige Prozeßdarstellung umfaßt alle Bereiche im Unternehmen. Über die saubere Schnittstellenbeschreibung mit Abgrenzung der Gültigkeitsbereiche, Kompetenzen und Zuständigkeiten können klare Zuordnungen bezüglich der o.g. Funktionen, Arbeitsschritte, Aktivitäten, Potentiale, Dokumente oder Daten erfolgen. In der SYCAT-Prozeßdarstellung werden die Prozesse in ihren organisatorischen, funktionalen, personellen, technischen und wertmäßigen Zuordnungen - insbesondere aber auch in der zeitlichen Abhängigkeit der Prozeßaktivitäten - abgebildet.

Das SYCAT-Analyse-Tool ('Systematische CIM-house Analyse-Tools') [2] basiert auf der PC-Standard-Plattform: 'Windows', 'ABC FlowCharter', 'Winword', 'Excel' und 'Access'. Das SYCAT-Analyse-Tool ist schnell zu erlernen und einfach anzuwenden, weil es auf der Standard-Oberfläche von Microsoft und Micrografx aufsetzt. Bereits bekannte Bedienungsfunktionen wie 'Drucken' oder 'Hilfe' befinden sich an der gewohnten Stelle. Das SYCAT-Analyse-Tool wird in der üblichen Weise, z.B. bezüglich:

- Titelleisten
- Statusleisten
- Menüleisten
- Schaltflächen
- Quick-Infos
- Hilfe
- Integration (OLE, ODBC,....)

bedient.

Die Hardware-Systembasis besteht aus einem PC (ab Intel 486) mit mind. 8 MB Arbeitsspeicher und 30 MB Festplatte, sowie einem zusätzlichen Festplattenspeicher für Benutzerdaten. Weiter benötigt wird Microsoft 'Office', bestehend aus: 'Word' Vers. 6.0 oder höher; 'Excel' Vers. 5.0 oder höher, sowie Micrografx 'ABC FlowCharter' 4.0 oder höher.

SYCAT ist über die SQL-Schnittstellen an andere Datenbanken ankoppelbar. Darüber hinaus lassen sich Tabellen aus externen Datenbanken in das System einbinden. Außerdem ist eine Anbindung an andere

Microsoft-Produkte (z.B.: 'WinWord') möglich. Weiter ist SYCAT ist für den Betrieb in Netzwerken konzipiert. Es nutzt alle Möglichkeiten von Microsoft 'Access' für den Betrieb in einem Netzwerk. Sind hohe Transaktionsraten zu erwarten, besteht die Möglichkeit, die Dokumente über einen SQL-Server (z.B. Oracle) den Benutzern zur Verfügung zu stellen.

7.0 Prozeßmanagement für Logistikprozesse

Die systematische Vorgehensweise bei der Prozeßmodellierung und Dokumentation nach diesem Modell ist in Bild 14 in 5 Phasen dargestellt. In Phase 1 müssen im Rahmen des Projektmanagements die Zielvorgaben für die zu gestaltenden Prozesse entwickelt werden. Dabei ist auch der Terminrahmen abzustecken und die Vorgehensweise abzustimmen.

In Phase 2 folgt die Prozeß-Istanalyse. Hier kann die Eröffnung des Projektes in Form eines funktionsübergreifenden Workshops durchgeführt werden. Durch diesen Workshop werden alle Beteiligten in dem betrachteten Kernprozeß auf den gleichen Wissenstand gebracht, dabei lernen sie sich auch untereinander kennen und können dann gemeinsam den Istzustand modellieren.

Mit der Analyse der Istabläufe sind gleichzeitig in Phase 3 Schwachstellenbetrachtungen verbunden. Mögliche Ansatzpunkte zur Neugestaltung von Geschäftsprozessen in bezug auf das gemeinsame Prozeßbild sind z.B.:

- Standards einführen (Triagen)
- Änderungshäufigkeit reduzieren
- Arbeitsteiligkeit verringern
- Integrierte Teamarbeit
- Informationsverfügbarkeit erhöhen
- anforderungsgerechte DV-Einführung
- Entscheidungsspielräume vergrößern
- Kontrollfunktionen abbauen
- Doppelarbeit verhindern
- selbststeuernde Regelkreise
- Fehlerkosten abbauen
- Störungen reduzieren
- KVP ermöglichen (Mitarbeiter - know how)
- Vorgangssteuerung (Workflow)
- EDI-Anbindung

Diese Ansatzpunkte ergeben sich fast zwangsläufig aus den zeitlich und funktional exakt lokalisierten Defiziten, sie unterstützen die Prozeßmodellierung in Phase 4. Über Alternativbewertungen der Lösungsmöglichkeiten hinsichtlich der Zeit- und Kostenpotentiale können optimale Handlungsalternativen bestimmt werden.

In Phase 5 ist der Maßnahmenplan mit der Sollkonzept-Umsetzung der Betrachtungsschwerpunkt. Hier erfolgt die Realisierung der Maßnahmen des Reengineering-Projektes mit dem dazugehörenden Projektcontrolling.

In Bild 15 wird die Notwendigkeit dieser prozeßorientierten Vorgehensweise bei der PPS-Systemeinführung noch einmal unterstrichen. Nur über die transparente Darstellung des Prozesses kann den Beteiligten die prozeßorientierte Denk- und Handlungsweise überzeugend erläutert werden. Bei der Modellierung zeigen sich die Verbesserungen in grafisch abbildbaren Durchlaufzeitverkürzungen und Produktivitätssteigerungen. Die Prozeßdarstellung ist die Grundlage für die Formulierung der Zielvereinbarungen und damit für die Beschreibung externer und interner Kunden-Lieferanten-Beziehungen. Kontinuierliche Verbesserungsprozesse durch die Mitarbeiter stärken die Kompetenz, Erfahrungsspeicher stehen für zukünftige Problemlösungen zur Verfügung [3].

Die organisatorische Notwendigkeit der Prozeßanalyse als Vorbereitung der Logistik-Systemeinführung zeigt sich in den Forderungen nach einer eindeutigen Festlegung der Verantwortlichkeiten und Zuständigkeiten und in den zu treffenden Regelungen für die Zusammenarbeit in neuen Organisationsstrukturen. Gemeinsam müssen die Arbeitsinhalte zu interessanten ganzheitlichen Aufgabenstellungen verändert werden, hierbei muß das know how der Mitarbeiter in die Veränderungsprozesse einfließen. Das Projektteam, das sich mit der Einführung des PPS-Systems zu beschäftigen hat, bekommt klare

Vorstellungen von den strategischen Zielsetzungen sowie den neu geschafften Organisations- und Führungsstrukturen, die ja gerade das neue PPS-System informationstechnisch unterstützen soll. Damit werden auch die operativen Ansatzpunkte präzisiert. Die bessere Kenntnis der detailliert dokumentierten Abläufe zeigt sofort Verbesserungsansätze auf, durch Input-Output-Analysen läßt sich exakt ermitteln, wo welche Daten erfaßt, bereitgestellt, verarbeitet und weitergegeben werden müssen. Dabei ist auch ersichtlich, welcher Aufwand zu treiben ist, um die geforderte Funktionalität zu erfüllen. Eine Überfunktionalität wird vermieden.

Systemtechnisch werden diese Erkenntnisse bei der Konfiguration der DV-Hard- und Software verwendet. Die Feinspezifikation mit Klärung, welche Informationen an welcher Stelle DV-mäßig zu verarbeiten sind, mit dem Abgleich relevanter Dateninformationsfelder und der Feldanpassung, sowie die Vorbereitung der Online- sowie CA-Komponentenkopplungen ist am zweckmäßigsten anhand der Prozeßanalyse zu ermitteln, dabei steigt gleichzeitig die Systemakzeptanz und die Qualifikation der Beteiligten.

Funktional kann über die Prozeßanalyse eindeutig in der zeitlichen Abhängigheit festgelegt werden, welche Informationsanforderungen wo gestellt werden, Richtigkeit, Vollständigkeit und Aktualität lassen sich exakt vorgeben. Mit Hilfe eines Funktionskataloges wird sehr genau beschrieben, was das PPS-System an der jeweiligen Stelle im Geschäftsprozeß aufgabenorientiert leisten muß, damit es den gesamten Geschäftsprozeß zu einem Gesamtablaufoptimum führt.

8.0 Rechnerunterstützte Logistiknetzwerk-Modellierung

Das bei der Prozeßanalyse entwickelte vorgeschriebene gemeinsame Prozeßbild ist auch Grundlage für die Informationssystemgestaltung für den unternehmensübergreifenden Datenaustausch. Diese Informationssysteme beeinflussen sehr stark die Beschaffungsfunktion, weil die Bestellungen und Abrechnungen dieser Bestellungen in Zukunft immer stärker automatisiert ablaufen werden. Die Optimierung und Flexibilisierung der Beschaffungsvorgänge zwischen Zulieferern und Kunden in Verbindung mit JIT- d.h. Abruf und Direktanlieferung wird durch den Einsatz von EDI wesentlich unterstützt.

Das Ausschöpfen der vorhandenen Rationalisierungspotentiale in der Kommunikation zwischen den Marktpartnern wird durch den elektronischen Austausch maschinell lesbarer Daten auf der Basis internationaler Normen möglich. Das Hauptproblem im unternehmensübergreifenden Datenaustausch sind die Schnittstellen und Verknüpfungen verschiedener Hard- und Softwareinstallationen.

Die betriebswirtschaftliche Lösung liegt hier in der Erarbeitung standardisierter, bzw. genormter Schnittstellen und Protokolle bei der Datenkommunikation. Auch bei EDIFACT (Electronic Data Interchange for Administration, Commerce and Transport) handelt es sich um eine internationale Normung zum multilateralen elektronischen Datenaustausch für Verwaltung, Industrie, Handel und Transport. Das Ziel von EDIFACT besteht in der Vereinfachung des unternehmens-übergreifenden Datenaustausches zwischen einer beliebigen Zahl von Partnern auf der Sender- und Empfängerseite. Dabei kann jeder Partner sowohl Sender als auch Empfänger sein mit jeweils einer möglicherweise unterschiedlichen Menge von Partnern.

Wie Bild 16 zeigt, konzentriert sich der elektronische Geschäftsverkehr auf den Austausch von stark strukturierten und formalisierten Daten und Bürodokumenten wie z.B. Bestellungen, Rechnungen, Lieferscheinen. Sie werden von DV-Systemen "automatisch" erzeugt und ändern sich in ihrem Aufbau im Lauf der Zeit nur unwesentlich. Diese Dokumente sind durch eine exakte Festlegung ihrer Zusammensetzung hinsichtlich der Syntax und ihrer Semantik gekennzeichnet. Im Gegensatz dazu sind Dokumente wie Verträge, Briefe etc. nicht formalisiert, individuell gestaltet und sehr komplex im Aufbau. Deshalb überwiegt bei EDI der Anteil der strukturierten Daten bei weitem.

Der dabei angestrebte Nutzen des EDI-Einsatzes liegt beispielsweise, wie in Bild 17 gezeigt, in den Punkten:

- Steigerung der Wettbewerbsfähigkeit
- Verbesserung des Kundendienstes
- Reduzierung der Verwaltungskosten
- Verbessertes Controlling
- Strategischer Nutzen durch die Einfügung von EDI-Daten in den Informationsfluß
- Schnellere Geschäftsprozeßabwicklung ohne Dokumentenerstellung
- Vermeidung von Eingabe- oder Abschreibfehlern, da mehrmaliges Erfassen am Computer entfällt

- Automatisierte Standardabläufe

Allerdings ist vor diesem automatisierten Datenaustausch zwischen Zulieferer und Abnehmer und der elektronischen Verarbeitung der ausgetauschten Dokumente ohne Medienbrüche von allen Beteiligten sehr viel organisatorische Vorarbeit zu leisten, weil die durch EDI ausgelösten und gesteuerten Abläufe nur dann funktionieren, wenn vorher eine detaillierte Abstimmung erfolgt ist.

Abzuklären sind beispielsweise:
- Qualitätssicherungsvereinbarungen
- Lieferkonditionen
- Anliefermodalitäten
- Lieferfrequenzen
- Preisfestsetzungssintervalle
- Preisanpassungsmöglichkeiten
- Mengenänderungsspielräume
- Transportmittelvorgaben
- Abrechnungsmodalitäten

Vor der elektronischen Kopplung steht also die organisatorische Verknüpfung zweier völlig unterschiedlicher Wertschöpfungsprozesse.

Abschließend wird eine rechnergestützte Planungssystematik innerhalb eines ganzheitlichen Unternehmensmodells - hier als CIM-house-Modell bezeichnet - vorgestellt, die eine ganzheitliche Gestaltung und Planung solcher betriebsspezifischer Kommunikations-, CIM- und Logistik-Systeme -wie z.B. EDI- zum Inhalt hat.

Die Belange der Mitarbeiter und die Schaffung der organisatorischen Voraussetzung ist in diesem Modell vollständig mit berücksichtigt.

Das CIM-house-Modell ist, wie Bild 18 zeigt, in drei Stockwerke = Ebenen unterteilt, die ausgehend vom Erdgeschoß als Sockel innerhalb der Gesamtarchitektur bis hin zum Dachgeschoß eine durchgängige Gestaltungsmethodik besitzen, die gleichzeitig als Einführungsreihenfolge bei Realisierung von Kommunikations-Systemen mit anzusehen ist.

Ebene 1 umfaßt die Analyse der Betriebsorganisation mit SYCAT, unterteilt in Ablauf und Aufbauorganisation. In Ebene 2 sind die Daten- und Informationen für die in Ebene 1 ablaufenden Aktivitäten und Prozesse beschrieben.

Ebene 3 beinhaltet die technologische EDV-Auswahl, also die Zuordnung der EDV-Werkzeuge zu den zu verarbeitenden Daten in Ebene 2 bzw. zu den funktionalen Abläufen in Ebene 1. Ebene 1 bis 3 bezieht sich somit auf die Planung und Gestaltung des Kommunikationskonzeptes; die ebenfalls in Bild 18 mit dargestellten Ebenen 4 und 5 auf die Umsetzung durch die Mitarbeiter und Führungskräfte im Unternehmen.

Durch die systematische Analyse von Geschäftsprozessen mit Offenlegung der funktionalen Schnittstellen werden mit SYCAT die Voraussetzungen geschaffen, reibungslose Abläufe zwischen den Partnern zu organisieren, um die bereits angesprochenen Rationalisierungspotentiale auszuschöpfen. Besonders wichtig für die Effizienz eines übergreifenden Informationssystems wie EDI ist die Ermittlung der Datenanforderungen als Grundlage der Systemkonzeption.

9.0 Zusammenfassung

Der aktuelle und umfassende Austausch von Produkt- und Prozeßinformationen inform von Konstruktions-, Fertigungs- oder Abrufauftragsdaten mit den Zulieferern im Rahmen der Outsourcing- und JIT-Strategien sind die neuen Aufgabenstellungen bei der Beschaffungslogistik

In Bild 19 ist dazu das Zusammenspiel zwischen Zulieferer und Unternehmen innerhalb der gesamten ausführlich beschriebenen logistischen Kette unter dem Stichwort „Concurrent-Engineering" oder „Simultaneous Engineering", d.h. Gestaltung von Geschäftsprozessen durch unternehmensübergreifende Zusammenarbeit noch einmal zusammenfassend abgebildet.

Beim Concurrent-Engineering stehen drei Aspekte der Zusammenarbeit im Vordergrund. Einmal die anteilige Vergabe von Entwicklungsaufgaben an den Zulieferer, um auf der Basis gemeinsamer Kosten Analysen und Preisfestsetzungen die Entwicklungszeit zu verkürzen, zum zweiten die Konzentration auf einen Partner in Form von Single Sourcing, sowie zum dritten die Beteiligung von Kunden über ein laufendes feed-back vom Markt durch ständige Kundenbefragungen.
Wesentlich beim Concurrent Engineering ist weiter, daß mit der steigenden Bedeutung der Beschaffungs- und Entwicklungslogistik als eigenständiger Komponente innerhalb der gesamten unternehmensübergreifenden Logistikkette auch ein Umdenken der verantwortlichen Entwicklungs- und Einkaufs-Chefs in den Unternehmen, die als Kunden gegenüber dem Zulieferer auftreten, entstehen muß.

Nur die Zulieferer, die über eine eigene Entwicklungsabteilung verfügen, können als langfristige Partner in Frage kommen. Denn diese besitzen auch Kompetenz in angrenzenden Bereichen wie beispielsweise Abfallverwertung, Recycling oder Umweltschutz. Dann muß allerdings auch in Kauf genommen werden, daß allein aus Qualitätsgründen diese Zuliefererkomponenten nicht an der Preisuntergrenze angesiedelt sein können. Immerhin liegt das Entwicklungskostenbudget je nach Branche zwischen 3 und 1o% des Umsatzes.

Wenn diese Einschätzung bei der Beschaffung von Produkten und Dienstleistungen nicht akzeptiert wird, führt es häufig dazu, daß wertvolles Know-how im Zulierermarkt verlorengeht und Unternehmen übrig bleiben, die leider diese Kompetenz wegen fehlender Entwicklungserfahrung nicht besitzen. Dann natürlich auch nicht in der Lage sind, auf gestiegene Anforderungen kurzfristig angemessen zu reagieren. Letztendlich also doch mehr an Kosten aufgewandt werden müssen, als wenn man gleich eine anspruchsvollere Lösung gewählt hätte. Im privaten Bereich ist diese Einstellung eine Selbstverständlichkeit, hier wird gerne für Qualität und Image etwas mehr bezahlt, weil jeder weiß, daß dies langfristig den größeren Nutzen bringt.

In Bild 20 sind die Ablaufphasen innerhalb des Concurrent Engineering unterschieden nach Produktentwicklung und Kundenauftragsabwicklung als Prozeßketten dargestellt. In der Entwicklung werden die notwendigen Grunddaten, die für die spätere Kundenauftragsabwicklung erforderlich sind, in Zusammenarbeit mit Zulieferer, Werkzeugbau und Arbeitsvorbereitung simultan erarbeitet. Unter dem Stichwort "Simultaneous Engineering" werden die notwendigen organisatorischen Randbedingungen geregelt.

Bezugspunkt des Simultaneous Engineering Ansatzes, die Vorverlagerung von Entwicklungserkenntnissen und darauf aufbauend Entwicklungsaktivitäten innerhalb des integrierten Produktentwicklungsprozesses. Damit sollen auch genau die Nachteile vermieden werden, die bei der traditionellen Produktentwicklung zum Mißerfolg führen. Ein funktionierendes Projekt und Informations-Management ist die Voraussetzung, daß sich innerhalb der verschiedenen Phasen vermaschte Regelkreise bilden, die die Informationsprozesse beschleunigen, gleichzeitig die Realisierung der Lernkurve also die Nutzung von Erfahrungswissen in die Produktentwicklung mit einbringen.

Über die exakte Abstimmung der Logistikaktivitäten auf der Grundlage vorher analysierter, modellierter und dokumentierter Geschäftsprozesse mit SYCAT wird zum einen die Bildung durchgängiger Prozeßketten mit dezentralen, sich selbst steuernden Regelkreisen ermöglicht, zum zweiten die Grundlage für die anforderungsgerechte Informationssystemeinführung geschaffen. Die einleitend angesprochene kooperative Wertschöpfung zwischen den Beteiligten zu beiderseitigem Nutzen wird über diesen Ansatz erreicht.

Literaturhinweise:

[1] Binner, Hartmut F.: Strategie des General-Management
Ausweg aus der Krise. Springer-Verlag, Berlin 1993. ISBN 3-540-57021-7

[2] Binner, Hartmut F.: „SYCAT“ Software Tools für die Produktionslogistik. In: Deutsches IE-Jahrbuch 1991. REFA-Verband für Arbeitsstudien und Betriebsorganisation e.V. Beitrag Nr. 5

[3] Binner, Hartmut F.: Umfassende Unternehmensqualität. Ein Leitfaden zum Qualitäts-management. Springer-Verlag Berlin Heidelberg 1996. ISBN 3-540-58995-3

VDI Bild 1

Veränderungsprozesse und Struktureller Wandel

Kunde / Markt

- Globalisierung
- gestiegene Kundenanforderungen
- internationale Konkurrenz
- Produktqualität
- kurze Lieferzeiten
- Dienstleistungen

Produkt

- Produktdifferenzierungen
- große Variantenvielfalt
- kürzere Entwicklungszeiten
- Serviceanforderungen
- Lebenszyklus
- Kostendruck

Kernprozesse:

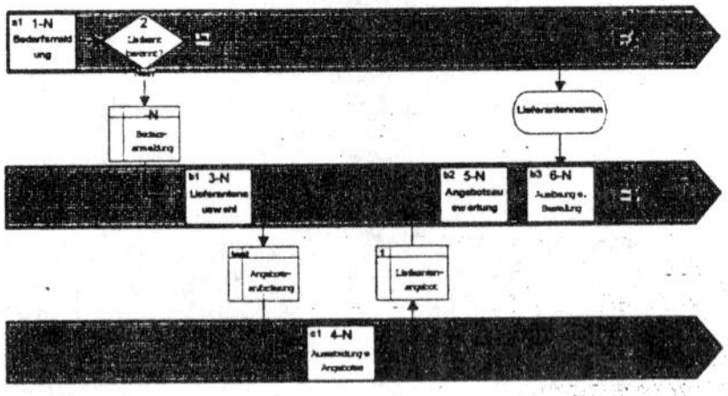

© SYCAT

- Vorschriften/ Auflagen
- Outsourcing
- Segmentierung
- Kapazitätsauslastung
- Dezentralisierung
- Kooperationen

Organisation

- Automatisierung
- Flexibilisierung
- Multi Media
- Datenautobahnen
- neue Werkstoffe
- neue Verfahren

Technik/ Innovation

Prof. Dr. H. F. Binner, Berliner Str. 29, 30966 Hemmingen GMS-051.PPT

VDI Bild 2

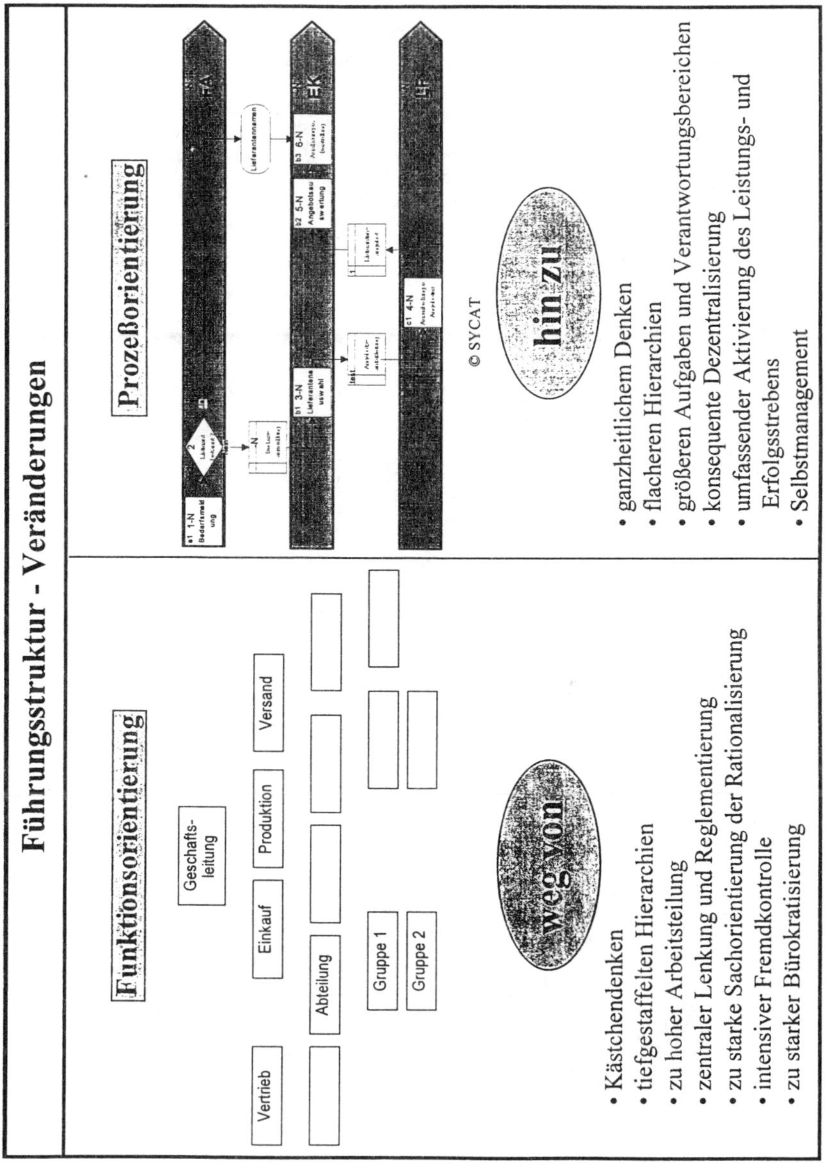
Führungsstruktur - Veränderungen
Funktionsorientierung
Geschäfts-leitung
Vertrieb
Einkauf
Produktion
Versand
Abteilung
Gruppe 1
Gruppe 2
weg von
• Kästchendenken
• tiefgestaffelten Hierarchien
• zu hoher Arbeitsteilung
• zentraler Lenkung und Reglementierung
• zu starke Sachorientierung der Rationalisierung
• intensiver Fremdkontrolle
• zu starker Bürokratisierung
Prozeßorientierung
a1 1-N Bedarfsmeldung
b1 3-N Lieferantenauswahl
b2 5-N Angebotsauswertung
b3 6-N
c1 4-N
Lieferantennennen
FA
EK
LF
© SYCAT
hin zu
• ganzheitlichem Denken
• flacheren Hierarchien
• größeren Aufgaben und Verantwortungsbereichen
• konsequente Dezentralisierung
• umfassender Aktivierung des Leistungs- und Erfolgsstrebens
• Selbstmanagement

VDI Bild 3

Teilziele und Zielkonflikte innerhalb der Logistikkette

Hauptziele und Zielkonflikte	Teilziele
Marketing Prozeß Hoher Servicegrad bei niedrigen Fertigungsbeständen	• Fertigwaren ↓ • Kundenreklamationen ↓ • Fertiglagerbestand ↓ • Termintreue ↑ • Reklamationenquote ↓
Entwicklungs - Logistik Kurze Entwicklungszeiten bei innovativen Produkten	• Entwicklungskosten ↓ • Entwicklungszeiten ↓ • Lieferantenbeteiligung ↑ • Typisierung ↑ • Normteile ↑
Beschaffung Hoher Bereitstellgrad bei niedrigen Warenbeständen	• Liquidität ↑ • Einkaufspreise ↓ • Bestellkosten ↓ • Eingangslager ↓ • Bestände ↓
Produktion Kurze DLZ bei hoher Maschinenauslastung	• Flexibilität ↑ • Qualität ↑ • Zwischenlager ↓ • Rüstkosten ↓ • Lagerfläche ↓ • Überkapazitäten ↓
Lager und Versand Große Absatzmenge bei kleinem Versandlager	• Lagerumschlag ↑ • Lieferflexibilität ↑ • Prognosenqualität ↑ • Varianten ↑ • Komplettauslieferungen ↑
Entsorgungs - Logistik Geringe Abfallmenge bei hohem Materialeinsatz	• Wiederverwertung ↑ • Wiederverwendung ↑ • Emissionen ↓ • Schadstoffmenge ↓ • Abwasser, Abfall ↓

Prof. Dr. H. F. Binner, Berliner Str. 29, 30966 Hemmingen

Log-004.PPT

VDI

Bild 4

Prof. Dr.-Ing. H. F. Binner, Berliner Str. 29, 30966 Hemmingen 1514

VDI Bild 5

Voraussetzungen für den Logistikprozeß

Logistik-kernprozesse	Voraussetzungen
Marketing-Prozeß	Logistikorientierte Kundenforderungen: - kundengerecht - Vorschriftengerecht - funktionsgerecht - sicherheitsgerecht - informationsgerecht
Entwicklungs-Prozeß	Logistikgerechte Produktstruktur: - normgerecht - fertigungsgerecht - montagegerecht - zuliefferergerecht
Beschaffungs-Prozeß	Logistikgerechte Beschaffungsstruktur: - termingerecht - bereitstellungsgerecht - qualitätsgerecht - haftungsgerecht
Auftragsabwicklungs-Prozeß	Logistikgerechte Prozeßstuktur: - flußgerecht - steuerungsgerecht - regelkreisgerecht - auflagengerecht
Lager- und Versandprozeß	Logistikgerechte Lagerstruktur: - bereitstellungsgerecht - termingerecht - transportgerecht - Verpackungsgerecht
Entsorgungs-Prozeß	Logistikgerechte Entsorgungsstruktur: - servicegerecht - wartungsgerecht - reparaturgerecht - entsorgungsgerecht

Prof. Dr. -Ing. H.F. Binner, Berliner Str. 29, 30966 Hemmingen 1516

VDI Bild 6

Vorgaben für die anforderungsgerechte PPS-Strukturauswahl

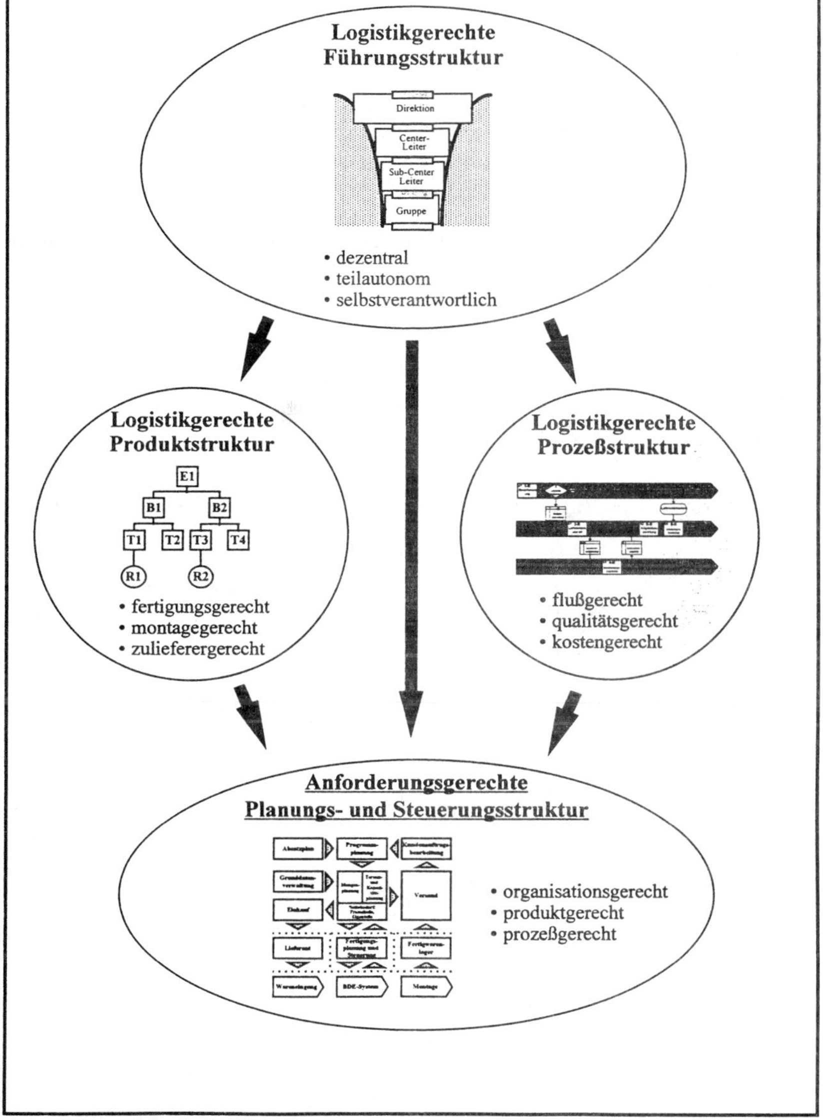

VDI Bild 7

Integrierte, ganzheitliche Logistiksystemgestaltung

Schritt 1: Optimale Produktstrukturen entwickeln

Ziel:	Fertigungs- und montagegerechte Stammdatenerstellung (Zeichnungen, Stücklisten, Arbeitspläne)
Voraussetzung:	1. Erzeugnisgliederung mit Baukastensystem für die fertigungs- und montagegerechte Stücklisten - Erstelung 2. Klassifizierungs - Katalog aufgebaut nach Normungs-, Standardisierungs- und Typisierungsgesichtspunkten 3. Parallel - Nr - System mit Klassifizierungsteil nach der DIN 4000
Hilfsmittel:	CAD - Einsatz mit EDV - gestützter Zeichnungs- und Teilestammverwaltung, Normen- und Freigabestellung, Einsatz von Materialklassenverzeichnissen und Sachmerkmalsleisten (Simultaneous Engineering)
Bemerkung:	Anlegen eines Auftragsarchives zur Dokumentation und Wiederverwendung

Schritt 2: Optimale Prozeßstrukturen abbilden

Ziel:	niedrige Durchlaufzeiten und niedrige Bestände
Voraussetzung:	Materialflußoptimale Zuordnung der einzelnen Fertigungs- und Montagebereiche zueinander mit synchronisiertem und harmonisiertem Arbeitsfluß
Hilfsmittel:	Rechnerintegrierte Fabrikplanung und Anlagewirtschaft, CAD (Computer Aided Design) und CIF (Conputer Integrated Facilities Management)

Schritt 3: Optimale Planungs- und Steuerungsstruktur ableiten

Ziel:	Ablauforientierte Auftragsabwicklungsoptimierung mit Störgrößenminimierung, exakter Zusteuerung der Zukaufteile und flexiblem Änderungsdienst
Voraussetzung:	Anforderungsgerechte Auswahl der benötigten EDV - Werkzeuge im Rahmen eines durchgängig formulierten CIM - und Logistik - Konzeptes auf der Basis der auf Schritt 1 und Schritt 2 erarbeiteten optimalen Prozeß- und Produktstrukturen
Hilfsmittel:	PPS - System, Leitstand - und BDE - System - Einsatz in einer hierarchisch aufgebauten Regelkreisarchitektur

Prof. Dr.-Ing. H.F. Binner
Berliner Str. 29, 3005 Hemmingen 1

1060

VDI Bild 8

Schwachpunkte innerhalb der logistischen Kette

Logistik-Kernprozesse	Schwachstellen
Vertriebslogistik	- manuelle Auftragsbuchführung - manuelle Auftragsbestätigung - keine Durchgängigkeit zu Lager und Produktion - keine Auftragsverfolgung - fehlende Auftragsstatistiken
Entwicklungslogistik	- keine Teilefamilienbildung - kein Sachmerkmallisteneinsatz - keine Abstimmung untereinander
Beschaffungslogistik	- unzureichende Materialversorgung - nicht rechtzeitige Bestellung beim Einkauf - Lieferverzüge der Lieferanten - unzureichende Wareneingangskontrolle - fehlende Bestellüberwachung - unvollständige Stammunterlagen - fehlerhafte Bedarfsauflösung - Bereitstellungspunkte nicht definiert - Bestände nicht gebucht (Bestandsunsicherheiten) - Auftragsfreigabe bzw. Bereitstellauslösung nicht termingerecht - Terminabhängigkeiten (Bedarfsverfügung) nicht überschaubar
Produktionslogistik	- Bildung von Zwischenlagern durch Ablaufstörungen - lange Transportwege und unübersichtlicher Transportfluß - ungeplante Betreibsmittelausfälle - Vorarbeitsgänge nicht termingerecht abgeschlossen - Suche nach angearbeiteten Baugruppen - Synchronisation zwischen Betriebsbereichen fehlt - Wartung und Instandhaltung nicht integriert - fehlende Steuerung und unzureichende Koordination - Prozeßtransparenz nicht vorhanden - fehlende Ressourcen und mangelnde Verfügbarkeit
Lager- und Versandlogistik	- manuelle Versandpläne - Kommisionierzone fehlt - keine Verladungskontrollen - manuelle Versandpapiererstellung - Verfügbarkeitskontrollen nicht möglich - Terminrückstände

Prof. Dr. -Ing. Binner, Berliner Str.29, 30966 Hemmingen 1505

VDI Bild 9

Vereinfachungssynergien im Unternehmen

einfachere Produkte

- weniger Teile (Stücklisten-positionen)
- weniger Stammdaten
- weniger Lieferanten
- weniger Qualitätsprobleme
- weniger Koordination
- kürzere Entwicklungszeiten

einfachere Prozesse

- weniger Arbeitsteilung
- weniger Automatisierung
- weniger Steuerungsaufwand
- weniger Risiko
- weniger Bestände
- kürzere Durchlaufzeiten

einfachere Ausführung

- weniger Gesamtzeit
- weniger Streß
- weniger Komplexität
- weniger Fehler
- niedrigere Kosten
- mehr Motivation
- mehr Durchblick

einfachere Organisation

- weniger Gesamtzeit
- weniger Streß
- weniger Komplexität
- weniger Fehler
- niedrigere Kosten
- mehr Motivation
- mehr Durchblick

einfachere Werkzeuge

- weniger Investition
- weniger Meßgrößen
- weniger Reparaturen
- weniger Einführungsaufwand
- weniger Ersatzteile
- mehr Effektivität

Prof. Dr. Ing. H. F. Binner
Berliner Str. 29, 30966 Hemmingen

1113

VDI Bild 10

Kernthesen zu internen Kunden- Lieferanten-Beziehungen

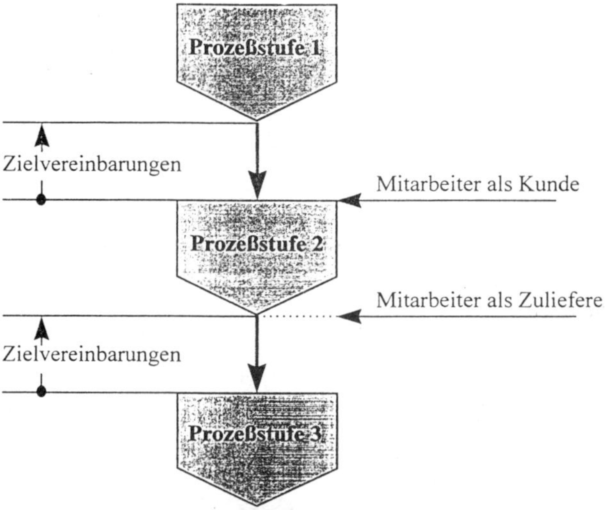

Kernthesen

- Kernprozesse sind klar, überschaubar und transparent zu gestalten
- Die Kernmanschaften müssen wissen, für welchen Prozeß sie zuständig sind und sich mit den Zielen und Aufgaben identifizieren
- Interne Kunden-Lieferanten-Beziehungen sind mit Kompetenzen und Verantwortlichkeiten zu definieren
- Jeder Mitarbeiter ist darauf einzustellen, daß er im Prozeß die Funktion des Lieferanten und Kunden gleichzeitig übernimt
- Jeder Mitarbeiter ist für die Zufriedenheit seines Kunden verantwortlich, er muß dafür die Qualität und Wirtschaftlichkeit seines Prozesses und seiner Leistung sicherstellen
- Kontinuierliche Verbesserungsprozesse sind eigenverantwortlich von den Kernmannschaften einzuleiten, Fehler und Mängel sofort abzustellen
- Zielvereinbarungen müssen über transparenteProzeß- und Leistungszusammenhänge für jeden Beteiligten aktuell überprüfbar sein

Prof. Dr. H. F. Binner, Berliner Str. 29, 30966 Hemmingen GMS-022.PPT

VDI Bild 11

Logistische Zielkonflikte innerhalb der betrieblichen Grundfunktionen

Beschaffungsprozeß	Produktionsprozeß	Vertriebsprozeß
(A)	(B)	(C)
Hoher Bereitstellgrad bei niedrigen WE-Beständen	Kurze DLZ bei hoher Maschinenauslastung	Große Absatzmenge bei kleinem Versandlager
↑ Liquidität, Lagerumschlag	↑ Termintreue, Flexibilität, Qualität	↑ Lieferflexibilität, Prognosequalität, Varianten
(A1)	(B1)	(C1)
↓ Einkaufspreise, Bestellkosten, Eingangslager, Bestände	↓ Zwischenlager, Rüstkosten, Lagerfläche, Überkapazitätem	↓ Fertiglager, Fertigwaren, Kundenreklamationen

Lange Durchlaufzeiten und hohe Bestände sind Auswirkungen unabgestimmter Prozesse, deshalb Prozeßmanagement betreiben

- enge Abstimmung zwischen Vertrieb, Produktion und Einkauf senkt die Fertiglagerbestände (➡ keine Ladenhüter mehr!)
- kleinere Losgrößen senken DLZ und Bestandsrisiko
- genauere und simultane Auftragseinplanung (Zeit und Menge) erlaubt exakte Terminfestlegung
- Vermeiden von Zwischenlagern in der Produktion durch bessere Abstimmung der Prozeßstufen (Pipeline!)
- Verbesserung der Qualität senkt Bestände

Prof. Dr. H. F. Binner, Berliner Str. 29, 30966 Hemmingen Log-003.PPT

VDI Bild 12

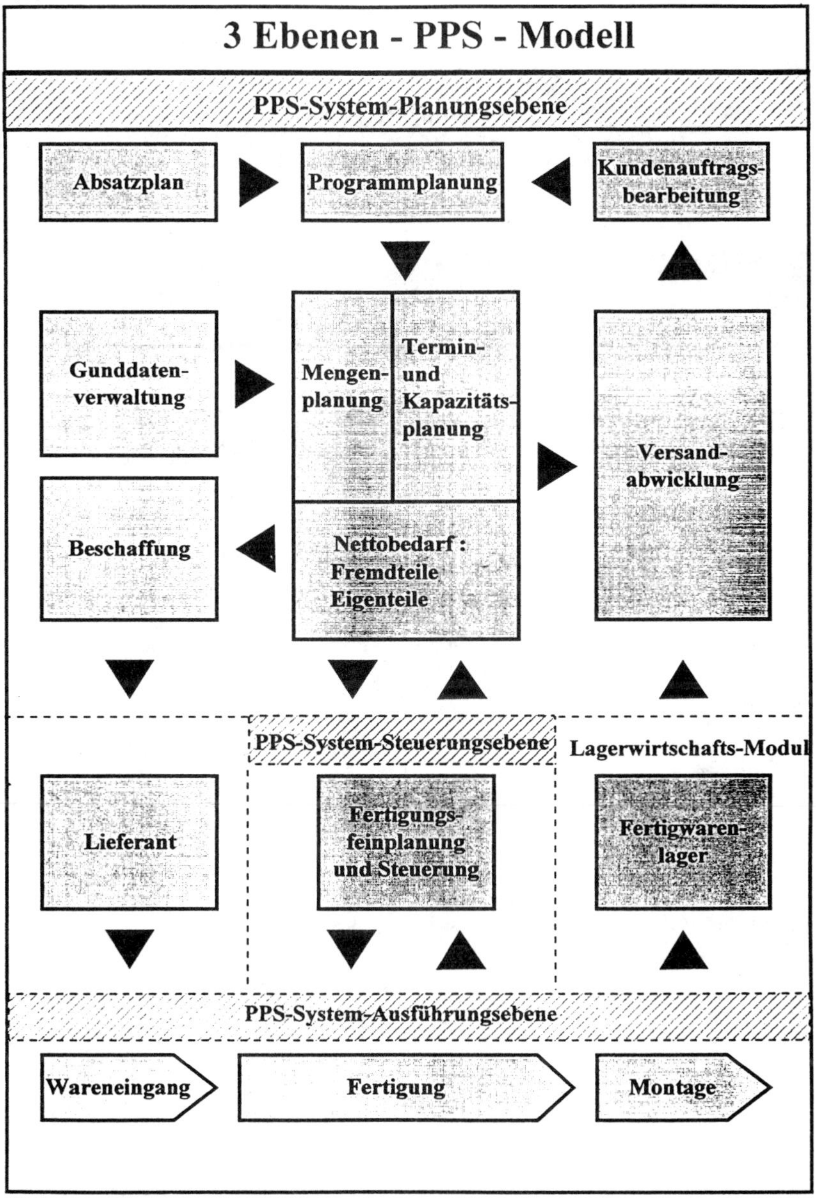

Prof. Dr. H. F. Binner, Berliner Str. 29, 30966 Hemmingen PPS-028a.PPT

VDI

Bild 13

Prozeßmodell als Bezugspunkt des Prozeßmanagements

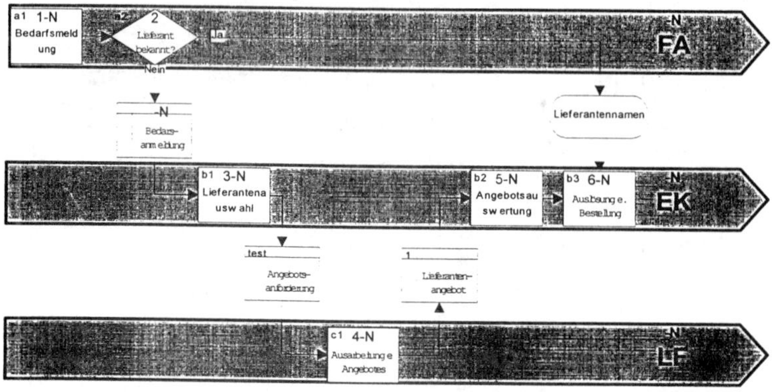

Das Prozeßmodell erklärt das Wesen und die Bestandteile des betrachteten Prozesses . Über das gemeinsame Prozeßbild gibt dieses Modell im Rahmen der Prozeßanalyse Auskunft über:

- Aufbauorganisation (Funktionsbereiche, Stellen)....................
- Entscheidungs-, Weisungsbefugnisse..
- Ablauforganisationen (Funktionen)..
- Führungs-, Fach-, Sachbearbeitungs- und Unterstützungsaufgaben...
- Planungs-, Steuerungs-, Ausführungs- und Kontrollfunktionen..
- Informationen, Dokumente und Daten....................................
- Prozeßbeziehungen, Konnektoren..
- Kommunikationsbeziehungen ....
- Raum-Zeit-Verhalten der Aktivitäten
- Personen und Anforderungen
- Mengen und Frequenzen
- Potentiale (Tätigkeits-Zeiten / Kosten)
- Ressourcen, z.B. : - Materialien - Hardware
  - Hilfsstoffe - Software
  - Betriebsmittel - Finanzen

Prof. Dr. H. F. Binner, Berliner Str. 29, 30966 Hemmingen

GMS-039.PPT

VDI Bild 14

Systematische Vorgehensweise bei der Prozeßanalyse und Prozeßgestaltung

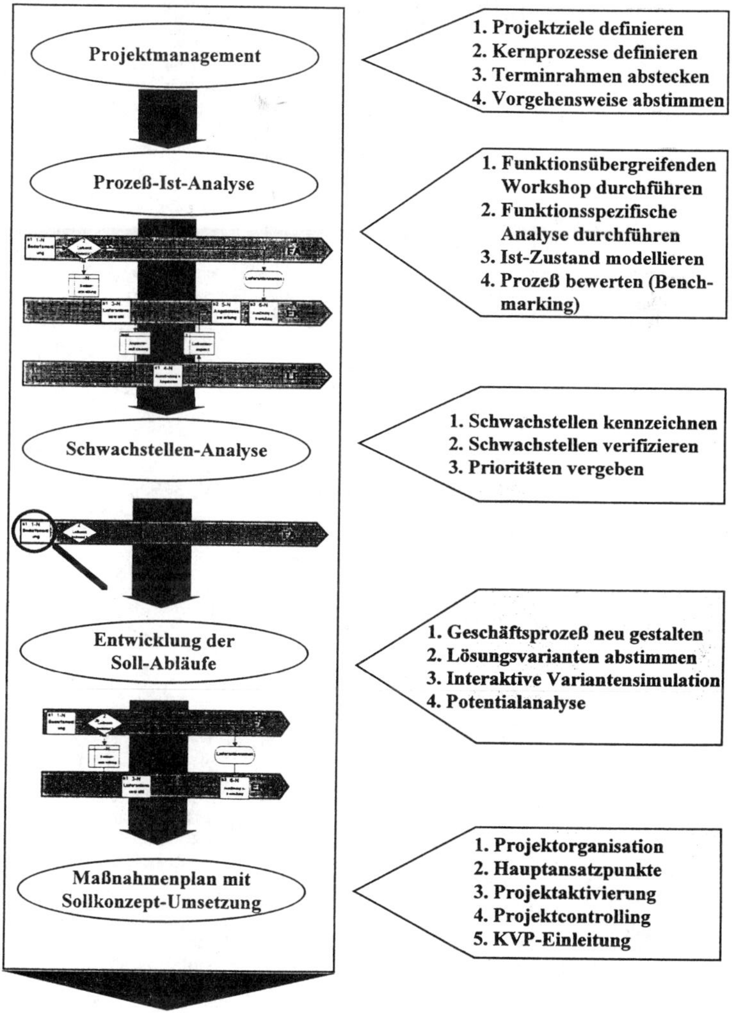

Prof. Dr. H. F. Binner, Berliner Str. 29, 30966 Hemmingen

GMS-014.PPT

VDI Bild 15

Notwendigkeit der Prozeßanalysen

Strategische Notwendigkeit

- schlanke Unternehmen bilden
- Prozeßorientierte Denk- und Handlungsweise einführen
- Schnittstellenprobleme eliminieren
- Kundenorientierung verbessern
- Flexibilität erhöhen
- Grundlagen für Zielvereinbarungen erarbeiten
- Externe und interne Kunden-Lieferantenverbindung analysieren
- Kompetenzstärkung der Mitarbeiter
- Erfahrungsspeicher aufbauen

Organisatorische Notwendigkeit

- Eindeutige Verantwortung und Zuständigkeit festlegen
- Schwachstellen aufdecken, z. B.:
  - fehlende Informationen,
  - zu späte Bestellungen
- Regeln für Zusammenarbeit
- Bilden von persönlichkeitsfördernden Arbeitsinhalten und Abläufen
- Know-how-Übernahme
- Projektteambildung
- Mitarbeiter integrieren und qualifizieren
- Steigerung des Qualitätsbewußtseins

Operative Notwendigkeit

- Bessere Kenntnisse der Abläufe
- Verbesserungsansätze aufzeigen
- Wartezeiten und Doppelarbeit reduzieren
- Informationsbedarf lokalisieren
- Input - Output Zusammenhänge analysieren
- Aufzeigen, wo welche Daten erfaßt, bereitgestellt, verarbeitet und weitergegeben werden
- Weniger Aufwand pro Funktion treiben
- Einsparpotentiale aufzeigen

Dispositive Prozesse

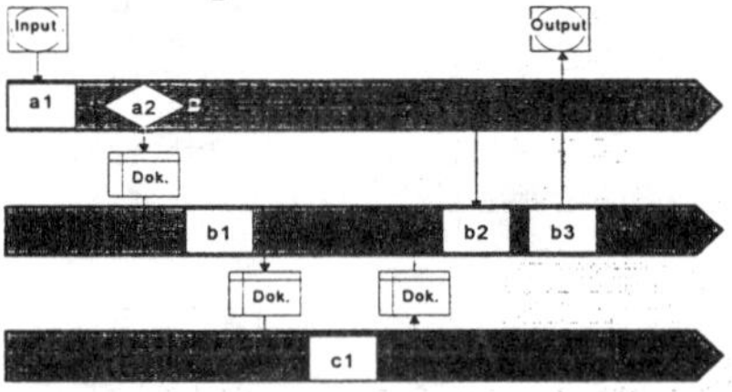

© SYCAT

- Grundlage für Feinspezifikation
- Klären, welche Daten an welcher Stelle wie DV-mäßig zu verarbeiten sind
- Maskengenerierung
- Definition/Abgleich relevanter Dateiinformationsfelder
- Systemakzeptanz schaffen
- Feldanpassung
- Grundlage für Parameter definieren und vorgeben
- online-Kopplung vorbereiten
- CA-Komponentenkopplung abklären
- Qualifizierungsbedarf ermitteln

Systemtechnische Notwendigkeit

- Einbindung in Lastenhefterstellung
- Funktionalitätsermittlung über Funktionskatalog
- Einzelanforderungen z. B.:
  - Losgrößenbildung
  - Auftragsfreigabe
  - Prioritätsregeln
  - statistische Auswertung
- Funktionsabgleich durchführen
- Funktionsumfang abgrenzen
- Schnittstellen lokalisieren
- Subsysteme beschreiben
- Nummernsysteme prüfen
- Eingesetzte Dokumenten und Daten prüfen

Funktionale Notwendigkeit

- IT-Strategiefestlegung
- Subsystemschnittstellen beschreiben für Datenintegration z. B. CAD/CNC/PPS
- Grunddatenaufbau mit Verknüpfungen
- U-Datenmodellentwicklung
- funktionale (horizontale) und vertikale Integration der Prozesse als Grundlage der Datenkonsistenz
- Netzwerkkonfiguration
- Grundlage für Projektfortschrittskontrolle

Informationstechnische Notwendigkeit

Prof. Dr. H. F. Binner, Berliner Str. 29, 30966 Hemmingen PPS-007.PPT

VDI Bild 16

EDI-Informationskette

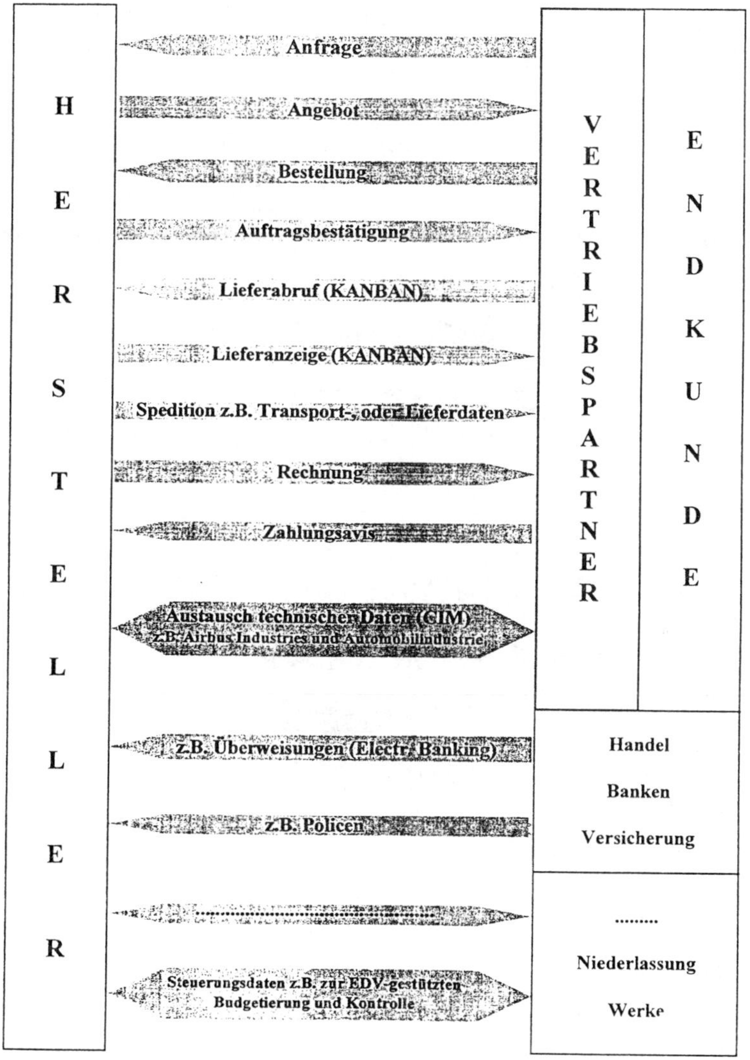

Prof. Dr. H. F. Binner, Berliner Str. 29, 30966 Hemmingen DV- 005.PPT

VDI

Bild 17

Ausgewählte Vorteile beim Einsatz von EDI

Kostenvorteile

- reduzierte Kapitalbindung
- Sicherung der Wettbewerbsposition
- niedrige Lagerbestände
- geringere Lagerfläche
- keine manuelle Eingabe
- schlanke Abläufe
- Einsparung Porto

Organisatorische Vorteile

- Dezentralisierung
- Aufgabenintegration
- Teamarbeit
- Entfall von Dispositionsfunktionen
- weniger Verwaltungsaufwand

Zeitersparnis

- hohe Kommunikationsgeschwindigkeit
- keine Postlaufzeiten
- schnellere Erfassung
- keine Medienbrüche
- Online-Weiterverar-
- beitung
- JIT-Durchsetzung

Bestellzyklus

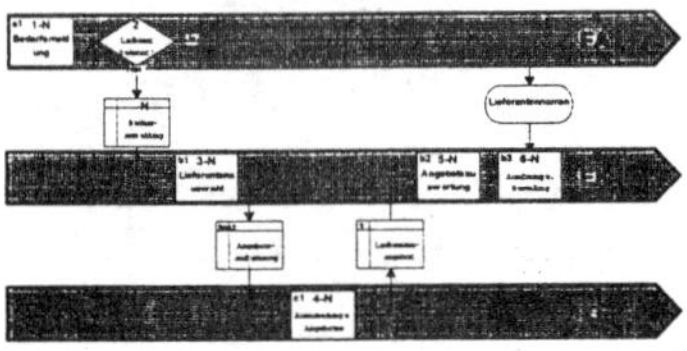

© SYCAT

Auftragsabwicklungszyklus

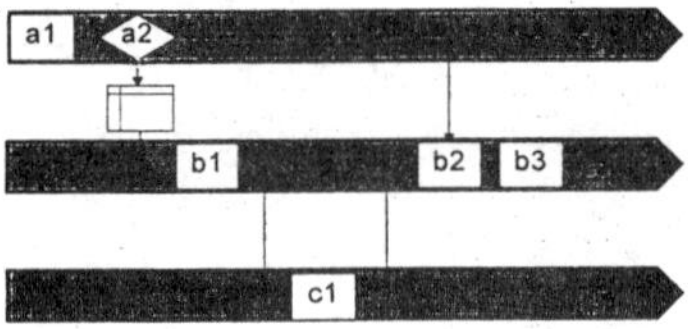

© SYCAT

- Schnittstellenminimierung
- weniger Erfassungsfehler
- größere Kundennähe
- höherer Servicegrad
- TQM-Durchsetzung
- Kundenausrichtung
- bessere Entscheidungen

Qualitätsverbesserung

- Systemintegration
- keine Medienbrüche
- sofortige Verfügbarkeit
- hohe Zuverlässigkeit
- hohe Aktualität
- strategische Netzwerke

Informationsverbesserung

Prof. Dr. H. F. Binner, Berliner Str. 29, 30966 Hemmingen

PPS-046.PPT

VDI Bild 18

CIM - house - Referenzmodell

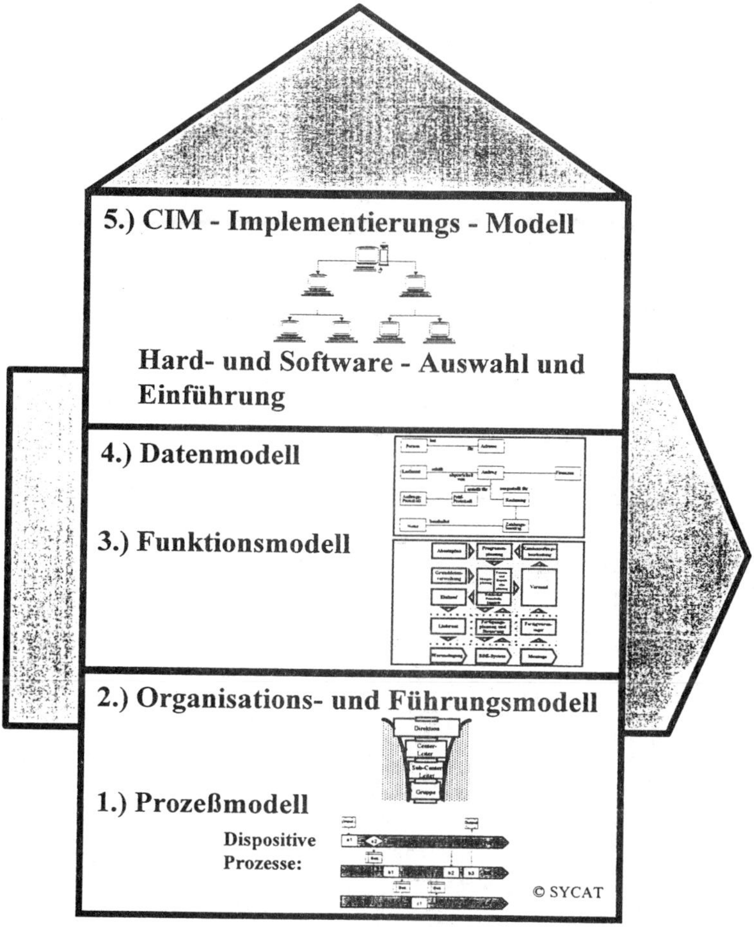

Prof. Dr. H. F. Binner, Berliner Str. 29, 30966 Hemmingen SYC-010.PPT

VDI Bild 19

Concurrent Engineering

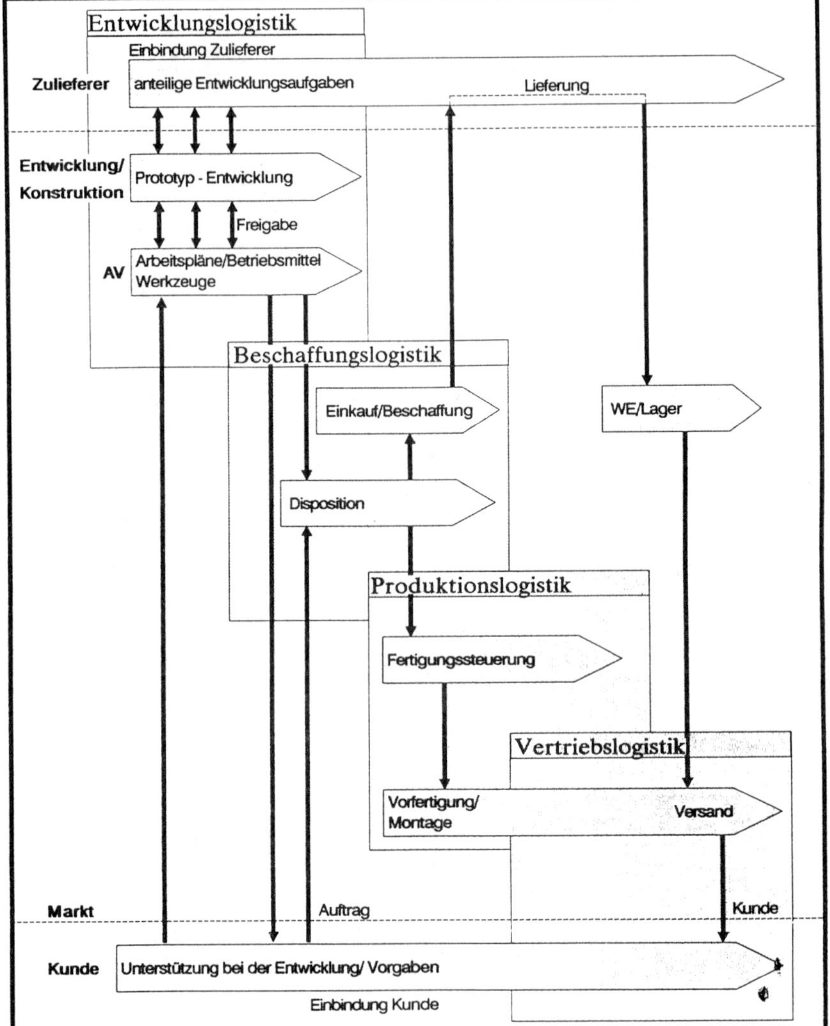

815

Prof .Dr.Ing.H.F.Binner
Berliner Straße 29, 3005 Hemmingen1

VDI Bild 20

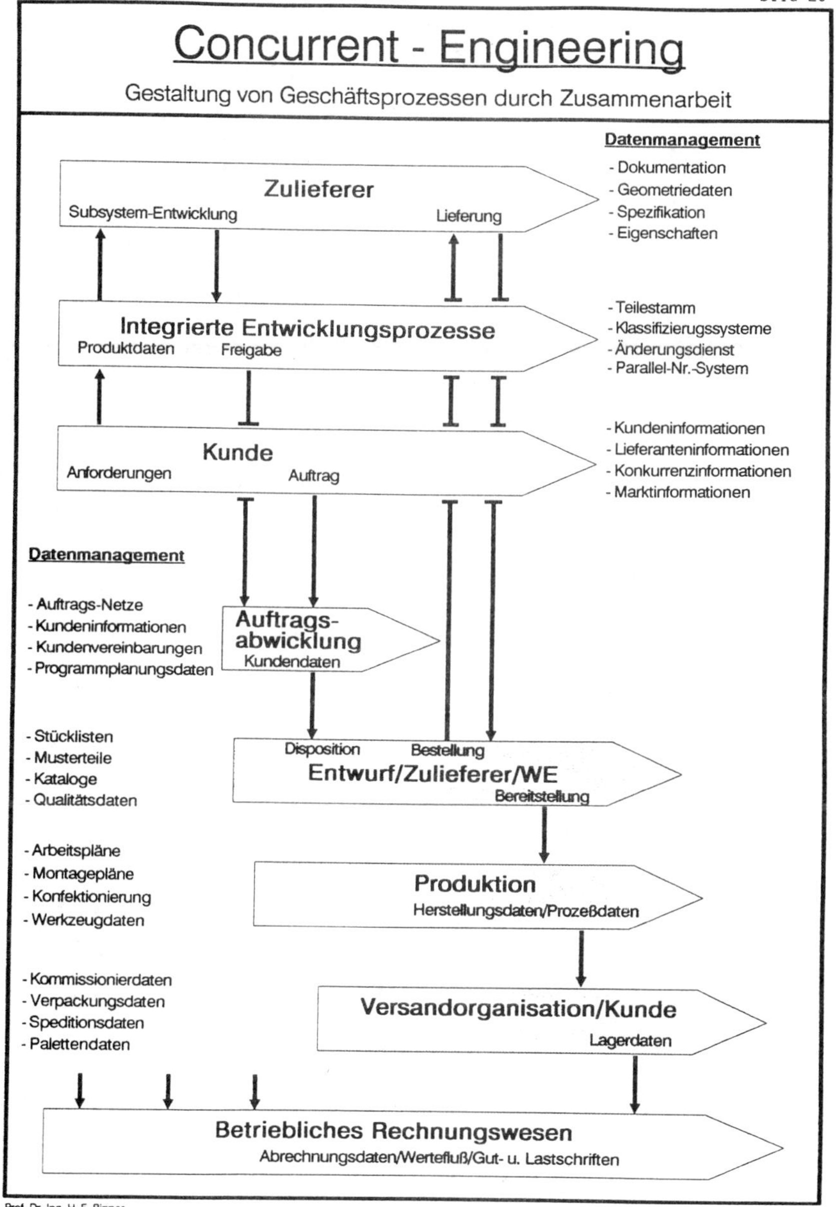

Prof. Dr. Ing. H. F. Binner
Berliner Str. 29, 30966 Hemmingen

1104

Wirtschaftliche Gestaltung der Logistikprozesse

Dr.-Ing. **M. Schönheit,** Köln

- **A** Wie lassen sich Potentiale im Logistikprozeß messen?
- **B** Welche Wirkbeziehung besteht zwischen Durchlaufzeit, Termintreue, Beständen und Kosten?
- **C** Welche Hebel werden zur Bestandssenkung angesetzt?
- **D** Warum Prozeßkennzahlen?

Rekursive Erfolgsausrichtung durch Prozeßkennzahlensystem

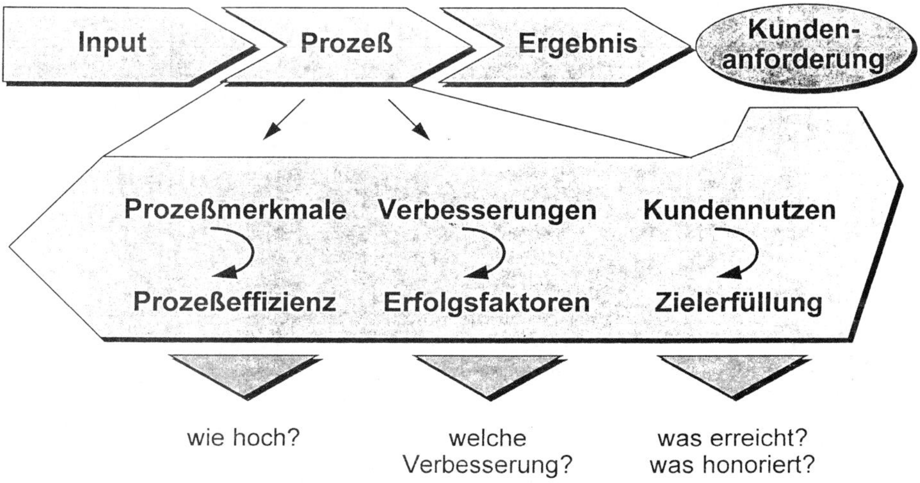

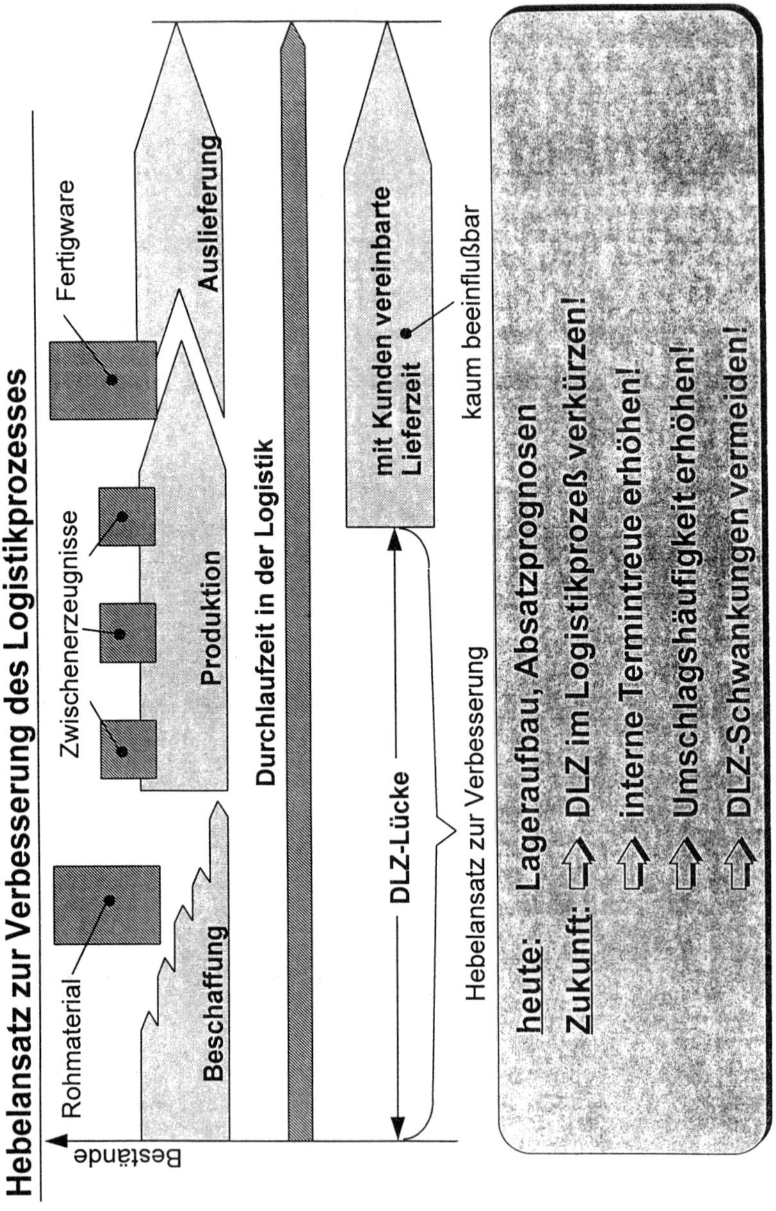
Hebelansatz zur Verbesserung des Logistikprozesses
Bestände
Rohmaterial
Zwischenerzeugnisse
Fertigware
Beschaffung
Produktion
Auslieferung
Durchlaufzeit in der Logistik
DLZ-Lücke
mit Kunden vereinbarte Lieferzeit
kaum beeinflußbar
Hebelansatz zur Verbesserung
heute: Lageraufbau, Absatzprognosen
Zukunft: DLZ im Logistikprozeß verkürzen!
interne Termintreue erhöhen!
Umschlagshäufigkeit erhöhen!
DLZ-Schwankungen vermeiden!

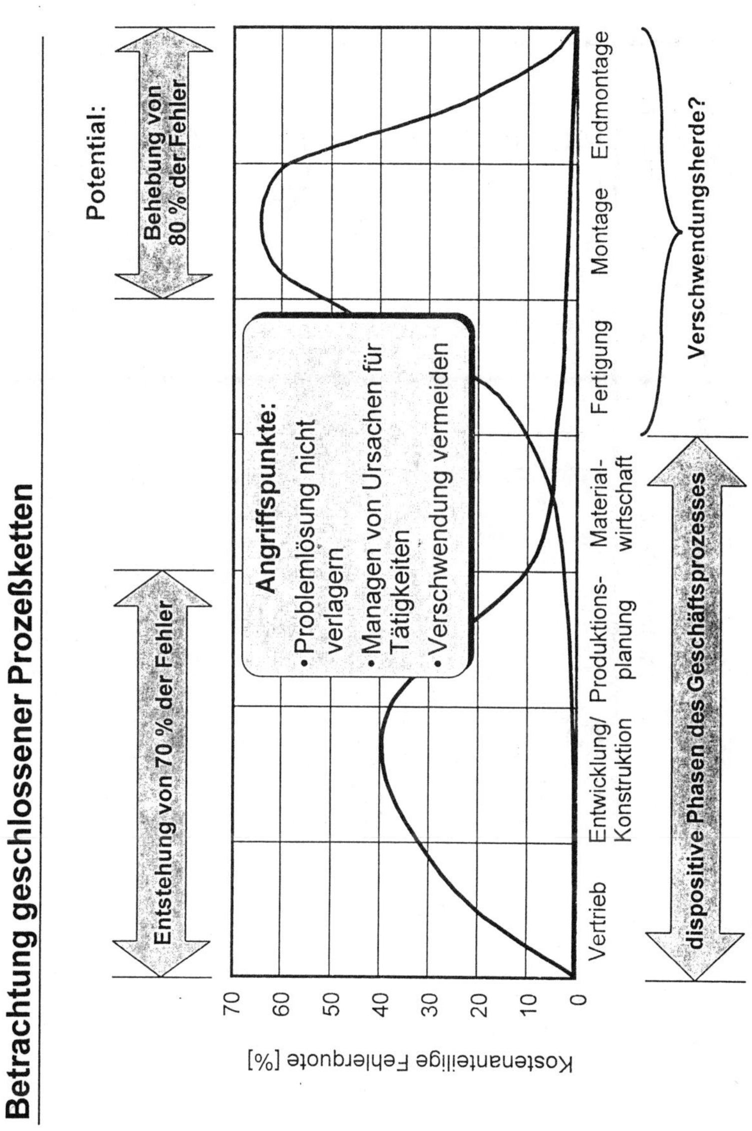
Betrachtung geschlossener Prozeßketten
Entstehung von 70 % der Fehler
Potential:
Behebung von 80 % der Fehler
Angriffspunkte:
• Problemlösung nicht verlagern
• Managen von Ursachen für Tätigkeiten
• Verschwendung vermeiden
Kostenanteilige Fehlerquote [%]
70
60
50
40
30
20
10
0
Vertrieb
Entwicklung/ Konstruktion
Produktions- planung
Material- wirtschaft
Fertigung
Montage
Endmontage
dispositive Phasen des Geschäftsprozesses
Verschwendungsherde?

Was sich nicht messen läßt, ...

... läßt sich auch nicht verbessern!

Schlüsselziele der Befragten			
Einsparungseffekt		Anteil Schlüsselnennung	
Durchlaufzeit	↓	60 %	
Kosten	↓	52 %	
Produktivität	↑	59 %	
Termintreue	↑	23 %	
Bestände	↓	8 %	
Wertschöpfung	↑	41 %	
Qualität	↑	45 %	
Prozeßstabilität	↑	27 %	
Anzahl Verantwortungswechsel	↑	21 %	

50 befragte Produktionsbetriebe aus unterschiedlichen Branchen
Mehrfachnennungen möglich

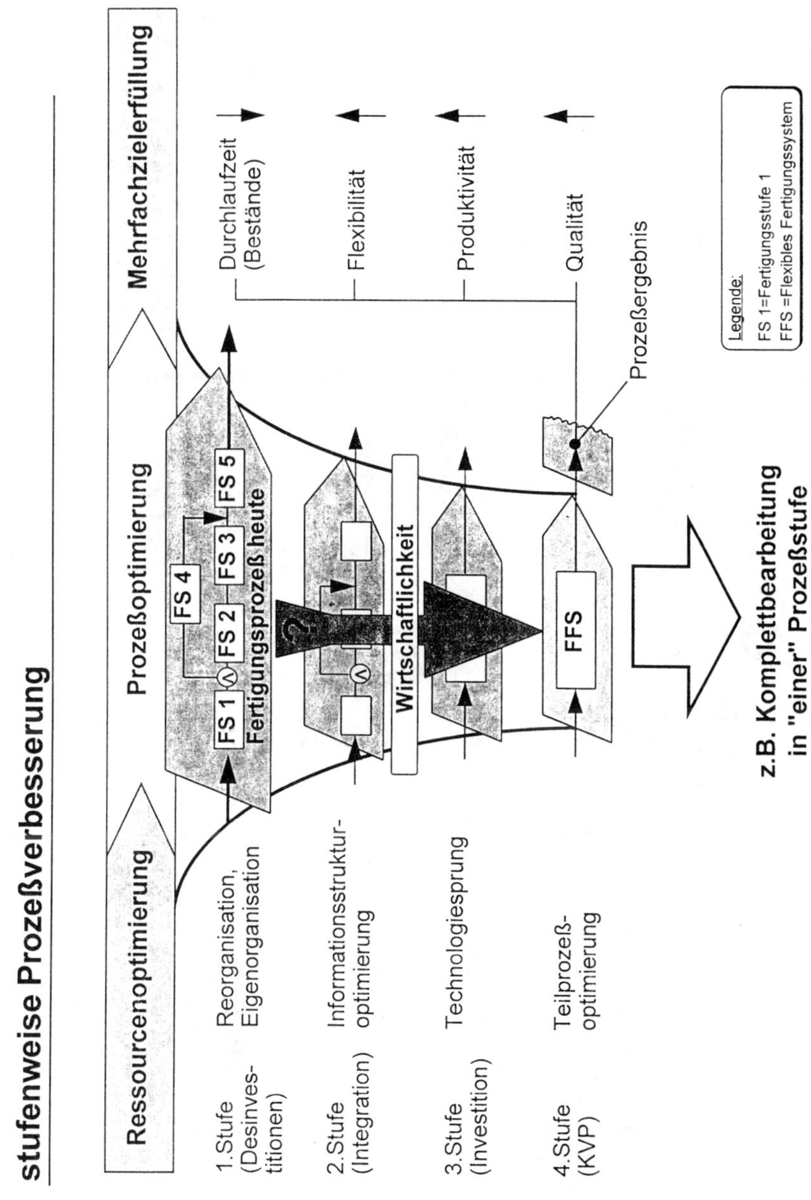
stufenweise Prozeßverbesserung
Ressourcenoptimierung
Prozeßoptimierung
Mehrfachzielerfüllung
1.Stufe (Desinvestitionen)
Reorganisation, Eigenorganisation
2.Stufe (Integration)
Informationsstrukturoptimierung
3.Stufe (Investition)
Technologiesprung
4.Stufe (KVP)
Teilprozeßoptimierung
FS 1
FS 2
FS 3
FS 4
FS 5
Fertigungsprozeß heute
Wirtschaftlichkeit
FFS
Durchlaufzeit (Bestände)
Flexibilität
Produktivität
Qualität
Prozeßergebnis
Legende:
FS 1=Fertigungsstufe 1
FFS =Flexibles Fertigungssystem
z.B. Komplettbearbeitung in "einer" Prozeßstufe

Prozeßkosten als Indikator

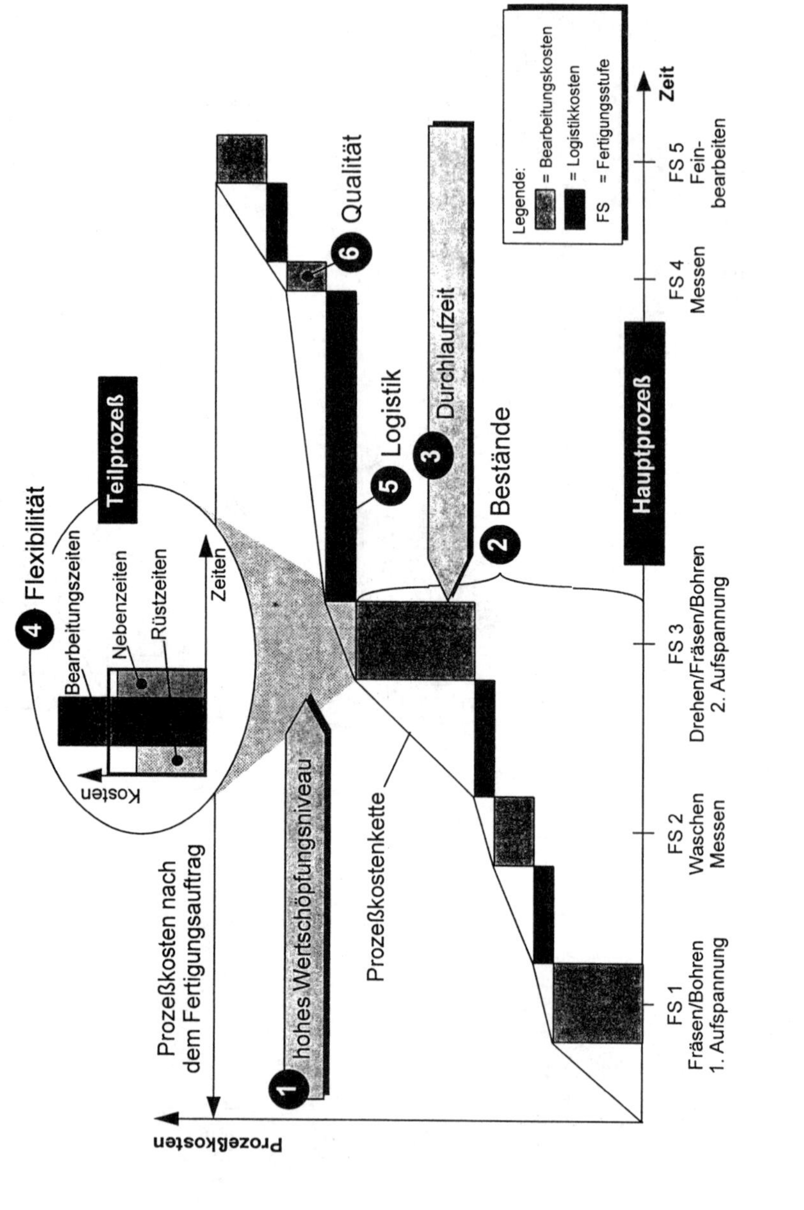

Hebelansätze zur Bestandssenkung

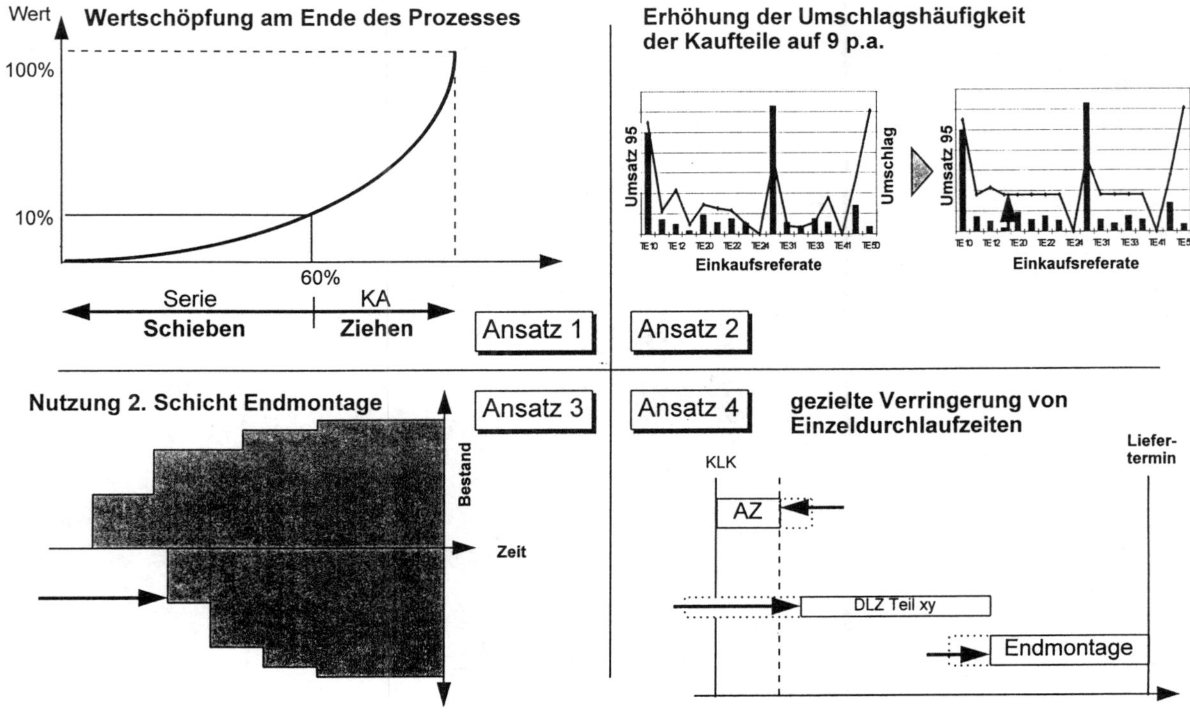

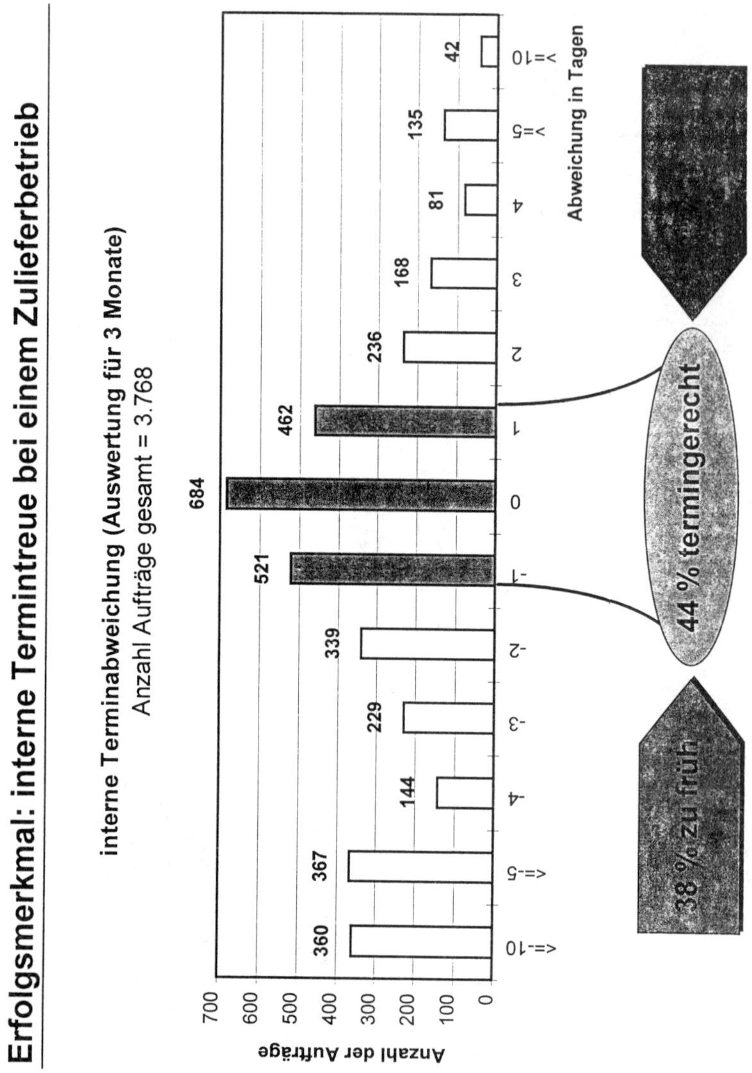
Erfolgsmerkmal: interne Termintreue bei einem Zulieferbetrieb
interne Terminabweichung (Auswertung für 3 Monate)
Anzahl Aufträge gesamt = 3.768
Anzahl der Aufträge
700
600
500
400
300
200
100
0
360
367
144
229
339
521
684
462
236
168
81
135
42
<=-10
<=-5
-4
-3
-2
-1
0
1
2
3
4
>=5
>=10
Abweichung in Tagen
38 % zu früh
44 % termingerecht

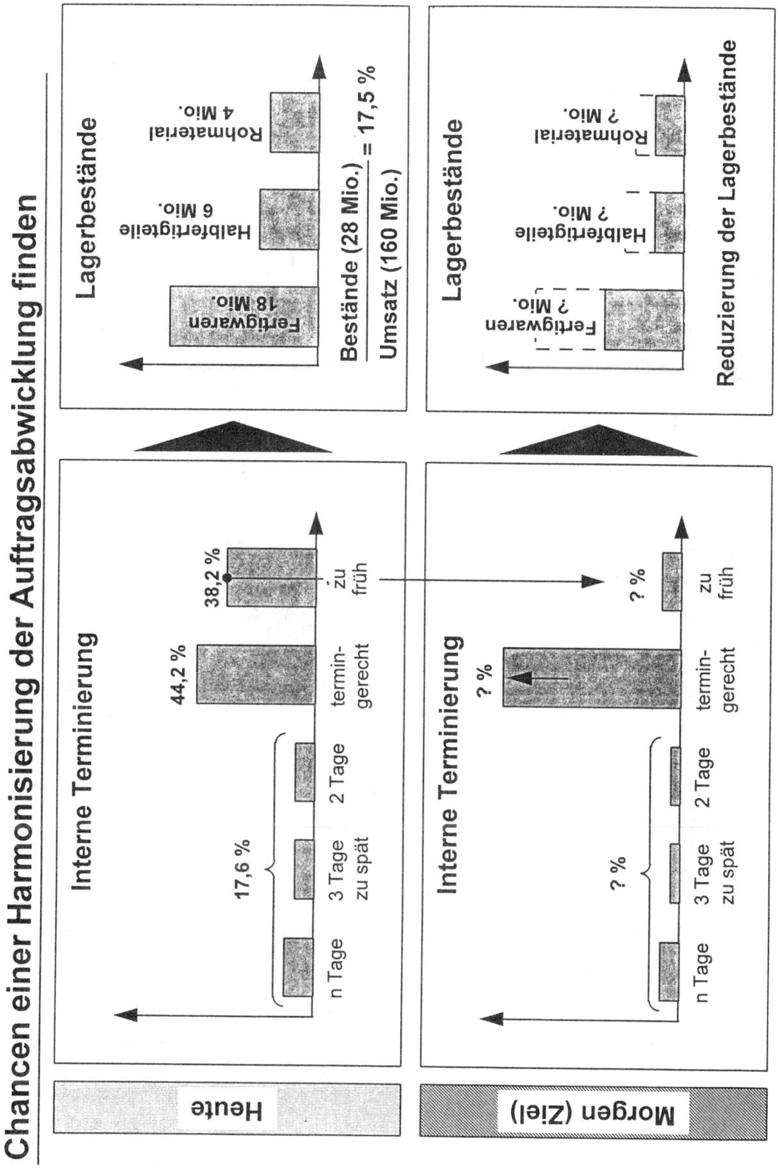
Chancen einer Harmonisierung der Auftragsabwicklung finden
Heute
Interne Terminierung
17,6 %
44,2 %
38,2 %
n Tage
3 Tage zu spät
2 Tage
termin-gerecht
zu früh
Lagerbestände
Fertigwaren 18 Mio.
Halbfertigteile 6 Mio.
Rohmaterial 4 Mio.
Bestände (28 Mio.) / Umsatz (160 Mio.) = 17,5 %
Morgen (Ziel)
Interne Terminierung
? %
? %
? %
n Tage
3 Tage zu spät
2 Tage
termin-gerecht
zu früh
Lagerbestände
Fertigwaren ? Mio.
Halbfertigteile ? Mio.
Rohmaterial ? Mio.
Reduzierung der Lagerbestände

Produktionsablauf bei einem Küchenhersteller

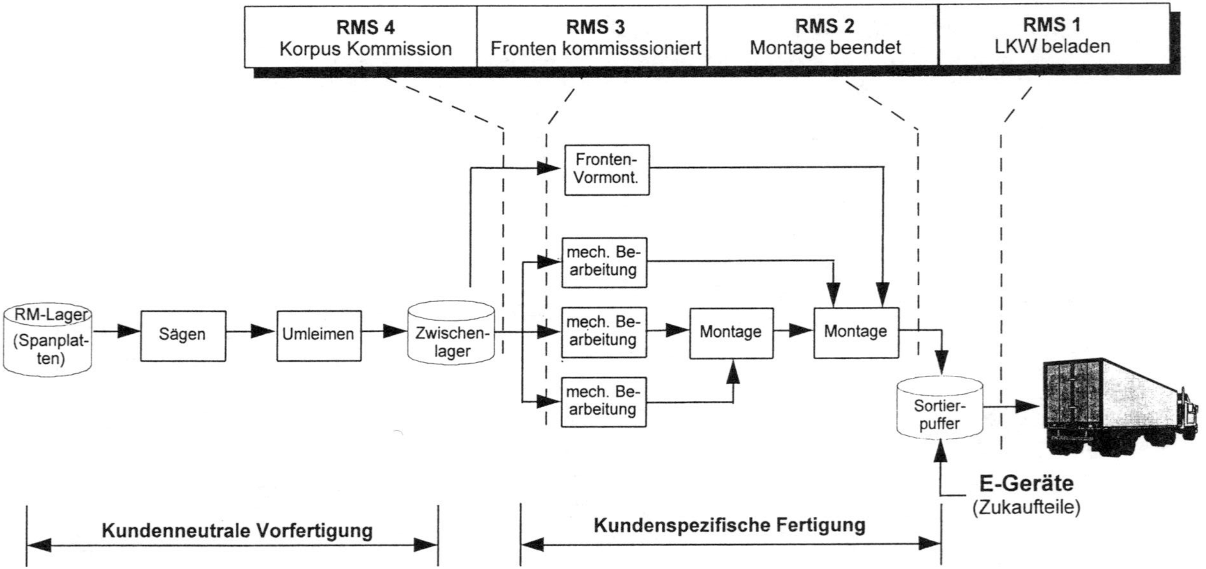

Daten:

DLZ = min. 6 AT
m = 1 Küche
Ausbringungsmenge durchschnittlich 900 Küchen pro Tag

Legende:

RMS = Rückmeldestufe
DLZ = Durchlaufzeit
m = Losgröße
AT = Arbeitstage

Variantenvielfalt treibt Lagerbestand

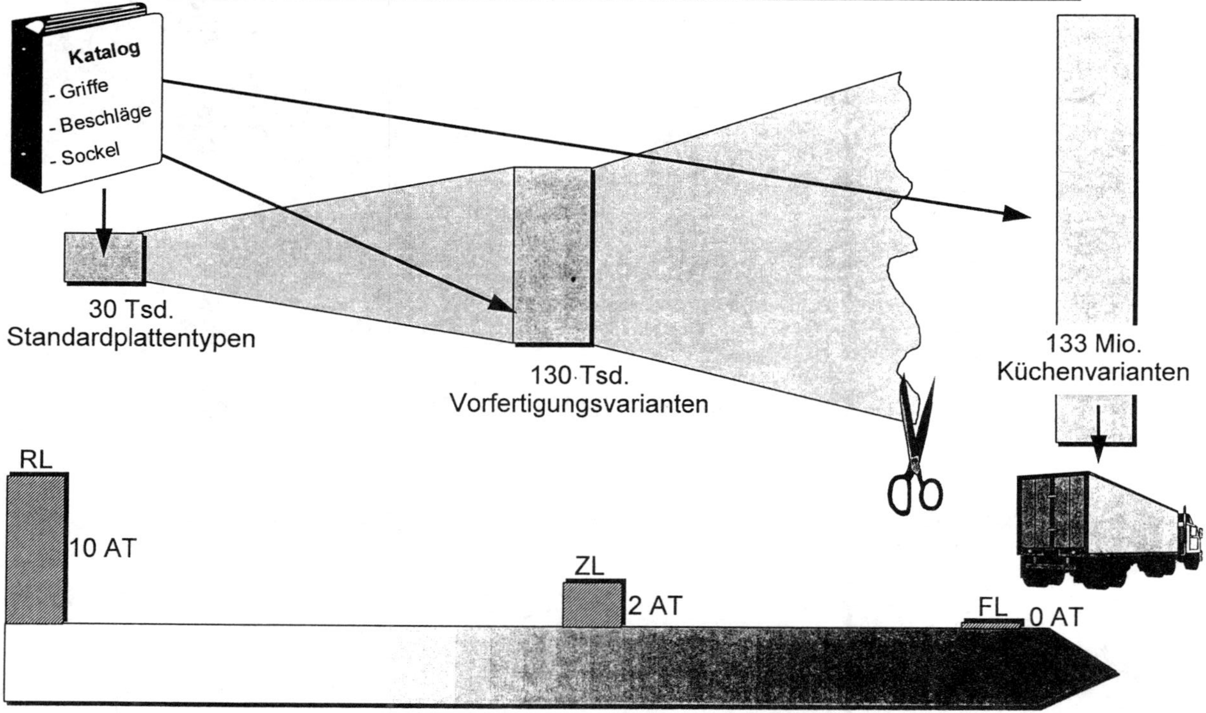

RL = Rohmateriallager, ZL = Zwischenlager, FL = Fertigwarenlager, AT = Arbeitstage

Prozeßkennzahlen ...

1. sind branchenübergreifend für Prozeßvergleiche geeignet
2. weisen die Güte einer Prozeßveränderung nach
3. gewährleisten eine verbindliche Zielvereinbarung bei der Prozeßgestaltung
4. charakterisieren den Prozeßgedanken
5. lösen sich von eingefahrenen Controlling-Kennzahlen
6. messen die Qualität eines neuen Prozesses zu einer weniger effizienten Ablauforganisation
7. dienen als Checkliste, um aus erfolgreichen Prozeßorganisationen zu lernen und
8. bilden den Nährboden zur Schaffung von Prozeßbewußtsein.

Fazit 1

Bedarf für Produktionsbetriebe von morgen:

nicht mehr Lagertechnik
sondern mehr flexible Lagertechnik und -organisation
bzw. Logistikpartner, die Lagerfunktion und
termingerechte Anlieferung bis an den Ort der
Verwendung gesamtverantwortlich übernehmen

⇨ **neues Dienstleistungsprofil für Lagerlogistiker**

Fazit 2

nur was man messen kann

kann man auch verbessern

Roboter im Materialfluß

Dr. **Hans Gerd Severin**, Kamen

In dem Maße, wie sich in den letzten Jahren die Warenverteilung für viele Unternehmen zu einem kritischen Erfolgs- und Kostenfaktor entwickelte, stieg die Sensibilität für die sichere und optimale Führung der Einzelschritte in der Prozeßkette. Entsprechend wuchs das Interesse an Automatisierungslösungen mit dem Ziel der Reduzierung der Kosten der Warenverteilung, der Verkürzung der Durchlauf- und Lagerzeiten, der Steigerung der Qualität im Warenumschlag, d.h. der effizienten Beherrschung der immer komplexer werdenden Vorgänge im Bereich der Warenlogistik. Im folgenden Beitrag wird versucht darzustellen, in welcher Weise der Einsatz freiprogammierbarer Roboter dazu beitragen kann, die angestrebten Kosten- und Prozeßvorteile zu realisieren.

1. Eine technische Revolution in der Warenverteilung

... „Von der Sackkarre zum Roboter"[1]

Wie bei der Einführung neuer Techniken üblich, herrschte auch bei der Automatisierung des Warenumschlages lange Zeit Unsicherheit gegenüber der Beherrschbarkeit des Prozesses an sich, sowie Unentschlossenheit im Hinblick auf die richtigen Konzepte bzw. die Auswahl der einzusetzenden Systemkomponenten. Zweifelsfrei wurde auch abgewartet, bis technischer Fortschritt bzw. sinkende Kosten eine automatische Lösung bei steigendem Leistungsangebot noch attraktiver machten und damit die Amortisationszeiten auf einen wirtschaftlich interessanten Zeitraum sanken.

Inzwischen wurden vielerorts beherzt die ersten Schritte gemacht, und es existieren unterschiedliche Lösungsbeispiele für die vollautomatische Warenverteilung. Die dadurch erreichte Veränderung im Distributionsprozeß kann mit Fug und Recht als technische Revolution in der Warenverteilung bezeichnet werden oder griffig formuliert: „Der Roboter ersetzt die Sackkarre". Wenn ein Distributionszentrum früher eher einer Lagerhalle ähnelte, so gleicht es heute mehr einem hochautomatisierten Fertigungsbetrieb. Entsprechend haben sich auch die Anforderungen an die Betreiber geändert, die plötzlich in völlig veränderten Kategorien denken müssen.

In diesem Beitrag wird von den dabei gewonnenen Erfahrungen aus der Perspektive des Roboteranbieters berichtet und der Versuch unternommen, allgemeine Systemkonzepte zu entwickeln.

---

[1] Zitat: Dr. R. Karrenberg, freundl. Genehmigung d.Wiedergabe stillschweigend vorausgesetzt

2. Roboter in der Warendistribution

... Von den Vorzügen des Portalroboters

Ein zukunftsweisendes Konzept der automatisierten Warenverteilung muß mit prozessgesteuert einstellbaren Komponenten flexibel auf ständig sich verändernde Situationen reagieren können. Fest hinterlegte Programme vermögen dies nicht zu leisten, denn neue Systemanforderungen müssen Online einspielbar und Offline generierbar sein. Diese Anforderungen lassen sich nur durch den Einsatz moderner, frei programmierbarer Roboter erfüllen. Mit ihrer hochentwickelten Technik bieten sie nicht nur die gewünschte Flexibilität und Zuverlässigkeit, sie sind zudem bedienerfreundlich und systemfähig.

Als besonders geeignet erweisen sich Roboter in Portalbauweise, da ihr quaderförmiger Arbeitsbereich für die Ausführung von (De-)Palettieraufgaben geradezu ideal ist[2]. Auf Basis einer robusten Konstruktion sind hohe Beschleunigungen, große Lasten und weite Verfahrstrecken möglich. Von besonderem Vorteil sind die weitestgehend translatorischen Bewegungsabläufe des kartesischen Roboters. Die erforderlichen Drehungen werden stets um den Schwerpunkt des Produktes ausgeführt. Nur so lassen sich die hohen Leistungen der Systeme realisieren; denn Roboter mit Zylinder- bzw. Polar-Kinematik erzeugen auf Grund der zwangsläufig rotatorischen Bewegungen starke Zentrifugal- und Gyrkräfte, die Verfahrgeschwindigkeiten und Beschleunigungen nennenswert begrenzen.

Die Zahl der Achsen variiert bei Anwendungen in der Palettierung/Depalettierung zwischen zwei und vier. Mit vier Achsen lassen sich alle Lagenbilder erzeugen. Häufig ist eine derartige Flexibilität jedoch gar nicht gefordert, oder eine spezielle Orientierung der Produkte kann durch Hilfskomponenten effizient realisiert werden. Dann kommt man zu sehr preiswerten Systemlösungen, die meistens auf Linienportalrobotern aufbauen und trotzdem der Aufgabenstellung voll gerecht werden.

Ein Portalroboter ist in seinen Abmessungen und damit seinem Arbeitsbereich in weiten Grenzen variabel. Systeme mit zwanzig und mehr Stellplätzen für Europaletten wurden realisiert. Die Aufstellung der Plätze kann dabei sowohl in Einerreihe wie auch in Doppelreihe erfolgen und erlaubt die einfache Anbindung an den innerbetrieblichen Transport, sei es über fest installierte herkömmliche Fördertechnik oder über (teleskopierenden) Verschiebewagen oder FTS. Der Platzbedarf dieser Systemaufstellung ist minimal. Der gesamte Maschinenbau befindet sich oberhalb der Arbeitsebene und vermindert nicht die Raumausnutzung. In der tragenden Stahlkonstruktion können zwei unabhängig voneinander arbeitende Roboter verfahren, deren Arbeitsbereich überlappend ausgelegt sind. Die Roboter können sich also im Bedarfsfall gegenseitig unterstützen, so daß hohe Reserven für Spitzenanforderungen geschaffen werden. Falls ein Roboter ausfällt, kann der andere seine Aufgaben zumindest mit verminderter Leistung übernehmen (dazu wird der Havarist im Handbetrieb in eine Park- und Wartungsposition gefahren).

---

2 Für bes. Anwendungsfälle kann aber auch der Einsatz von Knickarm-Robotern sinnvoll sein.

Abb. 1: Beispiel für einen Depalettierroboter für zwanzig Plätze (MAN - GHH - Logistics / Verteilzentrum Fresenius)

In den Abb. 1 und Abb. 2 sollen zwei Extrema vorgestellt werden. In Abb. 1 ist ein Portalroboter für die Depalettierung von 20 Plätzen dargestellt. Um auch zukünftigen Anforderungen gewachsen zu sein, kann der Kunde im gleichen Grundgestell einen zweiten Roboter nachrüsten. Dadurch erhöht sich die Leistung um mehr als das Doppelte, und - was im Pharmageschäft unerläßlich ist - man gewinnt zusätzliche Betriebsicherheit. Die Abb. 2 zeigt einen kompakt bauenden Palettierroboter für die anschließende Palettierung der auftragsbezogen, über einen Gurtförderer herangebrachten Artikel.

Abb. 2: Kompaktes Linienportal für die Palettierung (MAN - GHH - Logistics)

... Steuerung, Software und Bedienung

Als Robotersteuerung werden qualifizierte CNC-Steuerungen eingesetzt, die üblicherweise neben den Regelfunktionen für die Achsen über eine integrierte Anpaßsteuerung (SPS) für die Verwaltung peripherer Vorgänge und inzwischen häufig auch über einen PC verfügen. Neben schnellen Regelalgorithmen tragen sie durch Funktionen wie "intelligentes Überschleifen" und "sinus2-förmige" Beschleunigung dazu bei, unter Schonung der mechanischen Komponenten sowie des Produktes eine minimale Taktzeit zu erreichen.

Je nach Wunsch bzw. verfügbarem Geldbeutel werden über Klartextanzeigen oder durch farbige Prozeßvisualisierung Störungsmeldungen der CNC-Steuerung sowie Inforamtionen zum Status im Prozeßablauf zur Anzeige gebracht. Dadurch wird die nötige Akzeptanz auch bei fachlich nicht geschultem Personal gewonnen. Die Integration der Roboter in den Gesamtdatenfluß wird über die gängigen Schnittstellen und Bus-Systeme problemlos realisiert.

Für die Erzeugung bzw. Veränderung der Lagenbilder stehen Programme zur Verfügung, die durch Eingabe der Packstückabmessungen unter komfortabler Windows-Bedieneroberfläche und gleichzeitiger Optimierung des Palettennutzungsgrades Packpläne und damit Roboterprogramme generieren. Diese Vorgehensweise erfreut sich natürlich besonderer Beliebtheit, da so die volle Flexibilität des Roboters jederzeit auch nicht fachkundigen Bedienern zugänglich ist. Derartige, entsprechend aufwendigere Programme, sind inzwischen auch für die Optimierung der gemischten Beladung aus Packstücken unterschiedlicher Größe verfügbar (s.u.).

... und nicht zuletzt die Greiftechnik

Die Greiftechnik bestimmt die Zuverlässigkeit und Leistung des Handlingsprozesses und stellt den Schlüssel zur Vielseitigkeit eines Robotersystems dar. Im Zusammenhang mit der Beschreibung der Einzelschritte des Kommissioniervorganges wird diesem Punkt entsprechende Aufmerksamkeit gewidmet.

... Leistung und Preis

Die erreichbare Leistung eines Roboters wird von einer Vielzahl von Faktoren bestimmt. Durch Mehrfachgreifen multipliziert man natürlich den Durchsatz. Sauggreifen ist stets 20-30% schneller als ein mechanischer Vorgang. Lange Wege und häufige Drehbewegungen hemmen den Roboter. Auf Grund der Vielzahl von Einflußgrößen ist es schwer, eine pauschale Leistungsangabe zu machen. Wenn auch der schnellste Roboter 24 Spiele pro Minute erreicht, sollte man bei der Auslegung eher acht bis zwölf Spiele/Minute zugrunde legen.

Gleichermaßen schwer fällt die Angabe der Kosten. Grob richtig liegt man innerhalb der Spanne von 180 TDM bis 270 TDM für einen Portalroboter incl. Steuerung, Montage und einen Standardgreifer sowie der Grundsoftware für seinen Betrieb.

3. Die Automatisierung des Kommissioniervorganges

... Einsatzfelder für den Roboter

Die folgenden Schritte innerhalb des Distributionsprozesses stellen die möglichen (und praktizierten) Einsatzfelder für Roboter dar:

- Auflösen homogener Ladungseinheiten
- Auftragszuweisung der Einzelartikel
- Zusammenstellen heterogener Versandeinheiten
- Zu- und Abführen von Lade- und Transporthilfsmitteln

Jeder dieser Vorgänge wird natürlich gesteuert durch die vorliegenden Aufträge, deren genaue Zusammensetzung, Struktur und Zielvorgabe nicht nur die Größe der Materialströme, sondern auch deren zeitliche Veränderung festlegt.

... Die Auflösung der Ursprungsladung

Da die Anlieferung und die Bereitstellung der Ware üblicherweise in Palettenform erfolgt, muß im ersten Schritt eine Depalettierung vorgenommen werden. Dieser Handhabungsvorgang hat seine nicht zu unterschätzenden Tücken im Hinblick auf die Positionsfindung und die Greiftechnik.

Trotz aller Fortschritte in der Bilderkennung geht man in der Regel von definierten Lagekoordinaten des Depalettiergutes aus. Dem Zellenrechner des Depalettiersystems wird das Packbild und die auf der Palette vorhandene Stückzahl mitgeteilt, so daß er sich die Abnahmepositionen auf der bereitgestellten Palette errechnen und sie gezielt anfahren kann. Diese Vorgehensweise setzt natürlich eine definiert gepackte und exakt positionierte Mutterpalette voraus, was in der Praxis leider nicht ohne weiteres einzuhalten ist. Man rüstet daher den Greifer im allgemeinen mit Sensoren aus, um eine Koordinatenvermessung der jeweiligen zu depalettierenden Lage durchzuführen und Korrekturen vornehmen zu können. Häufig läßt sich anhand von Charakteristika des Lagenbildes dabei auch ermitteln, ob die Palette/die Lage in der richtigen Orientierung vorgelegt wurde.

Vorzugsweise setzt man bei der Depalettierung Sauggreifer ein, da diese ohne Kollisionsgefahr von oben anfahren können und über die Vakuumüberwachung eine integrierte Tastfunktion beinhalten. Im allgemeinen besitzt der Depalettiergreifer ein Feld speziell angepaßter Saugelemente, die einzeln geschaltet werden, um unterschiedliche Verpackungsgrößen aufzunehmen.

Das Anfahren der Position von oben erfolgt mit reduzierter Geschwindigkeit und taktend unter ständiger Abfrage des Unterdruckes zum Ausgleich von Höhenungenauigkeiten. Sobald der Unterdruck aufgebaut wird, kann man davon ausgehen, daß der Artikel gegriffen wurde und ihn übersetzen. Auch dabei wird der Unterdruck überwacht. Die Abb. 3 zeigt einen solchen Greifer im Einsatz.

Abb. 3: Greifer für die Depalettierung im Rahmen der vollautomatischen Distribution

Natürlich entziehen sich viele Artikel/Verpackungen dieser Vorgehensweise. Offene Trays beispielsweise werden sich so nicht depalettieren lassen. Hierfür kann der vom Fraunhofer Institut in Dortmund entwickelte „Aufwälzgreifer“ Anwendung finden. Dieser kippt das Produkt mechanisch leicht an und unterfährt es daraufhin in koordinierter Bewegung mit einem flach bauenden Gurtförderer.

Ein vielseitig anwendbares Greifkonzept stellt auch die seitliche Ansaugung der Artikel mit anschließender leichter Anhebung und Unterfahren einer mechanischen Unterstützung bei gleichzeitiger Klemmung von oben dar. Ein besonderer Charme dieses (patentrechtlich geschützten) Konzeptes besteht in einem Greiferaufbau, dessen Saugfläche sich flexibel an die Abmessungen der Produkte anpaßt und gleichzeitig mit Schiebern Lageungenauigkeiten zu korrigieren vermag. Die Abb. 4 zeigt einen solchen Depalettiergreifer, der sogar für die Depalettierung von biegeschlaffen Druckprodukten eingesetzt werden kann.

Abb. 4: Spezialgreifer für die Depalettierung von biegeschlaffen Produkten

Je komplizierter der Greifvorgang insbesondere auch auf Grund von Suchfahrten wird, desto mehr reduziert sich natürlich die Depalettierleistung. Durch Mehrfachaufnahme erfährt der Prozeß aber ggf. eine markante Geschwindigkeitssteigerung. Eine zusätzliche Leistungssteigerung wird erreicht, wenn die Paletten auf Hubtischen plaziert werden. Daurch entfällt nämlich die zeitaufwendige Vertikalverfahrung. Zusätzlich vorteilhaft ist die konstante und exakt definierte Abnahmehöhe, die Meß- und Suchfahrten erspart.

Die Abb. 5 zeigt beispielhaft die schematische Darstellung des Depalettierbereiches für Kaffeeprodukte im Verteilzentrum von TKN mit einer Gesamtdepalettierleistung von über 7.000 Packstücken pro Stunde.

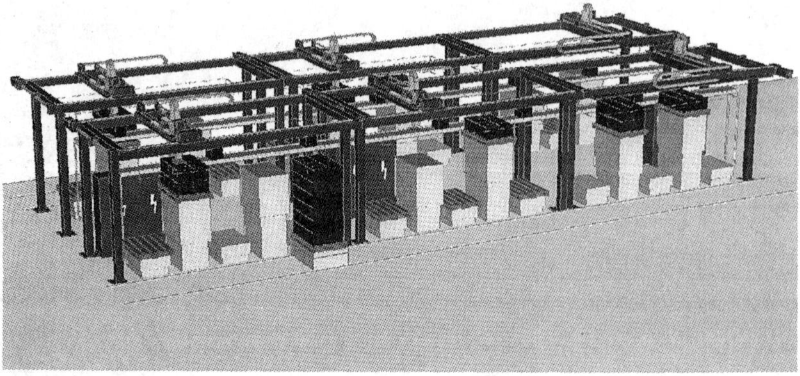

Abb. 5: Hochleistungsdepalettierzentrum für 30 Produkte und mehr als 7.000 Picks/h

... Die Auftragszuteilung der Ware

Nachdem die Ursprungsladungen - natürlich nach Maßgabe der Auftragszusammensetzungen - zerlegt und in einen Zwischenzustand gebracht wurden, der ihre einfache Handhabung gestattet, müssen die Artikel den Aufträgen zugewiesen werden. Dies kann im Rahmen einer separaten Sorterfunktion erfolgen oder durch eine zielgesteuerte Organisation des Gesamtprozesses. Die Wahl der Systemlösung hat nennenswerten Einfluß auf die Kosten bzw. die Systemleistung. Beispiele dazu werden bei der Vorstellung möglicher Systemvarianten betrachtet.

Erwähnenswert erscheint in diesem Kontext die Nutzung kleiner Regalbediengeräte als weiterer Systemvariante, um die Artikelzuweisung bei kleinen Durchsätzen, aber einer großen Zahl von Zielen, zu realisieren. Die Produkte werden hier in einem AKL-artigen Zwischenpuffer solange gesammelt, bis ein Auftrag vollständig ist und relationsbezogen und in der richtigen Reihenfolge ausgelagert und der Palettierung (oder Turmbildung) zugeführt wird.

... Das Zusammenfügen der Sendungen

Nach der Zusammenführung der Artikel eines Auftrages müssen diese in eine versandfähige Form gebracht werden. Meistens werden sie dazu palettiert, allerdings existieren auch andere Formen von Versandmöglichkeiten/-Hilfsmitteln.

Die Palettierung kann als ein Standardvorgang der Handhabung angesehen werden. Im Rahmen der Warendistribution treten jedoch Aspekte hinzu, die mit althergebrachten Techniken nicht zu beherrschen sind. Vorrangig wird hier uneingeschränkte Flexibilität in Bezug auf unterschiedliche Artikelformen und Abmessungen, Lagenbilder und Linienbelegungen gefordert. Üblicherweise werden daher Roboter eingesetzt, die mit ihrer freien Programmierbarkeit leicht und schnell an sich ändernde Erfordernisse angepaßt werden können. Besondere Vorteile bieten natürlich Portalroboter, da sie auf der Basis ihres großen Arbeitsbereiches viele Palettenplätze überstreichen können und damit für Verteilaufgaben ideal geeignet sind.

Auch bei der Palettierung mit Robotern stellt sich die Frage nach der geeigneten Greiftechnik. Wieder gilt die Präferenz dem Vakuumgreifer, weil er leicht, flexibel und vor allen Dingen schnell und preiswert ist. Leider verlangen die Produkte häufig nach anderen Greiftechniken, die eine mechanische Klemmung vertikal oder horizontal mit einschließen. Ein geeignet ausgeführter, vertikal arbeitender Klemmgreifer vermag dann auch offene Trays etwa mit Molkereiprodukten ohne weiteres mit der erforderlichen Zuverlässigkeit zu handhaben. Ganz allgemein kann festgestellt werden, daß die Aufnahme der Produkte bei der Palettierung weit weniger Probleme bereitet als bei der Depalettierung, da sie definiert und vereinzelt vorgelegt werden. Durch die Gestaltung des Abnahmepunktes wird es auch möglich, die Produkte zu unterfahren und so den genannten vertikalen Klemmgreifer einzusetzen, dessen Verwendung sich bei der Depalettierung naturgemäß verbietet.

Wie bereits erwähnt, bestimmen Greiftechnik und Gestaltung der Lagenbilder die erreichbare Leistung. Bei Zykluszeiten nahe 4 Sekunden mit Hochleistungsportalrobotern und Mehrfachgreifen lassen sich Palettierleistungen von 2000 Artikeln pro Stunde erreichen. Bei ungünstigen Bedingungen fallen die Palettierleistungen jedoch u.U. auf ein Viertel dieses Wertes ab. Es ist daher schwer - und das sei hier wiederholt -, pauschale Angaben zum Durchsatz von Systemlösungen zu machen.

Meistens ist in der Warendistribution eine sortenreine Palettenbeladung nicht möglich. Vielmehr müssen unterschiedliche Artikel auftragsbezogen auf der Ladungseinheit gemischt werden. Solange dies lagen- oder halblagen-rein geschieht treten keine Probleme auf, schwierig wird die Aufgabe bei der heterogenen Beladung.

Wenn auch von verschiedenen Anbietern inzwischen leistungsfähige Software-Lösungen für die Optimierung gemischter Palettenladungen vorliegen, so bereitet doch die Zuführung der Produkte in der erforderlichen Reihenfolge Probleme. Keiner kann überdies behaupten, daß gemischt gepackte Paletten stets die wünschenswerte Stabilität bzw. einen idealen Nutzungsgrad aufweisen. Wenn aber die Einschränkungen realistisch eingeschätzt und berücksichtigt werden, finden sich leistungsfähige Konzepte, die auch die Umsetzung dieser besonders schwierigen Handhabungsaufgabe zulassen (s.u.).

...- Zwischenstufen

Um die Komplexität des Verteilprozesses zu reduzieren, oder auch um den Durchsatz zu steigern, führt man häufig Zwischenstufen ein oder nutzt Zwischenpuffer. Mit „Parkplätzen" für noch nicht oder gerade nicht benötigte Paletten vor den Depalettier- bzw. Palettierplätzen verringert man die Zahl der Ein-/Auslagerungen im Hochregallager.

Besonders verbreitet ist die zweistufige Kommissionierung, innerhalb derer unter Zuhilfenahme von i.a. Mehrwegtransportbehältern eine abteilungs- oder filialbezogene Vorkommissionierung erfolgt. Da die eingesetzten Transporthilfsmittel einem Modulsystem entstammen und bzgl. automatisierter Handhabung optimiert sind, erfährt der Prozeß eine wesentliche Vereinfachung und Leistungssteigerung. Es lohnt sich daher, auch diese Variante in den Systemvergleich einzubeziehen und die Kosten für das Mehrwegsystem in Relation zur Kosteneinsparung bei der Automatisierung zu betrachten.

4. Systemkonzepte

Nach den vorausgegangenen, eher grundsätzlichen Betrachtungen sollen nun einige Systembeispiele vorgestellt werden, um durch die Besprechung von Konzepten aus der Praxis ein Gefühl und Zutrauen für die Möglichkeit der praktischen Umsetzung zu wecken.

... Geringe Artikelzahl/hohe Leistung:

Wenn es zulässig ist, lagenglatt oder zumindest einhalbpalettenweise zu kommissionieren und die Artikel stets verfügbar gehalten werden können, erreicht man eine hohe Palettierleistung durch Einsatz von Hochleistungsrobotern und einer auftragsbezogenen Bereitstellung der Produkte am Abnahmepunkt. Wegen des hohen Materialdurchsatzes empfiehlt es sich, die Artikel in einem Fließlager bereitzuhalten, das entweder direkt aus der Produktion gespeist oder über eine separate Depalettierfunktion versorgt wird. Aus diesem werden die Produkte entsprechend der Auftragszusammensetzung abgezogen. Das Systembeispiel (Abb. 6) zeigt schematisch eine Anlage, mit der im praktischen Anwendungsfall zwei Roboter 24 verschiedene Artikel mit einer Leistung von annähernd 3.000 Paketen pro Stunde bei Produktgewichten bis 20 kg lagenrein kommissionieren.

Abb. 6: Hochleistungsroboter für die lagenglatte Kommissionierung

... Mittlere Leistung, mittlere und hohe Produktvielfalt:

Hier bietet sich das folgende Systembeispiel als effizientes Lösungskonzept an. Dargestellt (Abb. 7) ist eine vollautomatische Ausbaustufe, die auch die Handhabung der Paletten einschließt. Die Funktionsweise ist die folgende:

Ein Verteilwagen stellt sortenreine Mutterpaletten auf Depalettierplätzen bereit, von denen ein Portalroboter mit großem Arbeitsbereich die Auftragsartikel entnimmt. Die Mutterpaletten bilden eine Gasse, durch die die Auftragspaletten bewegt werden. An bestimmten Haltepunkten werden die in unmittelbarer Nähe befindlichen Kundenpaletten vom Roboter bedient, die Artikel also übergesetzt und die Aufträge zusammengestellt.

Vielfach läßt jedoch die große Artikelzahl eine ständige Verfügbarkeit der Produkte nicht zu. Dann läßt sich das Konzept gleichsam „umdrehen“. Es werden dann die Auftragspaletten in Doppelreihe aufgestellt, während die Artikelpaletten hindurchgefahren und die Produkte auftragsbezogen vom Roboter auf die Kundenpaletten übergesetzt werden. Durch Vorlage von Restpaletten als Auftragspaletten im Sinne einer Aufwärtskommissionierung kann die unter Umständen kritisch hohe Zahl der Ein-/Auslagerungen zur Bereitstellung der Produkte gesenkt werden.

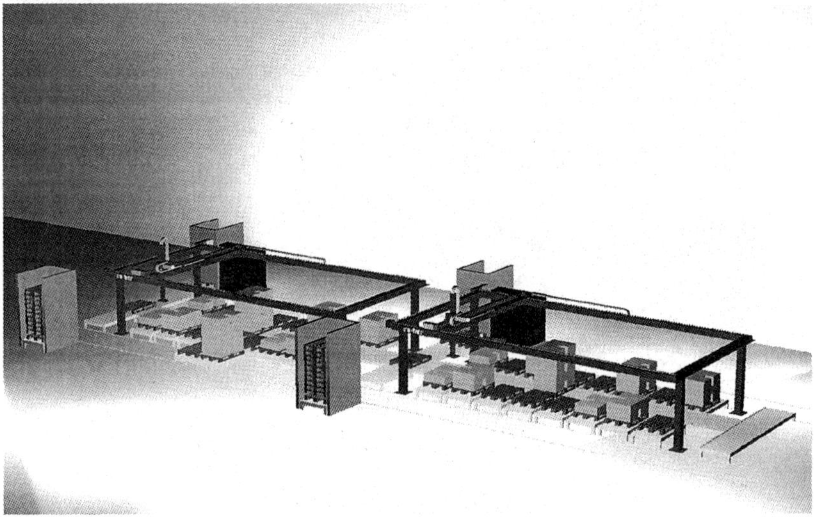

Abb. 7: Kommissionieranlage für mittlere Pickleistungen

Das beschriebene System ist modular erweiterbar, indem Roboterzellen hintereinandergeschaltet werden. So kann die Durchsatzleistung bzw. die gleichzeitig verarbeitbare Artikelvielfalt bedarfsgerecht angepaßt und/oder erweitert werden. Allerdings erreicht ein einzelner Roboter auf Grund der optimalen Verfahrstrecken schon beachtliche Kommissionierleistungen. Diese Tatsache sowie der vergleichsweise günstige Anschaffungspreis machen diese Systemlösung für viele Anwender besonders interessant.

Eine andere Lösungsvariante ist bereits in den Abbildungen 1 und 2 dargestellt: Ein Depalettierroboter mit großem Arbeitsbereich pickt die Produkte auftragsbezogen von der Palette und legt sie auf einen Gurtförderer. Dieser transportiert sie zu einem kompakten Palettierroboter, wo sie zu Auftragspaletten zusammengestellt werden.

... Die Durchführung der gemischten Beladung

Die Palettierung unterschiedlich großer Artikel gelingt nur, wenn diese nach einer vorher durchgeführten Optimierung auf der Palette „verwürfelt“ werden können, um so ein stabiles Lagenbild zu erzeugen. Das beste Ergebnis erzielt man, wenn alle Pakete beliebig permutiert werden dürfen. In der Praxis läßt sich das jedoch im allgemeinen nicht umsetzen, da entweder Restriktionen bestehen (z.B. „Eier immer oben auf“), oder die Produkte nicht in beliebiger Reihenfolge im Zugriff sind. Man hat also nur eine begrenzte Auswahlmöglichkeit von verfügbaren Abmessungen, aus denen ein stabiles Palettenbild mit möglichst hoher Volumennutzung geschaffen werden muß.

Beim oben beschriebenen, zweiten Anwendungsbeispiel wird die Aufgabe insofern erleichtert, weil man durch die Reihenfolge der Palettenaufstellung günstige Ausgangsbedingungen schaffen kann. D.h. man kann z.B. am Anfang der Doppelreihe „Mutterpaletten“ das großvolumige Waschpulver mit annähernd identischen Verpackungsabmessungen plazieren und am Ende die empfindlichen Produkte mit kleinen Verpackungen.

Eine sehr praktikable Lösung für diese Aufgabenstellung wurde vom Fraunhofer Institut IPA in Stuttgart vorgeschlagen: Man legt dem Palettierroboter eine bestimmte Zahl Pakete vor und unterwirft dieses Ensemble sowie die bis hierher erzeugte Palettierstruktur einer Optimierung. Das Paket, das sich am besten mit seiner Form in diese Gegebenheiten einfügen läßt, wird dann palettiert. Die verbleibenden Artikel auf dem Abnahmeförderer rücken nach, und ein neues Paket wird zugeführt. Mit dieser Auswahl wird eine erneute Optimierung durchgeführt. Die Abb. 8 zeigt beispielhaft eine solche Anlage.

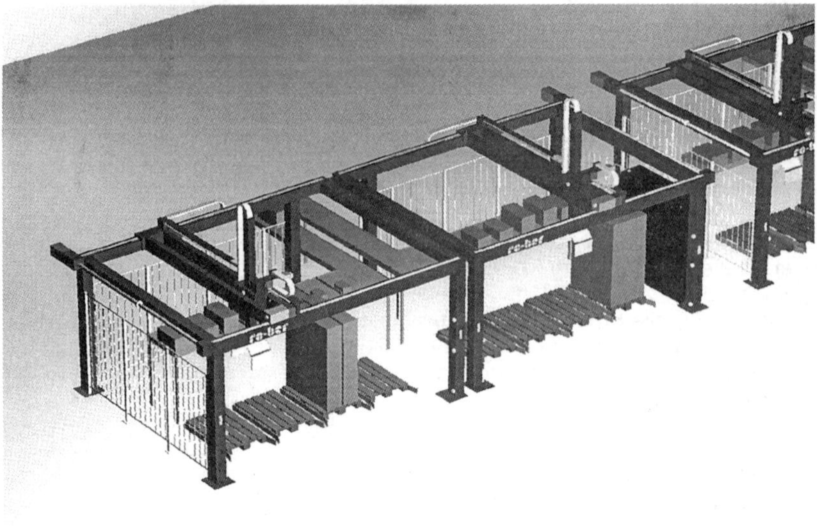

Abb. 8: **Anlage für die gemischte Palettierung aus einer Auswahlgruppe**

... Hochleistungsanlagen

Anlagen mit hohem Durchsatz und großer Artikelvielfalt setzen sich letztendlich aus den bereits beschriebenen Komponenten zusammen. Üblicherweise zergliedert man die Aufgabenstellung in Einzelaufgaben, z.B. für schnell- und langsamdrehende Produkte, und legt die Untersysteme entsprechend aus. Als „Bausteine" wurden bereits verschiedene Komponenten vorgestellt. Die Abb. 9 zeigt beispielhaft eine Großanlage und vermittelt einen Eindruck von den Anforderungen des Prozesses

Die praktische Erfahrung lehrt, daß bei den resultierenden, hoch verketteten und komplexen Prozessen der „Detail-Teufel" unerbittlich sein kann. Man muß z.B. auch an den evtl. schlecht verklebten Karton denken, dessen Inhalt sich auf die Förderstrecke ergießt. Die Folgen ähneln dann häufig einer Katastrophe und legen u.U. das ganze Verteilzentrum lahm:

Der Karton war dem einen Teilsystem noch nicht zugebucht, beim anderen aber schon entnommen. Ersatz aus dem Hochregallager muß über weite Strecken Elektrohängebahn nachgeführt werden, mit akrobatischen Kletterübungen wegen mangelnder Zugänglichkeit müssen die Trümmer weggeräumt werden. In der Regel erfolgt dann in der allgemeinen Aufregung ein Bedienfehler. Es gibt einen Datenversatz, der MFR stürzt ab, die ganze Anlage muß leergefahren werden.

Man kann diese Situationen nicht eindringlich genug schildern, um Planer, realisierende Firmen und Betreiber im Vorfeld zu mahnen, eine maximale Aufmerksamkeit auf Fehlervermeidung und die Möglichkeit leichter Störungsbehebung zu lenken. An möglichst vielen Stellen des Prozesses sollte die Chance für einen manuellen Eingriff bzw. eine Korrektur durch den Bediener geschaffen werden. Die menschliche Phantasie reicht nicht aus, sich alle möglichen Störfälle auszumalen, und da man stets nur die positiven, hellen Seiten sehen will, wird dieser „dunkle Aspekt“, der sich jeder Planung entzieht, gern verdrängt.

Abb. 9: Robotersystem für die Depalettierung von B-Artikeln, Leistung: ca. 2.000 Artikel/h; 64 Produkte im Zugriff

5. Ausblick

Genauso, wie automatische Hochregallager heute selbstverständlich geworden sind, wird man sich die Distribution in wenigen Jahren ohne automatische Handhabung nicht mehr vorstellen können. Die Chancen der Automatisierung im Materialfluß sind heute bei beherrschbaren technischen Risiken auf Grund der gewonnenen Erfahrungen greifbar. Trotzdem darf nicht angenommen werden, daß **alles** in vernünftiger Weise automatisierbar ist. Für die überwiegende Zahl der Aufgabenstellungen kann aber ein wirtschaftlich interessanter Automatisierungsgrad gefunden werden. Der Schlüssel zum Erfolg liegt in der Auswahl des richtigen, angepaßten Systemkonzeptes und unbedingt in der ganzheitlichen Betrachtung des Prozesses. Weil kleinste Einflußfaktoren über Wohl und Wehe des Projektes entscheiden, verlangt jeder Teilschritt eine akkurate Analyse hinsichtlich seiner Parameter und eine exakte Festlegung der Prozeßbedingungen. Dementsprechend muß in der Projektierungsphase mit höchster Sorgfalt unter Einbindung aller Prozeßbeteiligten (vom Verpackungshersteller bis zum Software-Lieferanten) vorgegangen werden. Als Resultat erhält man dann einen langlebigen Rationalisierungseffekt mit den damit verbundenen Leistungsvorteilen für das Unternehmen.

Vollautomatisches Hochregallager unter SAP R/3

Dr. **Kugler,** Regensburg

1. Der Wandel in der Logistik bei Metabo

Seit 1924 fertigt die Firma Metabo im schwäbischen Nürtingen Elektrowerkzeuge für Handwerker, Industrie und Heimwerker.

Das traditionsreiche Unternehmen beschäftigt heute ca. 2.000 Mitarbeiter in 3 Werken in Nürtingen, in Laichingen bei Ulm und West Chester, PA in den USA.

Zum umfangreichen Produktspektrum mit 200 verschiedenen Werkzeugen in über 1.200 Varianten gehören handgeführte Elektrowerkzeuge, Schleifscheiben, halbstationäre Holzbearbeitungsmaschinen, Doppelschleifmaschinen, Tischbohrmaschinen, aber auch Sondermaschinen zum Schleifen, Polieren und Entgraten. Die große Maschinenvielfalt ist für Metabo darin begründet, daß man jeden Kunden in die Lage versetzen will, genau sein Anwendungsproblem mit Maschinen aus dem Hause Metabo zu lösen - und das möglichst lange. Deshalb hat das Unternehmen von Anfang an immer besonderen Wert auf die Qualität seiner Produkte gelegt.

Täglich werden ca. 7.000 Elektrowerkzeuge montiert und in über 100 Länder der Welt exportiert. Verkauft werden die Produkte ausschließlich über den qualifizierten Fachhandel und ausgewählte Baufachmärkte.

Ein tiefgreifender Strukturwandel, ausgehend von einer noch nie dagewesenen weltweiten Rezession, hat zu folgenden Veränderungen geführt:

- Verschärfte Marktrahmenbedingungen

  Mit dem Markteintritt asiatischer Unternehmen erwachsen neue Konkurrenten, die neben Kosten- und Standortvorteilen häufig auch noch über effektive Managementmethoden (TQM, JIT, KAIZEN) verfügen.

- Steigerung der Produkt- und Teilevielfalt

  Diesen potentiellen Konkurrenten wird mit einem immer differenzierteren Leistungsangebot entgegengetreten. Größere Produktvielfalt bedeutet aber häufig, daß der Anteil von Gleichteilen in der Produktion immer geringer wird.

  Die geringe Wiederholhäufigkeit hat zur Folge, daß für jedes Produkt ein größerer Markt erforderlich ist als vorher, um die gleiche Wirtschaftlichkeit zu erreichen.

- Geringe Möglichkeit zur Wettbewerbsdifferenzierung über Preise, Produktmerkmale und Qualität.

  Eine Unterscheidung vom Wettbewerb ausschließlich über den Preis, Qualität oder das Produkt- und Leistungsspektrum reicht heute nicht mehr aus. Die Produktinnovationen können heute relativ schnell vom Wettbewerb nachvollzogen werden. Die Wettbewerbsfähigkeit muß durch eine überlegene logistische Organisation mit konsequenter Kundenorientierung gestärkt werden.

- Erhöhter Kostendruck in allen Unternehmensbereichen hervorgerufen durch gesellschafts-, sozial-, tarif- und umweltpolitische Einflüsse.

Besonders in der Branche der Elektrowerkzeugindustrie wird die logistische Leistungsfähigkeit zu einem Erfolgsfaktor. Hohe Reaktionsfähigkeit, kurze Lieferzeiten und extreme Termintreue werden von den Kunden heute vorausgesetzt. Lieferzeiten und Liefertreue sind die entscheidenden Differenzierungsfaktoren im Wettbewerb. Eine traditionell funktional ausgerichtete Logistik wird diesen Anforderungen nicht mehr gerecht.

In der Vergangenheit wurde, wie auch in den meisten anderen Unternehmen, versucht, mit isolierten Verbesserungsansätzen die logistischen Schwächen zu beseitigen. Die bisherige Führungsorganisation förderte das Ressortdenken und optimierte ausschließlich Teilabläufe. Die drastisch gestiegenen Kunden- und Wettbewerbsanforderungen verlangen nun Einschnitte in die traditionelle Organisation.

Welche Maßnahmen im Bereich der Produktionslogistik realisiert wurden, um die Kundenorientierung zu verbessern, wird im folgenden berichtet.

2. Ausgangssituation und Zielsetzung der Umstrukturierung

Der erste Ansatzpunkt zur Verbesserung in der innerbetrieblichen logistischen Wertschöpfungskette ist die Schnittstelle des externen Materialflusses mit dem innerbetrieblichen Materialstrom, d.h. der Wareneingang, die Wareneingangsprüfung und die anschließende Versorgung der Fertigung und Montage. Je organisierter, strukturierter und rationeller die Materialflüsse vom Wareneingang über die Fertigung und Montage bis zum Versand in der internen Logistik abgewickelt werden, um so besser ist die Lieferfähigkeit und damit die Wettbewerbssituation am Markt.

Bis 1995 war der Wareneingang mit Wareneingangsprüfung, Rohmateriallager und der Materialversorgung für Produktion und Montage durch erhebliche Mängel gekennzeichnet:

- hohe Verweildauer im Wareneingang und in der Wareneingangsprüfung
- veraltete Lagerorganisation mit unzureichenden Platzverhältnissen
- ungenügende Bestandssicherheit aufgrund offener Läger
- hohe Durchlaufzeiten im Lager
- unübersichtlicher Materialfluß mit nicht effizientem Personaleinsatz
- schlechte Gestaltung des Verkehrshofes mit nicht mehr zeitgemäßer reiner Seitenentladung
- unattraktive Arbeitsplätze

Die Geschäftsleitung entschied darauf hin diese Situation durch eine Neuorganisation der Logistik in diesem Bereich entscheidend zu verbessern. Zielsetzung war es, die obengenannten Mängel zu beseitigen.

Schwierig war hierbei vor allem, daß das Projekt bei laufenden Produktionsbetrieb und weitgehender Beibehaltung der vorhandenen Gebäudesubstanz innerhalb eines knapp gesetzten Terminplanes und vorgegebenen Budgets realisiert werden mußte.

Gemäß dem ganzheitlichen Denkansatz, daß die Logistik von nahezu allen Unternehmensbereichen beeinflußt wird, sind diese von Anfang an in die Logistikanalyse eingebunden gewesen. Diese Vorgehensweise hat sich im nachhinein als richtig erwiesen, da viele Optimierungsmaßnahmen sonst nicht transparent geworden wären. Die Liste der begleitenden Optimierungsmaßnahmen kann nur unvollständig aufgelistet werden.

- Beschränkung auf die fertigungstechnischen Kernkompetenzen und Aufbau von Systemlieferanten unter Einhaltung neuer Qualitätssicherungsvereinbarungen
- Segmentierung der Fertigung mit Integration der bisherigen zentralen Bereiche der AV, der Materialwirtschaft und der Qualitätssicherung, d.h. Bildung sog. Fraktale
- Einführung neuer flexibler Montagesysteme
- Einführung neuer Arbeitszeitmodelle
- Qualifizierung der Mitarbeiter im Rahmen der Gruppenarbeit
- Neue Behälterkonzeption
- Einführung einer konsequenten Kunden-Lieferantenbeziehung
- Optimierung des Materialflusses nach dem Pull-Prinzip
- Optimierung des Dispositions- und Fertigungssteuerungssystemes im Rahmen der Migration des bestehenden SAP/R2 Systems RM-Mat und -PPS in die neue Client-Server Welt SAP/R3 MM und PP
- Einführung des Lagerverwaltungssystems SAP/R3 LVS (WM-Modul)
- Einführung von Beschaffungsteams

3. Lösungskonzept und Realisierung

Grundlage der Konzeption bildete die Analyse des Materialflusses und die Anforderungen der nächsten 5 Jahre. Dabei wurde deutlich, daß der augenblickliche Standort des Wareneinganges aufgrund seiner zentralen Lage in der Fabrik auch mit der neuen Fabrikstruktur mit seinen 4 Fraktalen - Endmontage, Motorenfertigung, Gehäusefertigung und Stahlbearbeitung - gut harmonieren würde.

Das zweigassige vollautomatische Palettenhochregallager wurde neu gebaut und dient als Pufferlager für die Teileversorgung der Produktion und der Montage. Das Lager wurde als selbsttragende Stahlkonstruktion in Silobauweise ausgeführt. Es ist ca. 70m Lang, 19m hoch und 10m breit. Sein Fassungsvermögen beträgt ca. 3.400 Paletten und Gitterboxen im Euro-Maß.

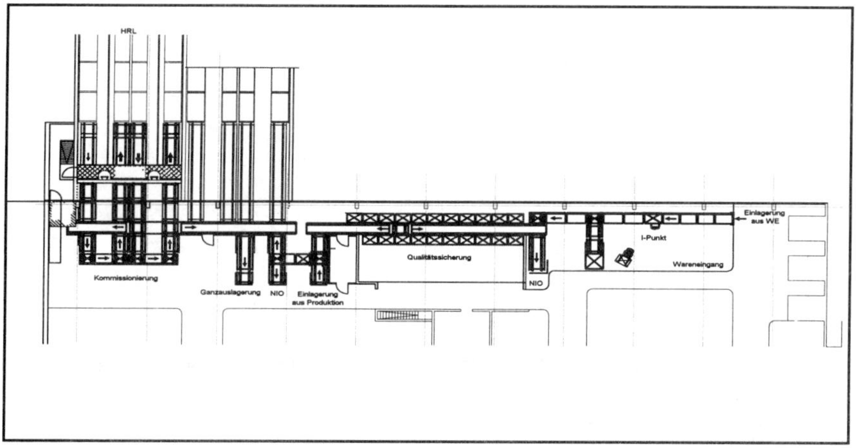

Bild 1: Vorzone des automatischen Hochregallagers mit Wareneingang, Wareneingangsprüfung und Kommissionierplätzen

Die Realisierung wurde bei laufender Produktion durchgeführt. Im Januar ´95 wurde die bestehende Halle freigemacht, indem das bisherige Rohmateriallager und der Wareneingang mit der Wareneingangsprüfung an einen anderen Standort verlagert wurde. Um die Versorgung der Fertigung und der Montage während der Bauphase aufrecht erhalten zu können wurde mit angemieteten LKW´s der Materialtransport zwischen den einzelnen Werken vorgenommen.

Im Februar '95 wurde die Wareneingangshalle umfangreich saniert. Parallel dazu begannen auch die Arbeiten am neu zu errichtenden Hochregallager. Bereits im September ´95 konnte der Wareneingang und die Wareneingangsprüfung in das neue WE-Logistikzentrum einziehen. Die Inbetriebnahme des Hochregallagers mit umfangreichen Tests und Verfügbarkeitsprüfungen konnte im Oktober ´95 erfolgen. Anfang Dezember '95 konnte dann das neue Palettenhochregallager mit der entsprechenden Vorzone und der angeschlossenen Fördertechnik dann in Betrieb gehen.

Dank der sehr engagierten und kooperativen Zusammenarbeit aller am Projekt beteiligten Partner konnte das Projekt in einem Zeitraum von nur 10 Monaten realisiert werden.

4. Nutzen

Mit der Restrukturierung der Logistik konnten im Zusammenspiel aller aufgeführten Maßnahmen folgende Ergebnisse erreicht werden.

- Bestandsabbau bei Rohmaterial, Teilen, Baugruppen und Fertigwaren
- Erhöhung der Bestandssicherheit und Einführung der permanenten Inventur
- Drastische Reduzierung der Durchlaufzeiten in der Fertigung und Montage
- Verkürzung der Lieferzeiten und damit Erhöhung der Reaktionsgeschwindigkeit auf Marktschwankungen
- Optimierung des Personaleinsatzes
- Erhöhung der Transparenz durch Verbesserung der Informationsverarbeitung und -bereitstellung
- Insgesamt eine erhebliche Verbesserung der gesamten betrieblichen Ablauforganisation auch über die logistischen Bereiche hinaus
- Freisetzung von vorhandener Fläche für die Absicherung des Unternehmenswachstums bei den vorhandenen eingeschränkten Erweiterungsflächen und damit Absicherung des Unternehmensstandortes.

Mit der Neustrukturierung der Logistik ist man auch in der Informationstechnik neue Wege gegangen. Mit der erfolgreichen Realisierung dieses vollautomatischen Palettenhochregallagers gelang es zum ersten Mal eine prozessrechnergesteuerte Lager- und Fördertechnik an ein SAP/R3 LVS System (WM Modul) anzuschließen.

5. Schnittstelle SAP R/3 - VIAWARE

Die SAP AG ist der führende Anbieter integrierter betriebswirtschaftlicher Anwendungen. Das System R/3 bietet eine Standardsoftware auf Basis einer Client-Server Architektur. Es werden Module für Produktion, Materialwirtschaft, Vertrieb, Qualitätsmanagement, Instandhaltung und Projektmanagement angeboten.

Innerhalb des SAP-Moduls MM-Materialwirtschaft, das u.a. alle Vorgänge zur Materialplanung, Materialbeschaffung und Bestandsführung abdeckt, bietet SAP auch das Modul MM-WM für die Lagerverwaltung an. Damit können komplexe Lagerstrukturen definiert und verwaltet werden. Dieses Modul ist der Anknüpfungspunkt für die Integration von unterlagerten Subsystemen für die Lagersteuerung und mobile Datenerfassung in SAP und z.B. Haushahn Automationssysteme VIAWARE.

Bei Kunden, die SAP R/3 für die Materialwirtschaft im Einsatz haben, wird häufig für die Verwaltung der manuellen Lager (Blocklager, Staplerlager, etc.) das SAP Modul MM-WM (Lagerverwaltung) bereits eingesetzt. Sollen in dieses System automatische Lagersysteme (Hochregallager z.B. für Paletten und Gitterboxen, Kleinteilelager für Behälter oder Tablare) integriert werden, so muß als erster Schritt generell festgelegt werden, auf welcher funktionalen Ebene die verschiedenen Verwaltungs- und Steuerungsfunktionen abgebildet werden (Bild2).

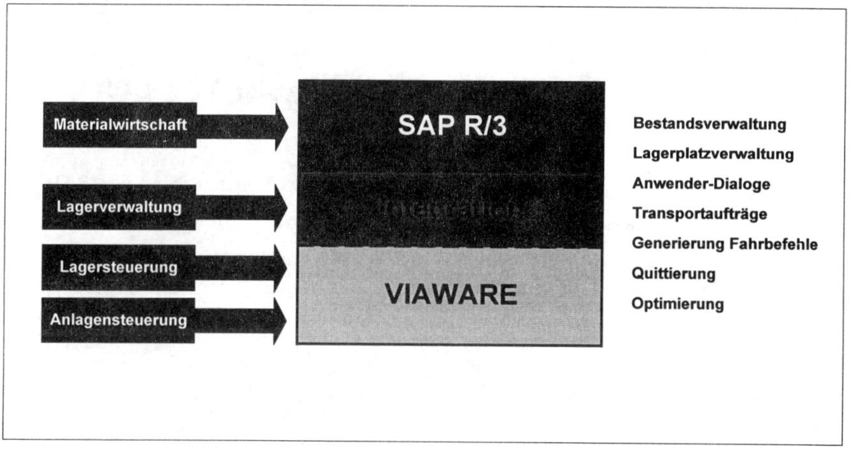

Bild 2: Integration eines Logistiksystems in SAP R/3

Zur Verwaltung und Steuerung von automatischen Logistiksystemen wird in aller Regel ein autarkes Verwaltungs- und Steuerungssystem wie z.B. Haushahn Automationssysteme VIAWARE eingesetzt. In Verbindung mit SAP R/3 muß hier die Zuordnung der Funktionen zwischen SAP und dem Subsystem getroffen werden.

Für die Anbindung von Automatiklager an SAP R/3 gibt es drei prinzipielle Szenarien /1/:

In Variante 1 erfolgt die gesamte Lagerverwaltung und Lagerplatzvergabe in SAP R/3 WM. Ein unterlagerter Lagersteuerrechner führt die Transportaufträge aus und quittiert deren Ausführung an WM (Bild 3a).

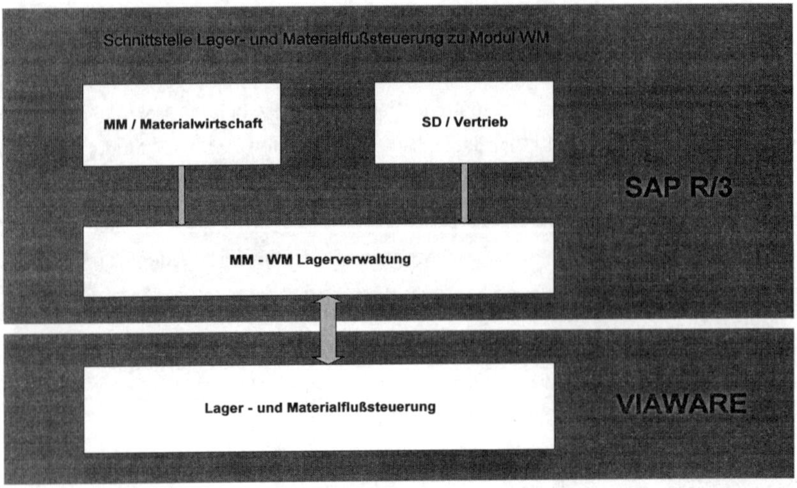

Bild 3a: SAP mit integrierter Lagerverwaltung im WM-Modul

In Variante 2 erfolgt die Lagerverwaltung und -steuerung für ein bestimmtes Lager (z.B. ein hochdynamisches Kleinteilelager) im Subsystem. Die Anbindung erfolgt aber weiterhin an das WM-Modul von SAP R/3. Dort werden z.B. zusätzlich manuelle Lagerbereiche mit geringeren zeitlichen Anforderungen verwaltet (Bild 3b).

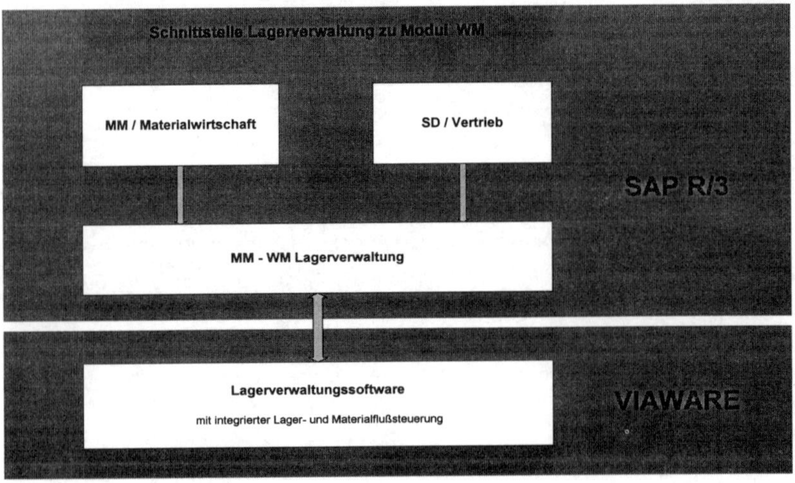

Bild 3b: SAP R/3 mit integrierter Lagerverwaltung im WM-Modul

In Variante 3 wird ein vollständig eigenständiges Lagerverwaltungssystem (LVS), welches z.B. exakt auf die spezifischen Bedürfnisse des Kunden zugeschnitten ist, an SAP R/3 angebunden. Die Schnittstelle erfolgt hier direkt zu den Modulen MM/Materialwirtschaft und SD/Vertrieb (Bild 3c).

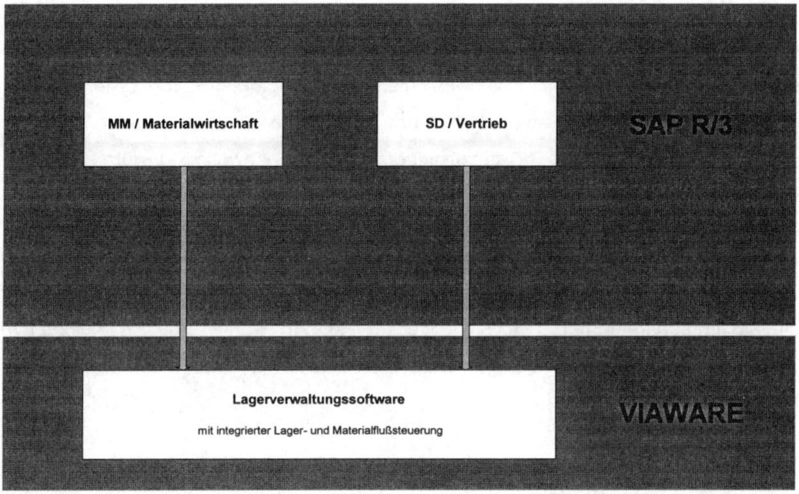

Bild 3c: SAP R/3 mit externer Lagerverwaltung

Für alle drei Varianten sind von SAP ab Release 3.0 Standarddatensätze (IDOC´s) für den Informationsaustausch mit den jeweiligen Modulen des SAP R/3 definiert.

Bei einem vollautomatischen Lager müssen einerseits die Gesamtheit des Lagers und andererseits die Spezifikationen der Lagerautomatik betrachtet werden, um zu entscheiden, wie sinnvollerweise die Funktionsverteilung zwischen WM und Fremdsystemen erfolgen soll. Es gibt keine pauschale Lösung für die Funktionsverteilung; sie muß kundenindividuell bzw. projektspezifisch betrachtet werden.

Im Projekt Metabo hatte eine durchgängige Verwaltung aller Lager mit einheitlichen Anwenderdialogen an den Arbeitsplätzen sowie der Einsatz einer Release-fähigen Software höchste Priorität bei der Entscheidung für eine der drei Varianten. Da darüber hinaus die

Anforderungen an das Echtzeitverhalten in einem Palettenlager nicht sehr hoch sind, fiel die Entscheidung das Lager auf Basis der Funktionsverteilung der Variante 1 auszuführen.

Für die Einführung der SAP-Lagerverwaltung und die Anbindung der Subsysteme - von der Beratung bis zum Customizing - ist vor allem ein breites Wissen über die Zusammenhänge und Abläufe innerhalb eines Lager- und Logistiksystems über alle Steuerungsebenen erforderlich.

Seit Jahren wird bei Metabo zur Abwicklung der Geschäftsprozesse das SAP System R/2 eingesetzt. Wie bereits erwähnt, entschloß man sich bei Metabo zur Erhöhung der Bestandssicherheit und zur besseren Nutzung der Lager für die Verwaltung der Hochregallager auf das System R/3 umzusteigen. Als erste Anwendung wurde die R/3-Lagerverwaltung als dezentrales System unter R/2 eingeführt.

Durch die Haushahn Automationssysteme erfolgte das sogenannte Customizing des R/3-Moduls MM-WM (Lagerverwaltung) und das Einrichten der Schnittstelle zur Lagersteuerung. In enger Zusammenarbeit mit dem Anwender-Projektteam wurde eine Feinkonzeption erarbeitet und die folgende Funktionsaufteilung zwischen SAP R/3 und dem Lagersteuerrechner VIAWARE erarbeitet.

Die Verwaltung der Bestände und des Lagerabbilds erfolgt in R/3-WM. Dort erfolgt die Ermittlung der Lagerplätze und die Erstellung der Lagerbewegungen. Alle Dialoge zur Ein- und Auslagerung und Kommissionierung werden aus SAP angestoßen und basieren auf den Standardtransaktionen der SAP-Lagerverwaltung.

Die Lagersteuerebene setzt die Abläufe in der Prozeßebene um und bietet spezifische Optimierungs- und Notstrategien für das automatische Lagersystem, wie z.B. Generierung von Fahrbefehlen für die Regalbediengeräte und die Fördertechnik. Im einzelnen ist die Funktionsaufteilung wie folgt:

Funktionen im SAP R/3 - WM

- Stammdatenverwaltung
- Bestandsverwaltung
- Lagerplatzverwaltung und Lagerplatzvergabe
- Bildung von Transportaufträgen und selektive Übertragung an den LSR
- Quittierung von Transportaufträgen im Dialog bzw. durch LSR
- Anwenderdialoge an den Arbeitsplätzen (WE, I-Punkt, QS, K-Platz)
- Belegdruck
- Exception-Handling (Fach leer/belegt, Gasse sperren/freigeben, NIO, Nulldurchgang, Datenabgleich)
- Schnittstelle zu SAP R/2

Funktionen VIAWARE - LSR

- Verwaltung der Pufferplätze im QS-Bereich
- Generierung von Fahrbefehlen zu Transportaufträgen
- Auslastungsoptimierte Zuordnung der LE zu den K-Plätzen
- Materialfluß-Optimierung (Auftragsreinheit, etc.)
- Quittierung der Transportaufträge im LVR
- Zielverfolgung der Paletten auf der Fördertechnik
- Quittierung der Transportaufträge im LVS
- Anbindung der unterlagerten Steuerungen (RBG / FT)
- Statusmeldungen zur Anzeige im R/3
- Exception-Handling (Fach leer/belegt, Gasse sperren/freigeben, NIO, Nulldurchgang, Datenabgleich)
- Anlagenvisualisierung
- Notbetrieb (Halbautomatik)

6. Rechnerkonzept

Im Projekt wurde über alle Rechnerebenen modernste Informationstechnik eingesetzt. SAP/R3 ist als Client-Server Anwendung installiert. Als Server werden leistungsfähige HP-Unix-Rechner eingesetzt. Als Clients kommen sowohl PC als auch X-Terminals mit jeweils der gleichen Benutzeroberfläche zum Einsatz. Der Server besitzt seinerseits die Schnittstelle zum SAP R/2-System. Der Lagersteuerrechner ist auf einer Workstation vom Typ HP 715 mit dem Betriebssystem Unix implementiert. Die Kommunikation zwischen den Rechnern sowie die Anbindung der Peripherie (Drucker, Scanner, usw.) erfolgt über ein TCP/IP Ethernet Netzwerk. Die Anbindung der unterlagerten SPS-Steuerungen der Regalbediengeräte und der Vorzonenfördertechnik sowie die Integration der dezentralen Ein- und Ausgangsmodule erfolgt über den genormten Profibus (Sinec L2) in den Ausprägungen FMS und DP.

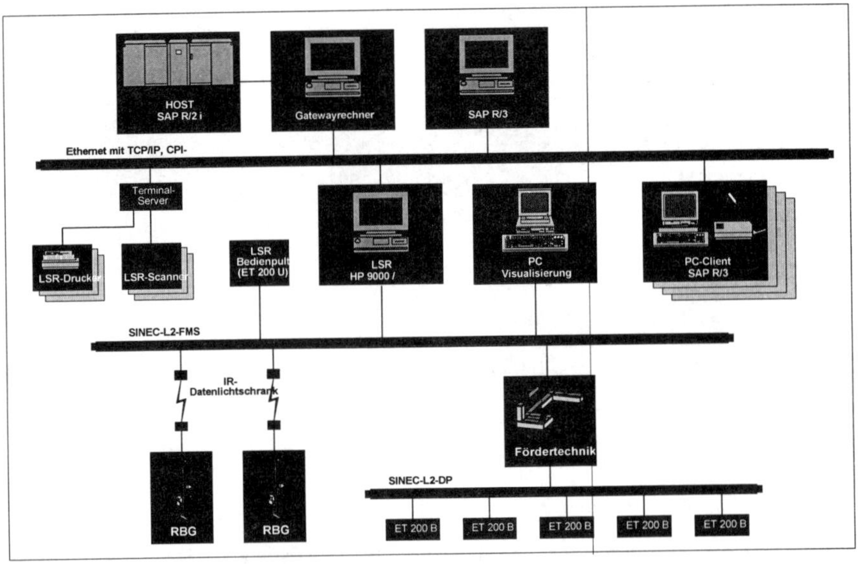

Bild 5: Hardwarekonfiguration bei Fa. Metabo

Zur schnellen Lokalisierung von Störungen kommt das Haushahn Visualisierungs- und Diagnosesystem zum Einsatz. Dieses beschleunigt die Suche nach Störungen und reduziert dadurch Stillstandszeiten der Anlage erheblich. Tritt eine Störung in der Anlage auf, wird diese grafisch mit Anzeige des Störungsorts in der Anlage angezeigt (z.B. Spaltfehler RBG,

Bild 6). Zusätzlich bekommt der Benutzer über die integrierte On-Line-Dokumentation zu jeder Störung eine ausführliche Störungsbeschreibung, Angaben zur Fehlerursache und Vorschläge zur Störungsbehebung (Bild 7).

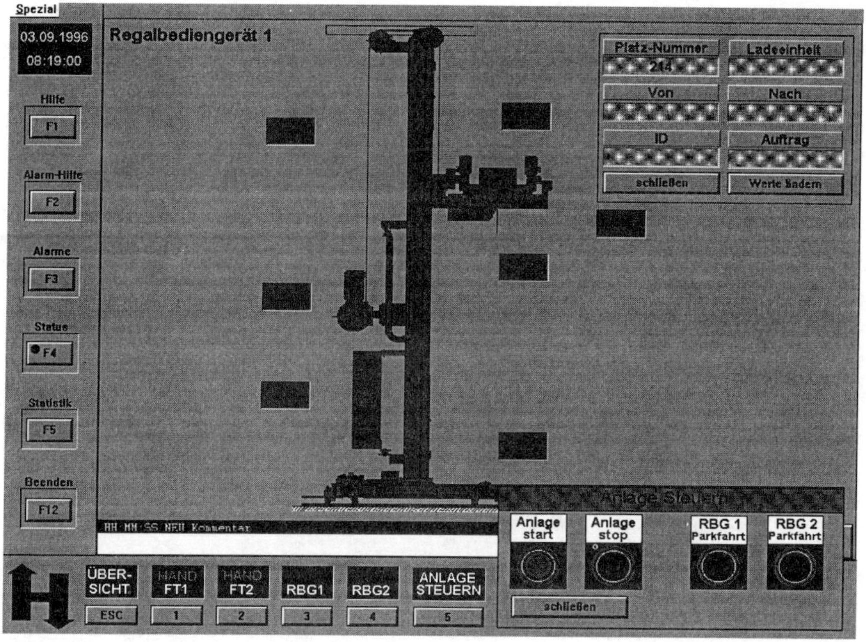

Bild 6: Anzeige Störungsdiagnose am Beispiel Regalbediengerät

Neben der Störungsdiagnose stehen umfangreiche Statistik- und Hilfefunktionen zur Verfügung. Es werden alle relevanten Anlagenstati sowie Belegtzustände von Lichtschranken usw. angezeigt. Die Störungsstatistik ermöglicht ein Auflisten der Fehler nach Datum, Anlagenbereich, Uhrzeit, Störungsart, usw. Darüber hinaus beinhaltet es Funktionen zum Steuern der Anlage, zur Korrektur von Datensätzen sowie zum Quittieren von Störungen.

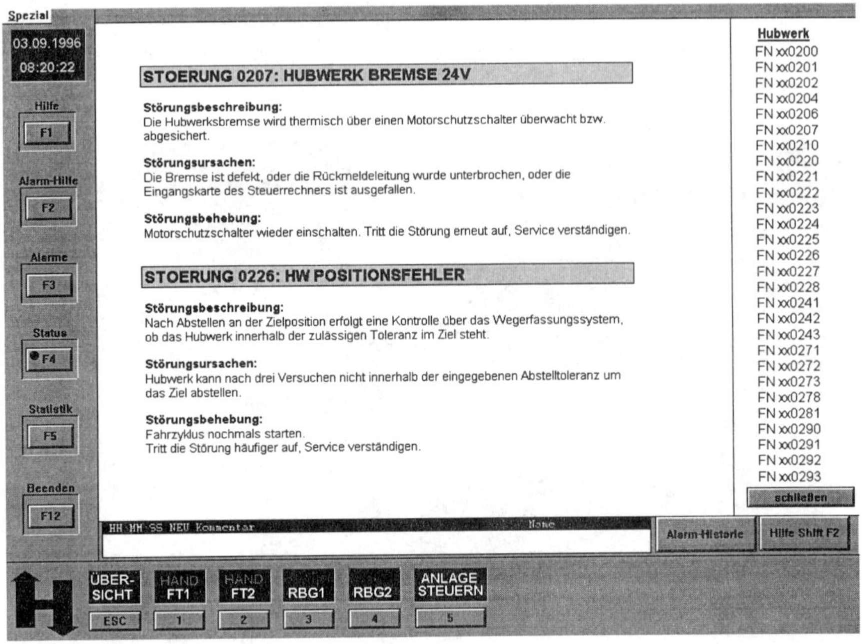

Bild 7: Hilfe-System zur Störungsbehebung

7. Fazit

Der durchgeführte und zum Teil noch laufende Reengineering Prozess in der Logistik und in anderen Bereichen des Unternehmens führte zu einer deutlicher Verbesserung der Kundenorientierung und Marktnähe und somit zu einer Sicherung des Wettbewerbsfähigkeit. Die Lücke zwischen der benötigten Reaktionszeit einerseits und der vom Markt geforderten Reaktionszeit andererseits wurde bei wachsender Komplexität und zunehmender Dynamik verringert. Es hat sich als besonders wichtig erwiesen, die einzelnen Maßnahmen nicht isoliert zu betrachten, sondern in einer unternehmensinternen wie auch -externen Integration entlang der logistischen Kette zu entwickeln. Diese ganzheitliche, integrative Gestaltung der Logistik hat zur Folge, daß die inneren und äußeren Unternehmensstrukturen im Rahmen der globalen Wirtschaftssysteme kunden- und marktorientiert angepaßt werden können. Durch die Konzentration auf die Kernkompetenzen und die Schlüsselprozesse können wettbewerbsentscheidende Stärken weiter ausgebaut werden.

Als eines der ersten Projekte in Deutschland wurde durch die C. Haushahn Automationssysteme GmbH & Co. KG, Stuttgart, das automatische Hochregallager zur Versorgung der Fertigung und Montage mit Roh- und Halbfabrikaten bei der Fa. Metabo in Nürtingen vollständig in SAP R/3 integriert. Der wesentlichste Vorteil dieser Konzeption ist eine einheitliche Verwaltungssoftware und Benutzeroberfläche in allen Lagern.

Die Durchlaufzeiten im Wareneingangsbereich wurden erheblich reduziert. Damit können Materialien schneller für die Produktion bereitgestellt werden. Die Bestandssicherheit wurde erhöht und der Inventuraufwand reduziert. Letztendlich hat man mit dem neuen Logistiksystem eine erhebliche Flexibilitätssteigerung in der Produktion erreicht.

Die überdurchschnittliche Termintreue bei der Einhaltung von Eckterminen bei einem derartig komplexen Projekt und dem sehr engen Terminplan (Bild.8) ließ dem Betreiber keinen Grund zur Klage.

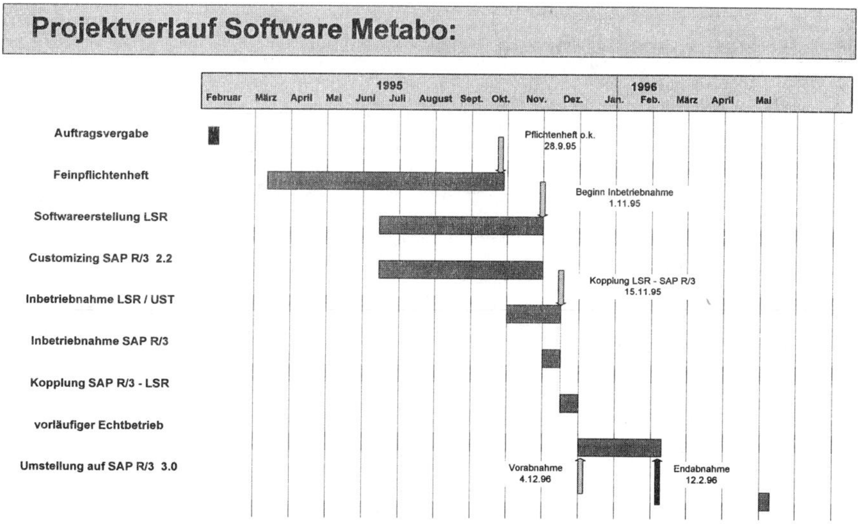

Bild 8: Terminplan Projektverlauf

Im Dezember 1995 ging das Hochregallager planmäßig in Betrieb und erreichte bereits nach kurzer Zeit die gewünschte Verfügbarkeit und Leistung.

Literaturverzeichnis

/1/ Schnittstelle MM-MOB und WM-LSR Dokumentation SAP R/3 Release 3.0

/2/ Pressetext Metabo

Bilder: C. Haushahn Automationssysteme GmbH & Co. KG, Stuttgart

Ein modernes Logistikzentrum für LEGO Deutschland

Hilmar Scheinpflug, Hohenwestedt

Einleitung

Die LEGO GmbH ist als Vertriebsgesellschaft nunmehr seit 40 Jahren erfolgreich auf dem deutschen Markt tätig. Sie bedient alle Distributionsschienen mit dem LEGO Sortiment.

Die Anforderungen der Kundschaft haben sich in den letzten 5 Jahren stark verändert, die Warenbevorratung wurde zurückgefahren, die Auftragsvergabe erfolgt aufgrund moderner Warenwirtschaftssysteme abverkaufsorientiert und "Just-in-Time" Lieferungen sind Idealziel.

LEGO hat diese Veränderungen im Markt früh erkannt und sich auf eine veränderte Saisonalität eingestellt. Zusammen mit Vanderlande Industries wurde ein Konzept entwickelt, das in der Lage ist, die Veränderungen in Auftragsanzahl, Auftragsstruktur und Saisonalität aufzufangen und der Kundschaft ein optimales Serviceangebot anzubieten.

LEGO

Die LEGO GmbH

- Vertriebsgesellschaft für LEGO in Deutschland im schleswig-holsteinischen Hohenwestedt, Kreis Rendsburg-Eckernförde

- 100 % iges Tochterunternehmen der dänischen LEGO Gruppe
  - Sitz in Billund
  - Weltweit 8.900 Mitarbeiter, davon 4.200 in Billund

- Die LEGO GmbH ist umsatzmäßig in Europa die größte Vertriebsgesellschaft und beschäftigt ca. 300 Mitarbeiter

- 10.000 Verkaufsstellen in Deutschland werden von ca. 50 Außendienstmitarbeitern betreut

- Das Sortiment unterteilt sich in die 3 Produktlinien: LEGO DUPLO, LEGO System und LEGO Technik und umfaßt insgesamt 250 Artikel

- Nach dem Motto "Nur das Beste ist gut genug" stellen wir höchste Ansprüche an Qualität (nach der Qualitätsnorm ISO 9000), Produktsicherheit und Umweltschutz

Aktuelle Projekte:
abgeschlossen bzw. in Vorbereitung

- **Optimierung der Logistikprozesse: Hohe Investition in ein modernes Distributionszentrum**
- **Unter dem Motto "Fit für die Zukunft" wird sich LEGO im Rahmen eines Projektes noch stärker am Markt orientieren und die Unternehmensorganisation an künftige Herausforderungen anpassen**

Rahmendaten

⇨ LEGO GmbH in Hohenwestedt ist Distributionszentrum für Deutschland

⇨ Ca. 10.000 Kunden bundesweit
FEH, Kauf- und Warenhäuser, SB- Märkte, Versandhandel

⇨ Bestelltakte werden kürzer (WWS)

⇨ 200.000 Rechnungen pro Jahr:
- 130.000 Standard-Aufträge
- 70.000 Neuheiten, Aktionen

⇨ Auftragsstrukturen schwanken :
- Anbruchmengen, - Originalkartons
- artikelreine Paletten,
- Komplett LKWs/Waggons

⇨ 60 % der Aufträge in den Monaten September bis Dezember. Tendenz steigend!

⇨ Versand: 65 % DB, 25 % LKW, 10 % div.

LEGO Warum eine neue Distributionsanlage ?

1. Der Markt erfordert Qualitätsverbesserungen:
   - ein schnellerer Auftragsdurchlauf
   - die wenigen Kommissionierfehler vollständig vermeiden
   - ein besserer Warenfluß
   - Auftragsverfolgung

2. derzeitige Kapazität
   - hohe Arbeitsbelastung in der Hauptsaison (2. Schicht, Samstagsarbeit)
   - keine Reserven für Spitzenzeiten
   - lange Durchlaufzeiten bei Kleinaufträgen
   - Gedränge im Hochregallager und im Kommissionierbereich

3. Alter der installierten Anlage
   - 1/3 von 1978
   - 1/3 von 1982
   - 1/3 von 1987

   Sequenzielle Bearbeitung der zur Auslieferung anstehenden Aufträge.

Anforderungen an eine neue Anlage

1. Servicegrad erhöhen
   - Aufträge schneller bearbeiten
   - Kommissionierfehler völlig vermeiden
   - Auftragsverfolgung gewährleisten
   - Kundenindividuelle Wünsche absichern

2. Kapazitäten für die Zukunft
   derzeitiger Umsatz: 28 Mio Schachteln p.a.
   im Jahr 2000: 36 Mio Schachteln p.a.
   Saisongeschäft: von 15 % auf 20 % des Jahresumsatzes pro Monat

3. Optimierung der Arbeitsabläufe
   Projket "Fit für die Zukunft"

4. Flexibilität
   - für Klein- und Großaufträge
   - für Eilaufträge
   - für Mehrwegsysteme
   - für Personaleinsatz, Personalbedarf
   - Veränderung der SI-Struktur

Organisatorische Zielsetzungen bei Einsatz einer modernen Kommissionier- und Packanlage

Ziele:

- Reorganisation und Optimierung der Arbeitsprozesse in Kommissionierung, Packerei und Abfertigung

- Erhöhung der Kapazität durch Batch-Auftragshandling anstelle sequenziellen Auftragshandlings

- Höhere Geschwindigkeit in der Auftragsabwicklung

- Sicherstellung einer kontinuierlichen Auftragsverfolgung

Funktionsprinzip der Kommissionier- und Packanlage

⇨ bisher
- Vorfakturierung
- Erstellung aller Versandpapiere über HOST
- manuelles Kommissionieren und Packen

⇨ neuer Ablauf ab 1.8.1996:
- Vorfakturierung
- Zusammenfassen von einzelnen Aufträgen zu Auftragsblöcken (Batchverarbeitung)
- Blockkommissionierung der benötigten Original- und Anbruchmengen
- Zwischenlagerung der Originalkartons in zwei Rota Stores
- Vereinzelung der Anbruchmengen über einen Kippschalensorter
- Packen der Anbruchkartons
- Zuführung der Anbruchkartons zu den wartenden Originalkartons in den Rota-stores
- automatischer Abzug der Aufträge und Verladung

Layout für die Kommissionier- u. Packanlage

Layout:

Die Anlage besteht aus vier Komponenten, die durch Fördertechnik miteinander verbunden sind und durch Rechner gesteuert werden:

- Kommissionierung in 4 Gassen
- Sortier-Maschine mit 6 Aufreißstationen
- Rota-Store 1 und 2
- Abfertigung

Definition des Transportgutes:

- Schachtel
- Tray
- Modul
- Anbruchkarton
- Originalkarton
- Collico-Mehrweg-Box
- Kunststoff-Transportbehälter

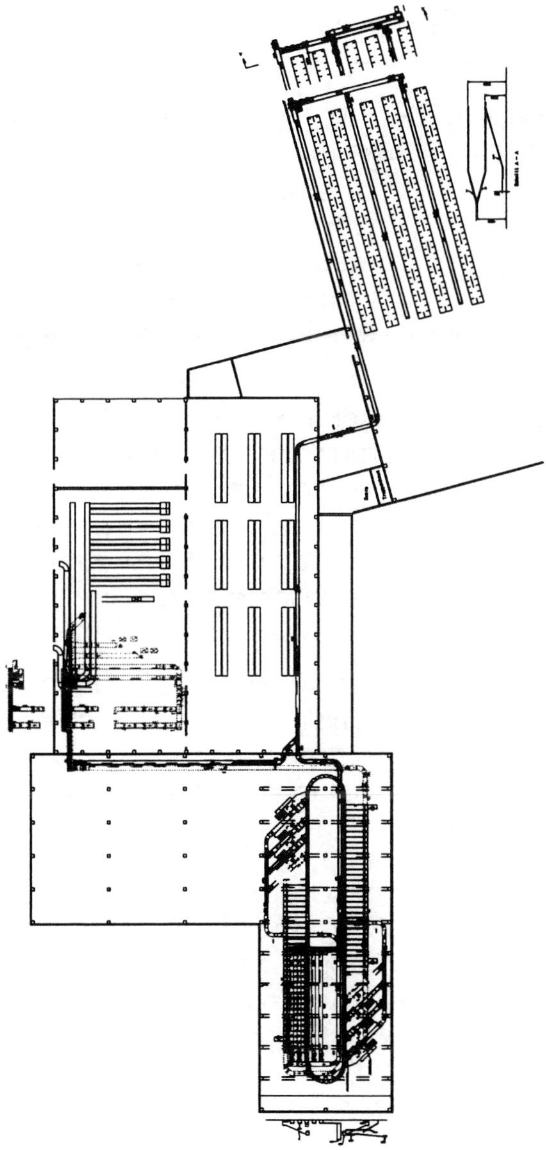

Mengengerüst Kommissionier- u. Packanlage

1. Kommissionierbereich:

- mindestens 2.000 Einheiten/Std. (Originalkartons, Kunststofftransportbehälter, Kartons mit losen Schachteln) müssen kommissioniert und auf der Förderstrecke abtransportiert werden.
  Richtung-> Sorter bzw. Rota-Store

2. Sortier-Maschine:

- mindestens 11.000 Schachteln/Std. muß der Sorter in 60 Auftragsrutschen verteilen
- mindestens 700 Anbruchkartons/Std. müssen vom Sorter zum Rota-Store transportiert werden

3. Rota-Store:

- mindestens 1.700 Kartons/Std. (Original oder Anbruch) müssen vom Rota-Store ein- und ausgelagert werden

4. Abfertigung:

- mindestens 1.700 Kartons/Std. (Original oder Anbruch) müssen die Transportstrecken vom Rota-Store zur Verladung übernehmen und abtransportieren können

Simulationen Kommissionier- und Packanlage

Simulation:

Fa. Gambit und SDZ Dortmund haben verschiedene Originalfakturierungen von August bis November 1994 auf Layout-Basis simuliert.

Hauptergebnisse:

1. LEGO GmbH hat große Unterschiede innerhalb der Fakturierierungen in:
   a) Anzahl Aufträge
   b) Anzahl Artikelpositionen
   c) Anzahl Anbruch
   d) Anzahl Originalkartons

2. Es besteht eine hohe Abhängigkeit und Sensibilität zwischen den Projekt- Komponenten Kommissionierung, Sorter, Rota-Store, Abfertigung

3. Aufträge mit Pallettenanteil müssen direkt zur Abfertigung gelangen. Aufträge mit über 400 Originalkartons dürfen nicht über den Rota-Store abgewickelt werden. Nur der Anbruch!

Simulationen Kommissionier- und Packanlage

4. Im Kommissionierbereich Gasse 1-4 sollten die Artikel nach Umschlagshäufigkeit sortiert sein
   Gasse 5 ist nicht ausgelastet
   (Serviceartikel)

5. Sorterbelegung zeigt Spitzenbelastung im 8-Std-Betrieb. 12-Std-Betrieb ist in Saison angezeigt!
   Ein Auftrag wird in maximal 3 Auftrags- rutschen abgefertigt. Ein Überlauf gelangt in Rutsche 1.
   Artikelreine Sortierung ist in Gefahr!

6. Rota-Store 2 (Originalkartons) zeigt Spitzenbelastung. Es gelangen Kartons in die Freifläche.
   Rota-Store 1 (vorw. Anbruchkartons) und Rota-Store 2 (vorw. Originalkartons müssen multifunktional und gegenseitig verfügbar sein.

Fazit:

- Simulationen bestätigen weitgehend Konzeption und Layout
- Feinjustierungen müssen vorgenommen werden
- Projekt erhält "Grünes Licht" und geht in die Umsetzung

Installation der Kommissionier- und Packanlage

- Generalunternehmer
  Fa. Vanderlande Industries
- Sortier-Maschine
  Kippschalensorter Fa. Eisenmann
- Subunternehmer für Rota-Stores
  Fa. PSP
- Subunternehmer für Rechnerebene
  und Software Fa. Gambit
- Bau der Anlage 1995/96
- Testlauf März, April, Mai 1996
- Übernahme der Anlage Juni 1996
- Produktionsaufnahme 1.8.1996
- Verfügbarkeit der Anlage z.Zt. 94 %

Installation der Kommissionier- und Packanlage

Erfahrungen:

- Anlaufschwierigkeiten bei der Prozeßintegration mit Software und Rechnerebene

- Feinjustierungen in der Fördertechnik und im Rota-Store-Bereich bedingt durch breites Fördergutspektrum (Unterschiede der LEGO Produkte

- Probleme im Anlagenmanagement und Schulung der MA im laufenden Betrieb und Testbetrieb (Alte Anlage, Neue Anlage)

- Hoher Aufwand für technische Betreuung im kaufmännischen Unternehmen

- Bestätigung des Konzepts in einem veränderten Markt, Auftragsanzahl steigt, Auftragswert fällt

LEGOs Materialfluß-Konzept: „So modular wie die Bausteine"

Wolfgang Schwarzer, Mönchengladbach

Einleitung

Mitte März 1995 erteilte die LEGO GmbH in Hohenwestedt den Auftrag für das neue Warenverteil- und Versandsystem an die Vanderlande Industries GmbH in Mönchengladbach als Generalunternehmer.
Die Projektlaufzeit war auf eine Laufzeit von 14 Monaten festgelegt, die Übergabe des Systems erfolgte im Mai 1996 und der Terminplan beinhaltete folgende Meilensteine:

Lego Milestones

Auftragsvergabe:	März 95
Mechanische Installation:	Okt. 95
Inbetriebnahme Förderer:	Dez. 95
LVR-Installation/ Inbetriebnahme:	Feb. 95
HOST-Anbindung:	März 96
Gesamtsystemintegration:	Apr. 96
Übergabe:	Mai 96

Der Auftrag enthielt u.a. die im folgenden aufgeführten allgemeinen Aufgabenstellungen:

1. Das komplette Versandlager mußte während der gesamten Integrationsphase lieferfähig bleiben.

2. Das bestehende Hochregalnachschublager für die Kommissionierung mußte während des normalen Betriebes in ein Pick-to-Belt-Kommissionierlager umgerüstet werden.

3. Die im Versand befindliche Kartonfördertechnik mußte ihre Funktion behalten, bis die Anbindung des neuen Versandbereiches mit entsprechender Fördertechnik integriert war.

4. Das hausinterne, vorhandene Warenwirtschaftssystem mußte auf die neuen geforderten Systemfunktionen vorbereitet werden.

5. Die Softwarefunktionen der neuen Versandlagerverwaltung mußten so ausgelegt sein, daß sie auch die zeitnahe Lagerplatzverwaltung und Bestandsführung manuell bedienter Lagerbereiche erlauben.

Die Entscheidungsphase

Vor der Vergabe des Auftrages an die Firma Vanderlande Industries führte die Lego GmbH einen mehrmonatigen Planungs- und Entscheidungsprozeß durch. Bei diesem Entscheidungsprozeß kristallisierte sich der Generalunternehmer Vanderlande Industries heraus, da hier ein ganzheitliches Konzept aus den derzeit auf dem Markt befindlichen, für dieses Anforderungsprofil am besten geeigneten Systemkomponenten der Anlage entworfen wurde.

Ist-Wert-Aufnahme

Ausgehend von den logistischen und strategischen Unternehmenszielen der Firma Lego wurde eine Istwertanalyse der internen Abläufe und vor allem der abzuwickelnden Aufträge durchgeführt. In mehrwöchiger Aufnahme der realen Auftragsstrukturen bildete sich speziell für den Bereich der Schachtelsortierung ein eindeutiger Trend heraus. Bei der Betrachtung der Auftragsstruktur, inklusive einer Teilsimulation zu diesem Bereich wurde deutlich, daß über eine Hochleistungssortierung von bis zu 10.000 Schachteln pro Stunde mittels eines Kippschalensorters die Anforderung an diese Schachtelsortierung der Firma Lego erfüllt wurde.

Bei dieser Schachtelsortierung ist gefordert, daß die Artikel der Reihe nach artikelrein in die Auftragsrutschen aussortiert werden, um dem Packer eine möglichst gleichförmige Struktur der Schachteln für den Packvorgang anzudienen. Desweiteren ist es wichtig, daß der Endkunde der Firma Lego keine bunte Mischung von Artikeln pro Lieferung erhält.

Anlagenbeschreibung

Die Gesamtanlage des Kommissionier- und Versandlagers besteht aus 4 wesentlichen Anlagenbereichen:

1. Kommissionierlager mit pick-to-belt
2. Schachtel-Sorter und Packbereich
3. Versandpuffer
4. Versand

Im nachfolgenden sind die einzelnen Bereiche näher beschrieben.

Bild 1: Simulation Schachtelsortierung

Bereich Kommissionierung

Im Kommissionierlager befinden sich zwei Module Paletten-Kommissionierregale. Beide Regalmodule haben jeweils zwei Gänge auf einem Niveau von 2.600 mm und 5.200 mm. Insgesamt werden in diesen Palettenregalen 320 Palettenkanäle angeboten, jeweils zwei Paletten hintereinander, von welchen kommissioniert wird. Auf der untersten Ebene wurde ein Freiraum vorgesehen, welcher für Fachboden- bzw. Durchlaufregalanlagen genutzt wird. Dieser Bereich kann aber auch zur manuellen Kommissionierung von Paletten dienen. Ebenso ist hier die spätere Erweiterung auf eine dritte Kommissionierebene auf der Ebene 0 möglich.

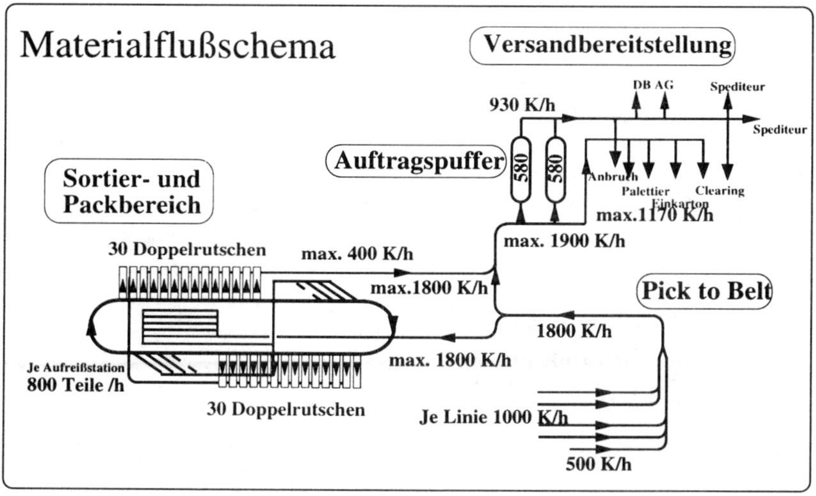

Bild 2: Materialflussdiagramm

Kommissionierung

Über das Lagerverwaltungssystem werden nach Aufbereitung der Batches die Versand-Etiketten im Kommissionierlager ausgedruckt. Zunächst werden die Etiketten für die Anbruchmengen gedruckt, z.B. 25 Einzelschachteln.
Diese Einzelschachteln werden entweder in einen Anbruchkarton oder aber in einen Behälter gelegt. Das Etikett wird am Behälter befestigt und am Schachtel-Sorter vor der Aufgabe der Schachteln eingelesen. Im Barcode dieses Etikettes sind die Artikelnummer sowie die Stückzahl verschlüsselt.

Nachfolgend wird für jeden zu entnehmenden Originalkarton ein Versand-Etikett erzeugt, unabhängig von der späteren Zuweisung entweder auf den Schachtel-Sorter oder direkt in das Auftrags-Zusammenführungslager. Die angesprochenen Etiketten für Originalkartons werden vom Kommissionierer vom Trägermaterial abgelöst und auf dem Originalkarton an einer definierten Stelle, auf der Oberseite des Kartons aufgeklebt.

Der Kommissionierer durchläuft, aufgrund der Anweisungen, die er den Pick-Etiketten entnimmt, das Kommissionierregal und hat nach vollständigem Durchgehen eines Ganges, das Batch abgeschlossen. Zu diesem Zeitpunkt müssen auch alle Etiketten, die er für dieses Batch erhalten hat, verbraucht sein, anderenfalls muß er eine Korrektur der kommissionierten Mengen

Bild 3: Versandetikett

vornehmen. Es wird davon ausgegangen, daß zu jedem einzelnen Artikel zuerst die Anbruchmenge und dann die Originalkartons genommen werden. Dies ist erforderlich, um eine möglichst zeitgleiche Zuführung der im Packbereich (Schachtel-Sorter-Bereich) entstehenden Pakete und der Originalkartons im Versandbereich zu erzielen.

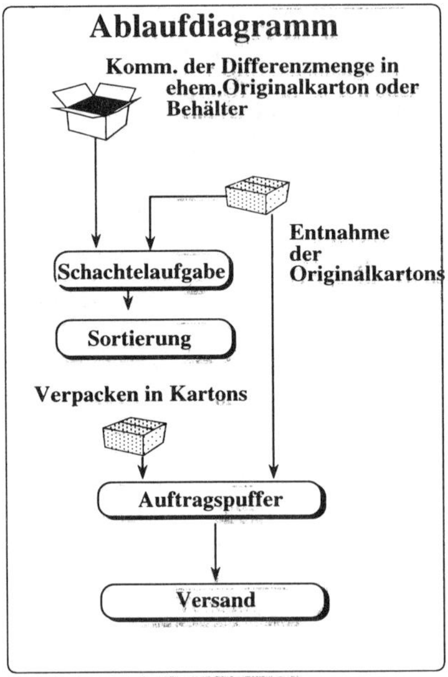

Bild 4: Ablaufdiagramm "Kommissionierung"

Zuführung zum Sorter

Anforderung: Dem Werker sind die Einzelschachteln zusammenhängend nach Artikeln anzudienen, um einen optimalen Füllgrad der Mischkartons (Versandkartons) zu gewährleisten. Desweiteren soll ein Artikel für einen Kunden nicht über mehrere Mischkartons gestreut zur Auslieferung kommen.

Die aus den einzelnen Kommissioniergassen kommenden Kartonagen sind mit Etiketten versehen, aus denen über eine Scannerlesung erkannt wird, um welchen Artikel es sich handelt. Aufgrund dieser Information ist es möglich, die Artikel in dem Schachtel-Sorter-Bereich vorgeschaltetem Staubahnhof bzw. Vorpuffer artikelrein einzuschleusen. Aus diesem Vorpuffer werden dann rechnergesteuert die erforderlichen Artikel abgezogen, um eine artikelorganisierte Sortierung der Einzelschachteln zu gewährleisten.

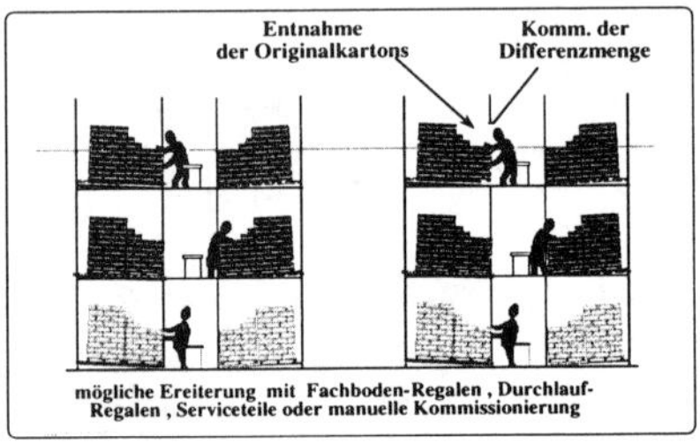

Bild 5: Kommissionierbereich

Aufreißstation vor Schachtel-Sorter

Die Restmengenkartonagen bzw. Originalkartons eines Artikels kommen zu den Aufreißstationen. Hier wird der Originalkarton geöffnet und die einzelnen Schachteln werden entnommen. Zur Organisation der Sortersteuerung wird jeweils die erste Schachtel durch einen Handscanner identifiziert, da im Rechner die jeweilige Menge der im Originalkarton befindlichen Schachteln hinterlegt ist. Handelt es sich um einen Restmengenkarton, müssen alle Schachteln durch den Handscanner erfaßt werden.

Die entstandenen Leerkartonagen oder auch Leerbehälter werden in eine Rutsche abgegeben und zur erneuten Verwendung entweder als Packmaterial oder manuell zur Kommissionierung zurückgeführt.

Sortierung (Schachtel-Sorter)

Der Sortersteuerung wird vom Leitrechner die Sortiertabelle für das nächste Batch übergeben. Aufgrund dieser Batchsortiertabelle wird die

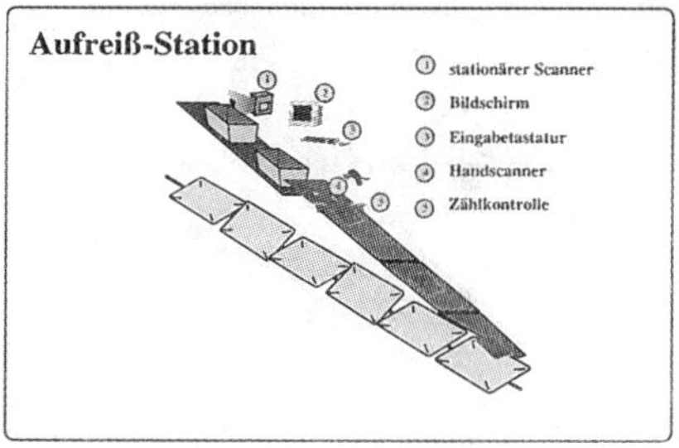

Bild 6: Aufreißstation

Abarbeitung der einzelnen Aufträge vorgenommmen. D.h., mit dem Anmelden der entsprechenden Schachteln bzw. Artikel an den Aufreißstationen wird die jeweils für den Auftrag erforderliche Artikelmenge artikelrein, und dies ist eine äußerst wichtige Aussage, in die einzelnen Rutschen aussortiert.

Packplatz

Der Packbereich besteht aus 59 Rutschen zuzüglich einer Clearingbahn, die sich an den Längsseiten des Sorters befinden. Die einzelnen Rutschen werden durch den LVR jeweils batchbezogen zu einzelnen Arbeitsbereichen zusammengefaßt. In jedem Arbeitsbereich befindet sich ein Rechner. Es gibt insgesamt 14 Packplatz-Rechner. Ein Arbeitsbereich kann standardmäßig aus 1 bis 5 Rutschen bestehen, im Sonderfall großer Lieferungen auch bis zu 10 Rutschen.

Über die angesprochenen Packplatz-Rechner erhält der Werker die notwendigen Informationen für den bevorstehenden Packvorgang.

Darüber hinaus befindet sich an jeder Rutsche eine Meldelampe zur Anzeige des Rutschen-status: "Rutsche voll", "Auftrag in Arbeit" und "Auftrag fertig" und ein Quittungstaster für die Auftragsabmeldung.

Nach Abschluß der Verpackung quittiert der Werker die Abarbeitung der einzelnen Rutschen mit dem Quittungstaster und folgende Papiere werden ausgedruckt.

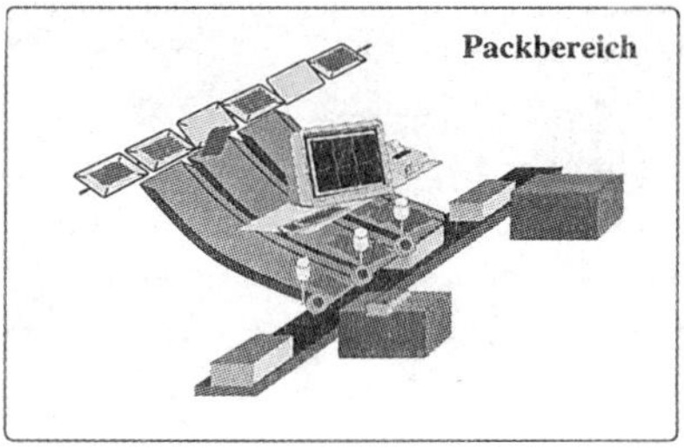

Bild 7: Packbereich

Rechnungen,
Lieferscheine,
Versandetikett,
mit Paketnummer auch als Barcode (je nach Frachtführer), Anschrift im Klartext, Lieferscheinnummer.

Die Anbruchkartons werden gepackt, Lieferschein und Rechnung werden beigelegt, das Paket wird mit Kontrollhinweisaufklebern und dem Hinweis Anbruchkarton versehen.

Auftrags-Zusammenstellungspuffer

Nach erfolgter Batchzusammenstellung erhält die Steuerung der Rotastores die Mitteilung über die Anzahl der im Batch enthaltenen Aufträge und der Frachtstückanzahl. Hierbei wird berücksichtigt, daß durch die Anbruchkartons immer ein Überhang pro Auftrag vorhanden ist. Die Steuerung der Rotastores optimiert nun die Einlagerungsebenen und Plätze für die unterschiedlichen Aufträge, um eine reibungslose Ein- und Auslagerung der fertigen Aufträge zu gewährleisten.

Die aus dem Kommissionierlager kommenden Originalkartons und aus der Sorterzone kommenden Anbruchkartons bzw. Kollikos werden vor der Ausschleusung zu den Rotastores auf dem Sorter nochmals gelesen und nach vorgegebener Strategie zu den Rotastores ausgeschleust. D.h., es können Kartons und Kollikos zu einem Auftrag über alle Ebenen in beiden Rotastores verteilt eingelagert werden, um einen schnellen, optimalen Abzug nach Fertigstellung des Auftrages zu erreichen. Ist ein Auftrag komplett eingelagert, erfolgt eine Rückmeldung und der Auftrag wird abgezogen.

Der Abzug der Aufträge erfolgt nicht batchbezogen, sondern lieferscheinbezogen, um Aufträge die über zwei oder mehrere Batches kommissioniert wurden, ganzheitlich abzuziehen.

Versandbereitstellung

Im neuen Versandbereich werden die einzelnen Kartons zu Kundenlieferungen zusammengestellt, mit Frachtpapieren und Nummerierungen versehen, und auf Lkw bzw. Waggons verladen. Die Kartonzusammenstellung erfolgt im wesentlichen über 8 automatische Förderstrecken. Für den direkten Warenausgang werden Waggons und LKW jeweils über zwei Ausschleußbahnen beschickt. Für den indirekten Warenausgang stehen weitere 4 Ausschleußbahnen zur Verfügung. Zwei Bahnen dienen zur Palettierung von Aufträgen, die durch Anbruchkartons aus dem Versandpuffer komplettiert werden, eine Bahn bietet die entsprechende Menge von Anbruchkartons zur Palettierung an. Für Einkartonaufträge steht ebenfalls eine eigene Ausschleußbahn zur Verfügung.

Lagerverwaltungssystem

Durch die Einführung neuer Technologien und einer schlagkräftiger Arbeitsvorbereitung für die tägliche Auftragsbewältigung soll das Gesamtsystem schlanker und produktiver gestaltet werden.

Aus Sicht der hier installierten, überlagerten Steuerungstechnik enthält diese Aufgabe im wesentlichen die folgenden Elemente:

1. Kommissionierlager (Pick-to-belt)
   Kommissionierung über Picklisten mit integriertem Versandetikett.
2. Aufreißstationen
   Händische Vereinzelung von Originalkartons zu Artikelschachteln.
3. Auftragsrutschen und Verpackung
   Zusammenführung von Original- und Anbruchkartons, Zusammenstellung von

Artikelkartons zu Anbruchkartons und Druck von Lieferscheinen, Rechnungen und Versandetiketten.

4. Versandpuffer (Rotastore)
   Zusammenführung und Puffern von Aufträgen vor dem Versand. Aufbringen der laufenden Nr.und Karton-Gesamtanzahl pro Auftrag.
5. Versand
   Zuordnung der vorbestimmten Frachtführer, Erstellen von Frachtpapieren.

EDV-Konzept Lagerverwaltung und Materialflußsteuerung

Grundlegender Gedanke bei dem vorliegenden Konzept ist die maximale Modularisierung der komplexen Anforderung sowohl im Software- als auch im Hardwarebereich. Dezentrale Rechnersysteme mit hoher Leistung ergänzen hierbei die klassische, zentrale Lösung. Lediglich ein Datenbestand wird zum Erhalt hundertprozentiger Konsistenz auf einem zentralen Server geführt. Jegliche Funktion aber geht von den, in einem Netzwerk als Client agierenden Rechnersystemen aus, von denen jedes eine klar erkennbare Funktionalität erhält. Das Netzwerk ist extrem flach, um schnellsten Zugriff auf alle Steuerungs- und Verwaltungsebenen zu erhalten. Dies ermöglicht effiziente Notlaufstrategien und transparente, verteilte Datenbanken für die Auskunfts- und Steuerungsfunktionen eines schlanken Logistik-Managements. Es erfordert andererseits einen hohen Datendurchsatz, der durch einen Token-Ring auf Ethernet/TCP/IP-Basis zukunftssicher abgedeckt wird.

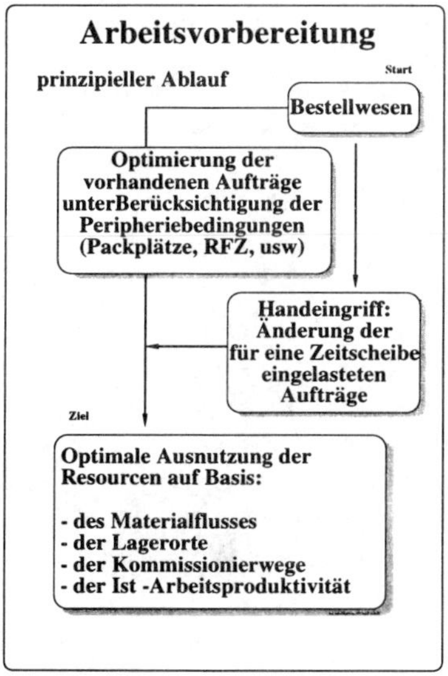

Bild 8: Arbeitsvorbereitung

Die gesamte Software wurde durchgängig in der Sprache "C++" und der objektorientierten Datenbanksprache ObjectPAL programmiert. Die grafische, windows-orientierte Oberfläche bietet mit ihrer leicht faßlichen Funktionalität beste Möglichkeiten einer schnellen Einarbeitung und ergonomischen Bedienerschnittstelle. Alle Funktionen sind nach Windows-Standard ausgeführt und einfach zu bedienen.

Dynamischer Datenaustausch über das Netzwerk, objektorientierte Funktionalität, der integrierte Datenaustausch zu Programmen wie Excel, Word und Lotus sind weitere Vorteile.
Entsprechend der physikalischen Anordnung und Konfiguration befindet sich eine Vielzahl von Clients und ein Server im Gesamtsystem.
Alle Rechner beinhalten ein eigenes, offenes und relationales Datenbanksystem zur Verwaltung lokaler Daten. Mit Hilfe der Clients können unter anderem auch alle manuellen Funktionen

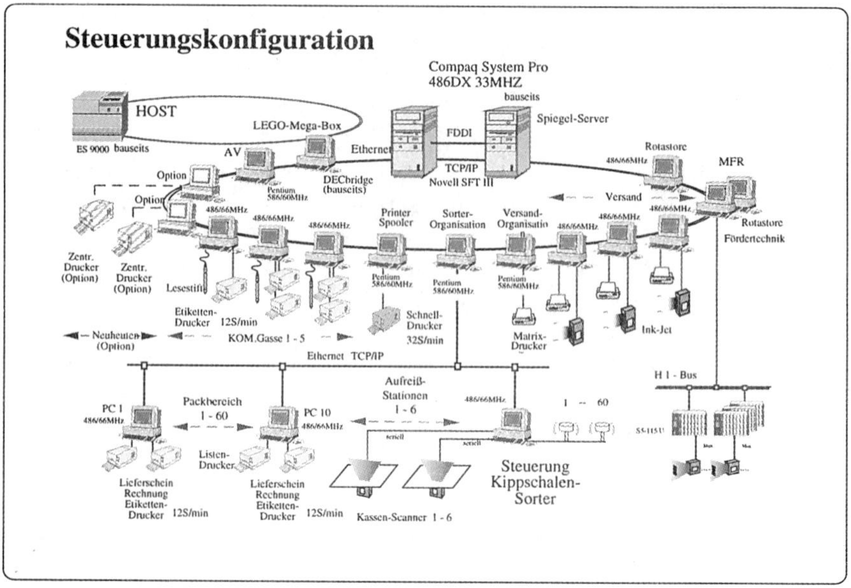

Bild 9: Steuerungskonfiguration

für den zugeordneten Bereich ausgeführt werden. Die syntaktische Überprüfung aller manuellen Eingaben ist ebenso selbstverständlich wie kontextsensitive Hilfefunktionen, automatische Protokollierung und gut dokumentierte Fehlersuchanweisungen.

Die unterlagerten Systeme greifen bei allen relevanten Funktionen auf die Datenbank des Servers zu, während viele Auskunfts- und Optimierungsfunktionen - wie z. B. die Wegoptimierung innerhalb einer Lagergasse - durch die unterlagerten Rechner bearbeitet werden, ohne das Netzwerk zu belasten. Relevante Funktionen sind in diesem Zusammenhang alle, die den gesicherten Datenbestand des zentralen Servers betreffen, z. B.: Bestands- oder Lagerplatzänderungen usw..

Der zentrale Spiegel-Server arbeitet unter dem RDBMS ORACLE7. Neben der Datenbank laufen keine weiteren Anwendungen auf dem zentralen System. Lediglich die Backups aller Programme befinden sich zur Datensicherung ebenfalls auf dem Server.

Lagerverwaltung

Die gesamte Lagerverwaltung wird auf dem Server realisiert und durch die Kommissionier-Terminals bedient. Da es sich um ein Fixplatz-Lager handelt und die wesentlichen Elemente der Bestandsführung und Artikelstammverwaltung auf dem Host ausgeführt werden, sind es in erster Linie platzbezogene Funktionen, die neben dem bereits beschriebenen Nachschub und der Kommissionierung auf den unterlagerten Systemen realisiert werden.

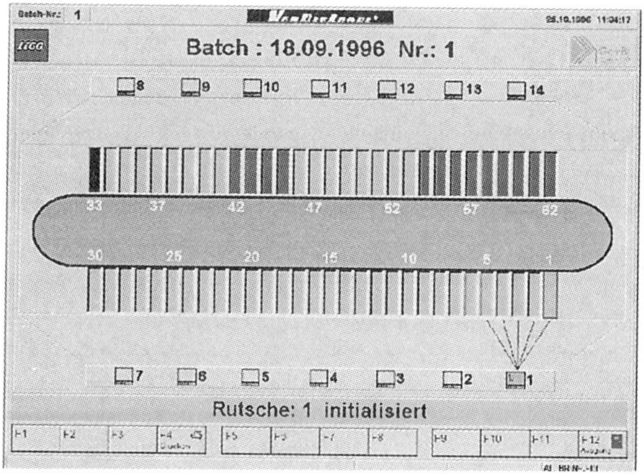

Bild 10: Bedienmaske Packplatzzuordnung

Stammdaten

Alle Stammdaten sind auf dem zentralen Server hinterlegt und können manuell in Form indizierter Listen oder - bei entsprechender Funktionalität des Host-Systems - auch über den LEGO-Steuer-PC zum überlagerten Host übertragen und dort überarbeitet werden.

Original-Karton-Aufträge und Lieferscheine

Aufträge, die nur Original-Kartons enthalten, kommen auf einer gesonderten Förderstrecke in den Versand. Am Ende dieser Strecke wird ein Hochleistungsdrucker zum kombinierten Druck von Rechnungen und Lieferscheinen verwendet. Die Rechnungen werden als Druckfile vom Host übernommen und unverändert ausgegeben. Der Lieferschein wird um einige Daten der Lagerverwaltung und Materialflußsteuerung ergänzt.

Störfallstrategie und Abhilfe

Das gesamte EDV-System ist sowohl software-, wie auch hardwaretechnisch so ausgelegt, daß bei Ausfall oder bei Störungen innerhalb der einzelnen Subsysteme das restliche System stabil weiterläuft und es zu keiner Beeinträchtigung anderer Prozesse kommt. Da ein ständiger Datenabgleich zwischen den verschiedenen Hierarchieebenen der EDV-Anlage stattfindet, werden Dateninkonsistenzen ausgeschlossen. Darüber hinaus besteht die Möglichkeit, bei Störungen einzelne Softwaremodule auf andere Rechner auszulagern, um wichtige Funktionen weiterhin durchführen zu können.

Hilfesystem

Um im Stör- oder Fehlerfall schnellstmöglich reagieren zu können, besitzt das Gesamtsystem eine integrierte Hilfefunktion, die jederzeit aufrufbar ist (Online-Hilfe). Bei dem Hilfesystem handelt es sich um ein zweistufiges System, das den Umfang der Hilfefunktion des Betriebssystems zusätzlich beinhaltet. Es handelt sich um kontextsensitive Hilfe, d.h. es umfaßt auf den Einsatzfall angepaßte Texte zur Fehlerbeseitigung und Bedienhilfe.

Ausfall unterlagerter Steuerungssysteme

Fallen unterlagerte Systeme, wie der Lagerverwaltungsrechner oder ein Wareneingangsrechner aus, so ist die Verbindung zur darunterliegenden Prozeßebene aufgetrennt.

Die prozeßnahen Bediengeräte können jedoch an den noch aktuell anstehenden Aufträgen weiter arbeiten und weiterhin manuell eingegebene Aufträge ausführen. Die Protokollierung der Transaktionen erfolgt dabei auf Terminalebene. Ist die darüberliegende, ausgefallene Einheit wieder verfügbar, werden die Terminals automatisch einen Datenabgleich anfordern und dieser wiederum ein Ereignis, daß den Steuerungsrechner zu einem Abgleich mit dem Server bringt. Auch hier führt das Client-Server Konzept zu einem definierten Verhalten des Gesamtsystems.

Ausfall des Servers

Auf dem Server befinden sich alle relevanten statischen und dynamischen Daten der Anlage, sowie sämtliche ausführbaren Module der einzelnen Rechner und angeschlossener Terminals. Durch diese zentrale Funktion im Gesamtsystem muß, wie oben beschrieben, gewährleistet sein, daß der Server zu keinem Zeitpunkt die Verfügbarkeit über die Daten verliert. Durch das auf dem Server eingesetzte Betriebssystem (NOVELL SFT III) wird sichergestellt, daß durch einen Defekt auf einer der Spiegelplatten die Performance des Gesamtsystems nicht beeinträchtigt wird. Solche Fehler werden durch das Betriebssystem abgefangen und die fehlerhaften Komponenten werden vom Zugriff ausgeschlossen.

Hardware und Schnittstellen

Die Lagerverwaltung und Materialflußsteuerung besteht im wesentlichen aus Rechnersystemen, die über ein Novell-Netzwerk auf Basis Token-

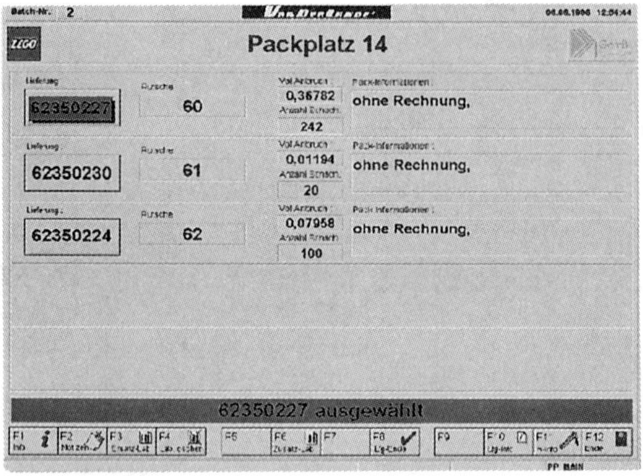

Bild 11: Bedienmaske Packplatz

Ring verbunden sind. Alle unterlagerten Rechner sind mit 16MB RAM und Intel CPUs (486/66 oder 586/90) nach heutigem Stand der Technik ausgestattet.

Server

Der Server wurde vom Auftraggeber zur Verfügung gestellt. Es handelt sich um einen DEC-Prioris-Server in Spiegelserver-Konfiguration mit SFT III Lichtwellenleiterverbindung.

Clients

Die Clients sind die wesentlichen Bedienerschnittstellen des Systems. Sie sind daher mit 15"-Farbmonitoren mit einer Auflösung von 1024*768 Punkten und einer Bildwechselfrequenz von min. 70Hz ausgeführt. Jeder Client enthält eine eigene Festplatte für die Speicherung lokaler Daten und Programme.

Inbetriebnahme

Die Inbetriebnahme wurde in die beiden Bereiche technische und logistische Inbetriebnahme unterteilt. Durch methodische Vorgehensweisen wurde eine möglichst kurze Inbetriebnahmephase auf der Baustelle und zugleich ein optimierter Betriebsanlauf erreicht.
Sowohl im Rahmen der technischen als auch im Rahmen der logistischen Inbetriebnahme wurde auf Simulationsmodelle zurückgegriffen.

Technische Inbetriebnahme

Die Installation der Software bei der Firma Lego erfolgte in mehreren Schritten:

a) Anpassung der Software an interne Schnittstellen
b) Testbetrieb
c) Echtzeiteinsatz

Um diese einzelnen Schritte jeweils optimal vorzubereiten, erfolgte ein umfassender Modultest vor der Auslieferung.

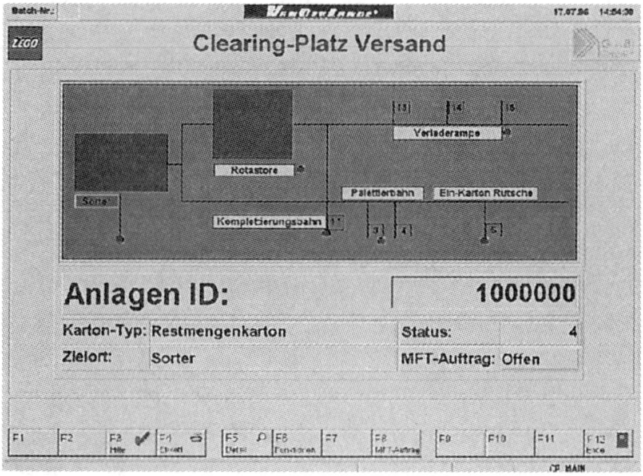

Bild 12: Bedienmaske Clearing-Platz Versand

Zu diesem Zweck wurde das vollständige Rechnernetz aufgebaut und in Betrieb genommen. Die erforderlichen Daten wurden dafür simuliert. Hierbei wurde auf Informationen aus der logistischen Inbetriebnahme zurückgegriffen. Dies sind z.B. Informationen über die Lagerplatzzuordnung (Lagerspiegel).

Logistische Inbetriebnahme

Die logistische Inbetriebnahme sollte ein optimales Anlaufverhalten im Sinne der logistischen Systemfunktionalität gewährleisten. Diese Aufgabe wurde mit einer sogenannten "Strategischen Simulation" gelöst.

Das Strategiesimulationsmodell ermöglichte die dynamische Betrachtung der Systemeigenschaften und lieferte somit fundierte Aussagen über z.B.:

Ausfallsicherheit und Störkompensation
Berechnung der Entnahmereihenfolge
Stellplatzorganisation (A, B, C)
Wegeoptimierte Kommissionierung
Optimierung der innerbetrieblichen Transporte (Transportoptimierung Paket, Kartons und Behälter)
Gleichmäßige Auslastung der Kommissionierer und Packer
Beschickungsstrategien für die Auftragsbahnen
Belastung bzw. Auslastung des Rotastores

Das Strategiesimulationsmodell enthält ein Abbild der Betriebseinrichtungen, beweglichen Betriebsmittel und der Kommissionierer und Packer. Basis für die Simulationsberechnungen sind Kundenaufträge und Stammdaten. Durch diese Maßnahme konnte geprüft werden, ob die vorgesehene Funktionalität die erforderliche Leistungsfähigkeit bei Belastungsänderungen aufweist. Durch die oben beschriebenen Maßnahmen wurde eine Inbetriebnahme sichergestellt, die sowohl den technischen als auch den logistischen Anforderungen gerecht wurde.

Abnahme

Die Anlage wurde nach den einschlägigen Vorschriften und Verordnungen erstellt, montiert und in Betrieb genommen. Alle zur Inbetriebnahme der gelieferten Anlagenteile notwendigen Abnahmen und Konformitätsbescheinigungen wurden vom Auftragnehmer bzw. dessen Unterlieferanten erwirkt bzw. vorgelegt.

Nach vollständiger Installation, Verdrahtung, Inbetriebnahme und Demonstration aller Funktionen erfolgte jeweils ein Leistungstest gemäß Ausschreibung, deren erfolgreicher Abschluß in Form eines Abnahmeprotokolls schriftlich festgehalten wurde.

Gesamtgewerk-Simulation

Mit Hilfe eines mit im Hauptauftrag befindlichen Simulationsmodells sollten folgende Fragestellungen untersucht werden:

- Sind die geplanten fördertechnischen Komponenten bezüglich ihrer Kapazität und ihres dynamischen Verhaltens ausreichend dimensioniert?
- Mit welchen Anlagenlaufzeiten muß auf grund der bisherigen Auftragsstruktur gerechnet werden?

Die Vorgaben für die Simulation waren:

1. Übernahme des Original-Artikelstamms.
2. Durchführung der Experimente mit Original-Auftragsdaten.

3. Berücksichtigung des zukünftigen Personalstamms.
4. Lagerbelegung nach A-B-C Struktur.
5. Vorgaben zur Kommissionierstrategie.
6. Vorgaben bezüglich der Pack- und Sortierstrategien.

Technische Randbedingungen

Kommissionierer

1. 5 Kommissionierer in 5 Kommissioniergassen.
2. Kommissionierung von Original- und Anbruchkartons.
3. Kommissionierleistung von 400 - 500 Kartons pro Stunde.
4. Technische Abzugsleistung aus den Gassen von 1.000 Kartons pro Stunde.

Sorter

1. Kippschalensorter mit 202 Plätzen.
2. Maschinenleistung von 10.800 Schalen pro Stunde.
3. 6 Indukts mit einer Maschinenleistung von 2.166 Schachteln in Versandkartons.
4. Leistung des Personals an den Indukts: 20 Sek. pro Karton und 2,5 Sek. pro Schachtel.
5. 14 Bediener an den Rutschen zur Verpackung der Schachteln in Versandkartons.
6. Leistung der "Packer" (Simulationsparameter): 100 Sek. pro Karton, 3 Sek. pro Schachtel.

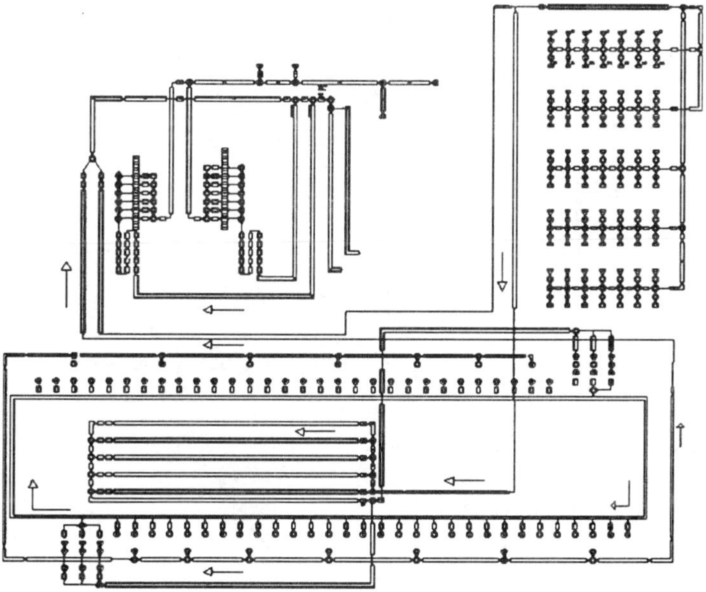

Bild 13: Gesamtgewerksimulation des Kommissionier - und Versandbereiches

Rotastore

1. Zwei Rotastores mit 455 und 282 Plätzen.
2. Abzug von den Rotastores insgesamt maximal 930 Kartons.

Endergebnis der Simulation

Es wurde für die Gesamtanlage eine Steuerungsstrategie entwickelt, die alle leistungsbegrenzenden Faktoren berücksichtigt.
Der Batchaufbereitungsalgorithmus besitzt die Parameter:

1. Kapazität der Rotastores
2. Anzahl der Packrutschen
3. Anzahl der Schachteln, die am Sorter auf die Packrutschen verteilt werden müssen.

Mit diesen Parametern wird die Auftragslast eines Tages so verteilt, daß die vorhandenen Komponenten bestmöglich genutzt werden und es nicht zu Materialstaus kommt.

- Die Simulation zeigte, daß der Engpaß der Anlage die Aufreißstationen sind. Bei zukünftigen Erweiterungen existiert hier das größte Potential.
- Der Kommissionierbereich ist mit fünf Kommissionierern ausreichend besetzt, hier bestehen Leistungsreserven von 40%.
- Die Neuorganisation des Packbereichs an den Rutschen ergab, daß von den 20 geplanten Packern nur 14 benötigt werden.
- Die Kapazität der Rotastores ist durch die Steuerungsstrategie ausreichend, es wird kein, wie vorher angenommen, dritter Rotastore benötigt.

Rückblick auf die Abwicklungsphase

Rückblickend kann festgestellt werden, daß die realisierte Anlage den Anforderungen an die technische Leistung und Funktionalität und den Ansprüchen der Fa. LEGO zu voll und ganz entspricht. Die im Vorfeld der Realisierung investierte Arbeit und Zeit hat sich in jeder Beziehung ausgezahlt und zu einer ganzheitlichen in sich geschlossenen Anlage geführt. Nicht zu letzt haben die in dieser Vor-Phase erarbeiteten Daten, Zahlen und Fakten zum Gelingen des Gesamtsystems beigetragen.
Während der gesamten Projektlaufzeit ist insbesondere das auch in den schwierigen Phasen wie z.B. der Inbetriebnahme kooperative Verhältnis zwischen Lieferant und Betreiber hervorzuheben.❑

Reorganisation der Ersatzteillogistik in Deutschland

Hans-Jürgen Rothkegel, Norderstedt

1) Der Stellenwert des Ersatzteildienstes

Die klassischen Wettbewerbsfaktoren der Primärprodukte

- technische Daten
- Preis
- Qualität

verlieren zusehends ihre Bedeutung als Differenzierungsmerkmal zum Wettbewerber. Die Sekundärleistung „Kundendienst" und als wesentlicher Bestandteil der Ersatzteildienst haben mittlerweile den Rang eines wesentlichen Entscheidungskriteriums der Kunden für oder gegen ein Primärprodukt erreicht. Insofern sind die Erwartungen unserer Kunden das Maß aller Dinge.

Würde jedoch die Aufgabenstellung des Ersatzteildienstes in diesem Kontext - neben der originären Funktion der Teileversorgung - ausschließlich als Argumentenlieferant für den Vertrieb der Primärprodukte verstanden, ergäbe sich hier eine unzulässige Einengung der Perspektive:

Gerade der in der Regel harte Preiswettbewerb der Primärprodukte und der damit verbundene Ergebnisdruck erfordert vom Kunden- und Ersatzteildienst neben der unbedingten Ausrichtung auf die Wünsche der Kunden die Sicherstellung und den Ausbau einer stabilen eigenen Profitabilität ! Für den Service bedeutet dieses:

Der Kundendienst muß profitabel sein;
marktgerechter Service zu vertretbaren Gesamtkosten
ist die entscheidende Anforderung an jedes Logistikkonzept.

Ein Lösungsansatz dieser ständigen Aufgabenstellung speziell für den Ersatzteildienst soll in der Folge dargestellt werden.

2) Kurzportrait der Unternehmensgruppe Jungheinrich

Gegründet im Jahr 1953 beschäftigte sich Jungheinrich zunächst ausschließlich mit der Entwicklung und Produktion batteriegetriebener Lagerfahrzeuge und Gabelstapler, sog. Flurförderzeugen.

1983 wurden verbrennungsmotorisch getriebene Gegengewichtsstapler in das Produktprogramm aufgenommen.

Seit 1990 Aktiengesellschaft wurde durch Diversifikation und Firmenübernahmen die bereits bestehende Firmengruppe entscheidend vergrößert und das Produktprogramm erheblich ausgeweitet.

Heute umfaßt das Produktprogramm der Jungheinrich-Gruppe neben einer großen Breite an Flurförderzeugen, die vom Handgabelhubwagen bis zum Containerstapler reicht, Batterie-Ladegeräte, elektronische Steuerungen, Regale und industrielle Reinigungstechnik.

Der Gruppen-Umsatz in 1995 belief sich auf ca. 2,3 Mrd. DM bei insgesamt rund 8.900 Mitarbeitern.

Der Jungheinrich Kundendienst erreichte 1995 einen Gesamtumsatz in Höhe von ca. 600 Mio. DM bei einer Aufteilung in ca. 55 % Ersatzteile und 45 % Lohnleistungen.

Im Kundendienst werden ca. 2.500 Mitarbeiter zentral und dezentral eingesetzt. Hiervon sind ca. 1.500 Mitarbeiter als Mobil-Techniker tätig (in Deutschland davon ca. 700) und ca. 350 als Werkstatt-Techniker.

Die Vertriebs- und Service-Organisation ist mit 15 Niederlassungen und 4 zusätzlichen Service-Stützpunkten im Inland vertreten sowie mit 13 eigenen Firmen und 35 Niederlassungen im europäischen Ausland.

Die außereuropäischen Märkte werden über ein Netz von Vertretungen und Vertragshändlern bearbeitet.

Aufgabenstellung des Zentralen Ersatzteil-Dienstes

Innerhalb der oben skizzierten Gesamtorganisation hat der Zentrale Ersatzteil-Dienst - unter Wahrung des o.a. Profitabilitätsgrundsatzes - im einzelnen :

⇒ den definierten Servicegrad zum Kunden sicherzustellen

⇒ eine Dienstleistungsfunktion für den Technischen Kundendienst

⇒ die Ersatzteil-Logistik kontinuierlich weiterzuentwickeln.

3) Produktinnovation und Teilevielfalt

Die einleitende Darstellung der Marktsituation ist natürlich in vollem Umfang auch für die Produktmarke Jungheinrich zutreffend. Die Ergebnisse der Arbeit der Marketing-Fachleute, Produktmanager und Konstrukteure in dem ständigen Wettstreit mit den Wettbewerbern doch das

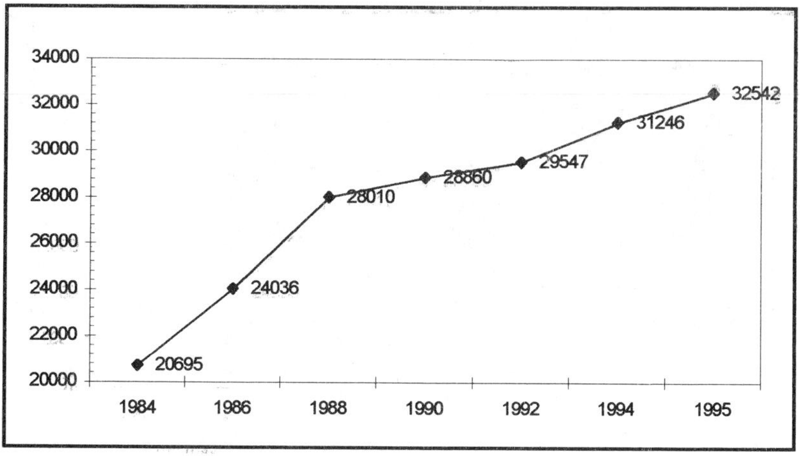

Abb.1) Anzahl der Artikel im ET - Zentrallager

eine oder andere technische Differenzierungsmerkmal in die Produkte einzubringen, führte zu einer spürbaren Verkürzung der Produktzyklen. Parallel dazu ergaben technisch und betriebswirtschaftlich durchaus sinnvolle Programme zur Verringerung der Fertigungstiefe und Einschränkung der Sachnummern-Anzahl für den Ersatzteil-Dienst die prinzipiell bei allen Maschinenbau-Unternehmen zu beobachtenden Phänomene: kräftige Ausweitung der Teile-Sortimente mit steigender Kapitalbindung. In Abbildung 1) ist diese Entwicklung für das Zentrale Ersatzteillager dargestellt.

Eine mittelbare Folge dieser Entwicklung ist der Trend unserer Kunden, bisher eigene Ersatzteil-Läger wegen der eigentlich notwendigen Ausweitung der Sortimente und der damit verbundenen Kapitalbindung rigoros in ihrem Umfang zu beschränken oder gar ganz abzubauen. Die Folge hiervon ist ein seit Jahren zu beobachtender, sich noch verstärkender Trend zu Eilaufträgen der Kunden an den Ersatzteil-Dienst (siehe Abbildung 2)).

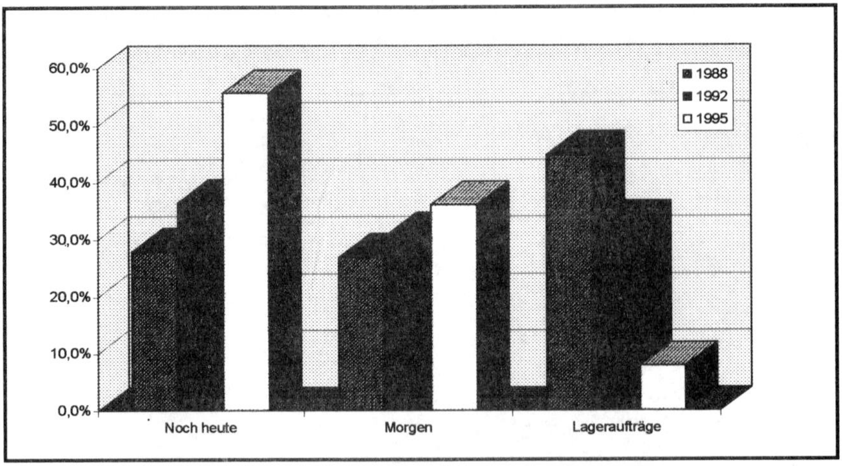

Abb. 2) ET-Bestellentwicklung nach Prioritäten

4) Zentrale versus dezentrale Teileversorgung

Jungheinrich hatte traditionell die Ersatzteilversorgung in Deutschland mehrstufig organisiert. D.h., das Zentrallager versorgte regelmäßig die Regionalläger in den Niederlassungen, die wiederum die Techniker und Kunden zu bedienen hatten.

Bei diesem System erfordert die Darstellung einer für den Kunden akzeptablen Servicebereitschaft die ständige Ausweitung der Bestände in den Regionallägern, was betriebswirtschaftlich völlig unvertretbar ist. Andererseits führt eine nicht erfolgte notwendige Sortimentsausweitung zu sinkendem Servicegrad.

Die Folge dieser Situation war - bei beschränktem Sortiment in den Regionallägern (5.000 bis 7.000 Artikel je Lager) - eine spürbare Tendenz zu steigender Kapitalbindung bei fallender Lieferbereitschaft aus diesen Beständen. Darüber hinaus wurden durch diese Distributionsstruktur erhebliche Kosten generiert durch in den Regionallägern eingesetzte Mitarbeiter als auch durch Teile-Handling ohne Wertschöpfung (Umlagerung aus dem Zentrallager).

Als Schlußfolgerung war festzuhalten: In der traditionellen mehrstufigen Distributionstruktur konnte der Ersatzteil-Dienst den berechtigten Forderungen der Kunden nach hoher Lieferbereitschaft, den Forderungen des Vertriebes nach Unterstützung der Verkaufsargumente für die Primärprodukte und der internen Zielsetzung nach hoher Profitabilität nicht gleichzeitig gerecht werden.

Der Lösung dieser komplexen Aufgabe stellte sich der Jungheinrich Ersatzteil-Dienst für den deutschen Markt als Pilotanwendung im Jahre 1993.

Die Distributionsstruktur in Deutschland sollte auf eine grundsätzlich einstufige, zentrale Teileversorgung umgestellt werden. Einschränkende Nebenbedingung war dabei, daß das bestehende Zentrallager in Norderstedt voll erhalten werden sollte.

Die Ziele im einzelnen waren:

⇒ Verbesserung des ET-Servicegrades zum Kunden
  - schnellere Lieferung
  - höhere Lieferbereitschaft

⇒ kräftiger Abbau der ET-Gesamtbestände

⇒ spürbare Senkung der Personal- und Lagerkosten

⇒ Beibehaltung des Standortes Norderstedt für das Zentrallager

5) Konzept einer schlanken Lager- und Versandlogistik

Grundsätzlich sollten alle Ersatzteil-Aktivitäten der Regionalläger auf das Zentrallager übertragen werden. Die quantitative Betrachtung der Transaktionen ergab jedoch sehr bald, daß die Kapazität im bestehenden Zentrallager nicht ausreichte. Auch eine Kapazitätserhöhung durch Umbaumaßnahmen allein hätte nicht den gewünschten dauerhaften Effekt erbracht.

Als Lösung wurde das Konzept der 2 Zentralläger mit getrennter Aufgabenstellung entwickelt:

⇒ Auflösung aller ET - Regionalläger in Deutschland

⇒ Einrichtung eines Kundendienstwagen (KDW)-Zentrallagers zur Versorgung der KDW und Werkstätten mit Sortimentsteilen (Outsourcing)

⇒ Belieferung aller Kundenaufträge und der Techniker-Kommissionsteile aus dem Zentrallager in Norderstedt (Umbau und Kapazitätserweiterung)

⇒ on-line EDV-Vernetzung aller Niederlassungen untereinander und mit den Zentrallägern

Die Transport-Leistung der Sendungen zu den Kunden und Technikern sollte weitestgehend über einen bereits genutzten Nacht-Verteiler-Service oder Expreßfrachtdienste erfolgen, die bei später Abholung der Sendungen eine Auslieferung bis 7:00 Uhr des Folgemorgens beim Techniker bzw. am Vormittag des nächsten Tages beim Kunden garantierten.
Ein wesentlicher Erfolg hierbei war die Realisierung der Spätabholung der Kundenpakete um 20:30 Uhr in Norderstedt bei garantierter Auslieferung beim Kunden in der Regel bis 10:00 Uhr am nächsten Morgen, spätestens bis Mittag ,flächendeckend in ganz Deutschland.
Da dieser Teilaspekt nicht expliziter Bestandteil des Projektes war, wird im folgenden nicht weiter darauf eingegangen.

Das Gesamtkonzept gliederte sich in 3 Teilprojekte:

* EDV-Projekt Vernetzung
  - Bestandsführung aller ET-Bestände der Zentralläger und der Kundendienstwagen in SAP
  - automatische Generierung der Nachlegeaufträge für die Sortimente in den Kundendienstwagen

* Aufbau eines Zentralen KDW-Versorgungslagers für die Sortimentsteile
  - Outsourcing dieser Leistung
  - Auflösung aller regionalen ET-Läger

* Modernisierung des bestehenden Zentrallagers
  - Abbau Engpaßfaktoren

- Verkürzung der Auftrags-Durchlaufzeit
- Ausweitung Auftrags-Bearbeitungskapazität
- spürbare Produktivitätssteigerung (Personalreduzierung)

Die prinzipiellen Abläufe in der Bedienung der Kunden und der Techniker-Versorgung sind in den Abbildungen 3) und 4) dargestellt.

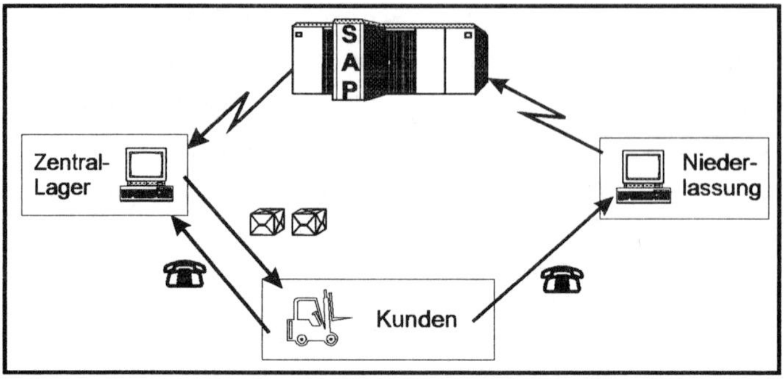

Abb. 3) Prinzip der Kundenbelieferung

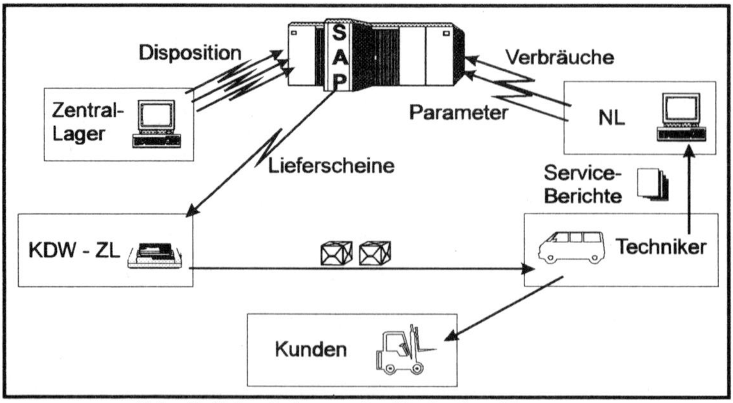

Abb. 4) Ablaufschema der Techniker-Versorgung

6) Konzept - Realisierung

6.1) On-line Vernetzung

Statt dezentraler EDV (IBM /36) mit täglicher DFÜ zum Host wurden die Niederlassungen für alle ET-relevanten Aktivitäten direkt an den Host angebunden (SAP). Damit wurde die vollständige Bestandsführung aller Kundendienstwagen auf dem Host als Basis für die automatische Bestandsauffüllung der KDW-Sortimentsteile ermöglicht.
Die Verantwortung für die Sortimentsstruktur, Mindest- und Maximalmengen sowie die Bestimmung der Auffüll-Intervalle wurde den Niederlassungen übertragen. Der Zentrale ET-Dienst übernahm die Verantwortung für die regelmäßige Nachfüllung gemäß der eingestellten Parameter sowie die Verpflichtung für eine Lieferbereitschaft für die Sortimentsteile von mindestens 98 %.

6.2) Kundendienstwagen - Zentrallager

Aufgabe war der Aufbau eines fremdbewirtschafteten separaten Zentrallagers für die Versorgung der Techniker mit Sortimentsteilen. Als Kriterien für die Auswahl galten:

- ⇒ zentrale Lage zu den Sendungsempfängern
- ⇒ kürzestmöglicher Feeder-Verkehr zum Nachttransport
- ⇒ ausschließliche Nutzung des Jungheinrich SAP-Systems
- ⇒ Dienstleister mit Ersatzteil-Erfahrung
- ⇒ kostengünstiges Angebot

Intensive Gespräche mit mehreren potentiellen Partnern aus den Bereichen Spedition, Lagerwirtschaft, Expreßfrachtunternehmen sowie ausgesprochenen Logistik-Fachunternehmen ergaben die beste Abdeckung aller o.g. Kriterien durch den bereits von Jungheinrich genutzten Nacht-Expreß-Dienstleister NVS in Leverkusen :

⇒ günstige Lage der Lagerhalle in Leverkusen
⇒ Lagerhalle auf dem Gelände des Hub; Feederverkehr = Null
⇒ Volle Bereitschaft Jungheinrich-SAP zu nutzen
⇒ Erfahrungen mit Teilehandling
⇒ sehr kostengünstiges Konzept

Wesentliche Daten des Kundendienstwagen-Zentrallagers:

* ca. 1.100 Sortimentsteile am Lager
* z.Zt. ca. 150 Aufträge täglich zu bearbeiten
* ca. 1.100 Positionen täglich zu kommissionieren
* Versand ausnahmslos am Tag des Bestelleinganges
* Lieferbereitschaft über 99,5 %

6.3) Modernisierung des Zentralen Ersatzteillagers

Ausgangs-Situation:

- 10 Jahre altes Lagerkonzept
- drohende Engpaßsituation in der Fördertechnik
- manuelle Sortierfunktion in der 2. Kommissionierstufe
- hoher Personalaufwand in der 2. K-Stufe
- lange Bearbeitungszeiten der Aufträge im Lager
- schlechte Übersicht über den Bearbeitungsstand der Aufträge im Lager

Da die Modernisierung des Zentrallagers das Herzstück des Gesamtprojektes darstellte wurde mit dem Planungsunternehmen Metroplan ein kompetenter Berater für dieses Teilprojekt hinzugezogen.

Die wesentlichen Veränderungen im Zentralen Ersatzteillager waren:

- Entlastung der Enpaßsituation durch Einrichtung eines manuellen Schnelldreher-Bereiches
- durchgängige Bar-Code Anwendung für alle kommissionierten Artikel und Behälter
- Beschleunigung der Kommissionierung durch Datenfunk und beleglose Kommissionierung
- maschinelle Zusammenführung der kommissionierten Auftragspositionen zum Gesamtauftrag in einem rechnergesteuerten Sorter
- Anbindung der Ersatzteilfertigung an die Fördertechnik
- Packerei on-line rechnergeführt an jedem Arbeitsplatz
- automatisierter Transport der Pakete von den Packplätzen zur Versandbearbeitung

Die größten Veränderungen ergaben sich dabei in der Halle der 2. Kommissionierstufe, der Packerei und des Versandes.

Das Gesamt-Layout des Ersatzteil-Zentrallagers zeigt Abb. 5).

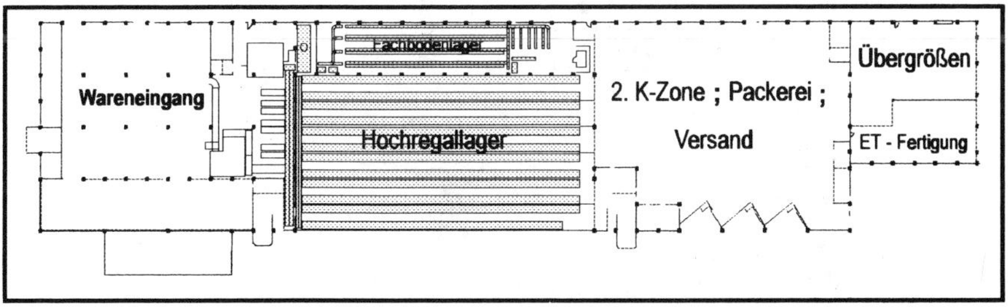

Abb. 5) Layout Ersatzteil-Zentrallager

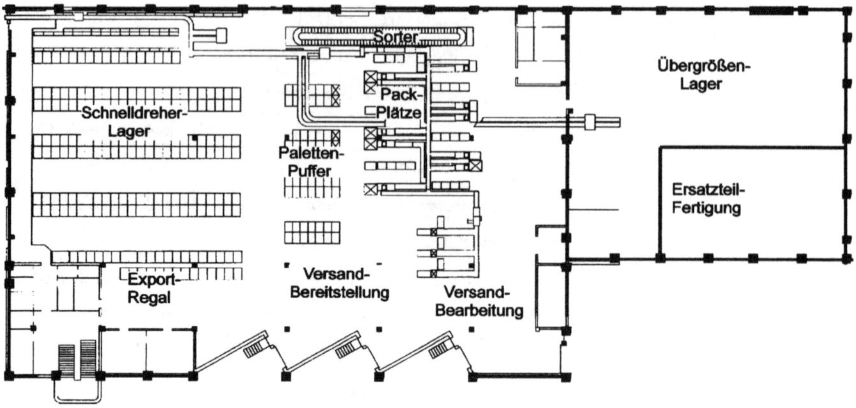

Abb. 6) Layout 2. K-Zone, Packerei und Versand

Die Auftragsbearbeitung stellt sich nach der Umgestaltung des Lagers in den folgenden Schritten dar:

⇒ Auftragserfassung dezentral im Host-System SAP

⇒ on-line - Datentransfer an den Lagerverwaltungsrechner (LVR)

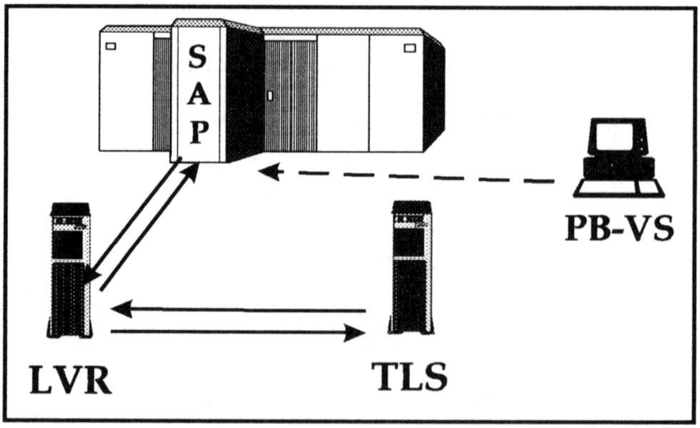

Abb. 7) EDV - Struktur Zentrales ET-Lager

⇒ LVR prüft aktuelle Verfügbarkeit und übermittelt Auftrag und Verfügbarkeitsdaten an das Transportleitsystem des Sorters (TLS)

⇒ Kommissionierer erfaßt Artikel und Transportbehälter per Bar-Code-Scan; Sorter kennt damit Behälter und Inhalt

⇒ bei Zuführung der Behälter zum Sorter erfolgt erneutes lesen der Behälter-Bar-Codes

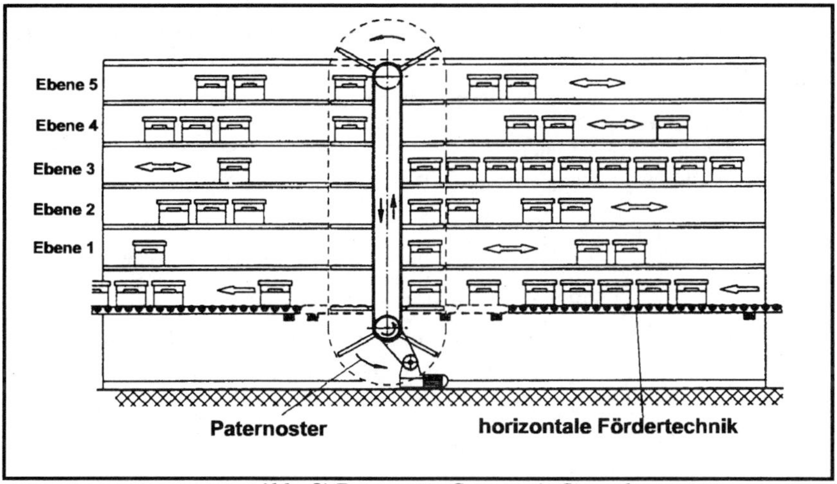

Abb. 8) Rotastore - Sorter ; Aufbauschema

⇒ das TLS verwaltet Behälter im Sorter und steuert diese auf einen Packplatz aus, wenn der Auftrag komplett ist

⇒ der Packer bestätigt jede Auftragsposition separat am Bildschirm, so daß hier eine Vollständigkeitskontrolle erfolgt

⇒ nach Abschluß des Packvorganges druckt das TLS den Lieferschein und meldet den Vorgang als abgeschlossen dem LVR und dem SAP-System zur Warenausgangsbuchung.

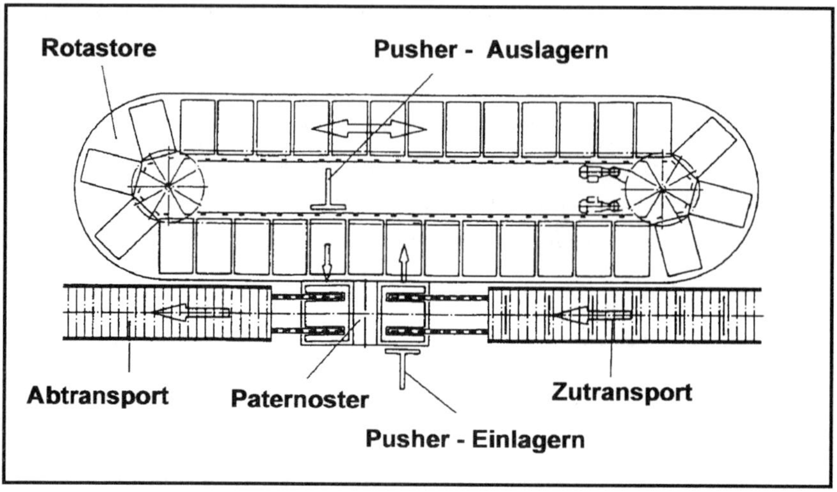

Abb. 9) Rotastore - Sorter ; Beschickung und Entnahme

⇒ das Packstück - mit Bar-Code versehen - wird über Förderstrecke dem Versandsystem zugeführt

⇒ nach scannen / erfassen der Auftrags- und Paketdaten werden die Frachtpapiere und -Dateien durch das Pitney-Bowes Versand-System (PB-VS)für die DFÜ an die Frachtführer erzeugt

⇒ mit der abendlichen Verladung ist der Vorgang abgeschlossen. Derzeit wird die individuelle Erfassung der Pakete beim Verladen per Bar-Code-Scan vorbereitet. Dann wird die Verladung im Auftragssatz in SAP dokumentiert und on-line allen Usern die komplette Transparenz über den Auftragsstatus ermöglichen.

7) Erfahrungen aus dem Projekt

7.1) Die Entscheidung für die zentrale Ersatzteilversorgung war richtig; die erwarteten Effekte haben sich - nach einer Einfahrphase - eingestellt.

7.2) Eine Reorganisation in dem geschilderten Ausmaß und der Komplexität ist nur teilweise mit eigener Expertise sowohl konzeptionell als auch in der Realisierung darstellbar.

7.3) Eine größere zeitliche Entkoppelung von Teilprojekten im Rahmen eines wie oben geschilderten Gesamtprojektes führt zu einem letztendlich schnelleren und stabileren Erreichen der Ziele des Gesamtprojektes, da Störungen in den Teilprojekten zu substantiell verlängerten Anlaufschwierigkeiten der neuen Struktur führen können.

7.4) Für die Projektrealisierung ist es von entscheidender Bedeutung, alle direkt und indirekt Betroffenen und Beteiligten nicht nur ausreichend sondern umfassend und regelmäßig über Projektinhalte, Projektstand und insbesondere über notwendige Aktivitäten zur Projektzielerreichung zu informieren und einzubinden.

8) Ergebnisse und Resümee

8.1) Alle wesentlichen Ziele wurden erreicht .

- Kundenzufriedenheit

  In der Kundenbefragung im Herbst 1995 beurteilten 95,6% der Kunden in Deutschland den Jungheinrich Ersatzteil-Dienst als insgesamt sehr gut, gut oder befriedigend.

- Leistungsgrad

  Die Bündelung der Ressourcen stellt eine überdurchschnittliche Lieferbereitschaft sicher:

  1992 vor Projektbeginn : 95,1 % im Jahresschnitt

  1996 aktuell : 96,0 % im Jahreschnitt

- Bestände

  Der Gesamtbestand in aller stationärer Ersatzteilläger Deutschlands konnte um 15% gesenkt werden.
  Der durchschnittliche Ersatzteilbestand pro Kundendienstwagen in Deutschland wurde im gleichen Zeitraum bei gleichbleibendem Servicegrad um 40% gesenkt.
- Kostensenkung

  Durch Personalanpassung in den Lagerfunktionen, Umnutzung der ehemaligen dezentralen Lagerräume und gesunkene Gesamt-Transportkosten für Ersatzteile konnten die ET-Logistikkosten um mehrere Mio. DM dauerhaft abgesenkt werden.

8.2) Das System läuft hervorragend und stabil

Die Stabilität und Leistungsreserven des Systems bilden die Basis für die weitere Ausdehnung einer analogen ET-Logistik in die europäischen Nachbarländer sowie nach Großbritannien und Nord-Italien.

Lagerlogistik in der Chemischen Industrie am Beispiel Eurolager Merck

Dipl.-Ing. **Manfred Fischer,** Darmstadt

0. Einleitung

Merck ist ein weltweit tätiges Chemie- und Pharmaunternehmen. An 65 Standorten in 28 Ländern werden von der Merck-Gruppe Produkte hergestellt. In Darmstadt, dem zentralen Firmensitz, gilt das Unternehmen mit rund 8 000 Beschäftigten als wichtigster Wirtschaftsfaktor. Hier ist auch der Schwerpunkt der Produktion und weltweiten Distribution. Mehr als 20.000 Artikel werden hier erzeugt: von Arzneimitteln über reinste Chemikalien bis hin zum Laborbedarf. Zur Lagerung des Sortiments stehen 80.000 Palettenplätze zur Verfügung.

1. Lagerkonzept zur Lagerung von Chemikalien

Als Reaktion auf spektakuläre Brände von Chemikalienlägern und im Zuge der allgemeinen Verschärfung von Gesetzen zum Schutz der Umwelt, wurden auch die gesetzlichen Bestimmungen zur Lagerung von Chemikalien Ende der 80er Jahre nachhaltig verschärft. Ausdruck fand dies in der Novellierung der Störfall-Verordnung, des Wasserhaushaltsgesetzes, des Technischen Regelwerkes zur Gefahrstoff-Verordnung und der Brandschutz-Richtlinien.

Statt jedes Chemikalienlager entsprechend dem neuen 'Stand der Technik' nachzurüsten, entschloß sich das Unternehmen 1989, ein ganzheitliches Lagerkonzept zu entwickeln, das alle Rohstofflager, Packmittellager und Fertigwarenlager am Standort Darmstadt einschloß, unabhängig von der organisatorischen Zuordnung. Ziel dieses Lagerkonzepts war, einen hohen Sicherheitsstandard zu erreichen, die Logistik zu verbessern und den Investitionsbedarf zu minimieren.

1990 entschied sich die Geschäftsleitung für ein Konzept, das die klassische Trennung zwischen der Rohstofflagerung in der Produktion und der Fertigwarenlagerung in der Logistik überwand. In einem neu geschaffenen Zentrallager wird über den Lagerort einer Ware nur nach sicherheitstechnischen und logistischen Kriterien entschieden. Externe und interne Kunden werden gleichermaßen bedient.

2. Europaweite Distribution

Auf die neuen Möglichkeiten und Chancen des europäischen Binnenmarktes stellte sich Merck durch die Erarbeitung und Umsetzung eines europäischen Distributionskonzeptes ein.

Europäische Kunden sollen schneller, direkter und damit auch kostengünstiger beliefert werden. Die Zwischenlagerung in regionalen Distributionszentren wurde auf wenige Artikel beschränkt. Dies setzt eine schnelle und effiziente Lagerlogistik am Standort Darmstadt voraus.

Von Anfang an war deshalb das Ziel von Merck, Chemikalienläger nicht nur sicherheitstechnisch nachzurüsten, sondern die notwendigen Veränderungen bezüglich der Lagersicherheit mit einer nachhaltigen Verbesserung der Lagerlogistik zu verbinden, um im europäischen Markt bestehen zu können.

Für die Erreichung der Ziele des Lagerkonzepts waren Investitionen von ca. 75 Mio DM notwendig. Kernpunkt des Lagerkonzepts war die Errichtung eines sechsgassigen automatisierten Hochregallagers zur Lagerung von Chemikalien mit einer Kapazität von 16.000 Palettenplätzen. Chemikalien mit hohem Gefahrenpotential wurden aus bestehenden Lagergebäuden herausgenommen und in dem neuerrichteten Lager gelagert. Das Gefahrenpotential der bestehenden Läger wurde dadurch erheblich gesenkt.

Dennoch wurden auch noch zahlreiche ältere Lagergebäude sicherheitstechnisch nachgerüstet, jedoch auf Grundlage des niedrigeren Gefahrenpotentials.

Im Vergleich zur Nachrüstung aller damals genutzten Chemikalienläger brachte die Umsetzung des Lagerkonzepts eine Einsparung von 15 Mio DM Investitionskosten. Durch die Konzentration der Lagerung und die höhere Automatisierung des Materialflusses werden zusätzlich erhebliche Betriebskosten eingespart.

3. Projektumfang Eurolager N 90

Der Gesamtkomplex besteht aus:

Hochregallager:

sechsgassiges Lager mit sechs automatischen Regalbediengeräten (RGB), Länge 84 m, Breite 28 m, Höhe 30 m, davon 6 m im Boden

Vorzone:

Erdgeschoß: Wareneingang, I-Punkt, Einlagerungsebene, automatische Stretch- und Umreifungsanlage, Warenausgangsbereitstellung

Obergeschoß: vier Kommissionierplätze, Auslagerungsebene, Leitstand

Dachgeschoß: Lüftungstechnik

Kellergeschoß: Sprinkleranlage, CO_2- und Schaumtanks, Notstromdiesel, Rechner- und Schaltschrankräume

Anbau:

Versandbereitstellung, Verladung über Rampen oder bodengleiche Container-Beladung.

Projektkosten: 60 Mio DM, davon 20 Mio DM für Sicherheitseinrichtungen.

Am Projekt "Eurolager" beteiligte Firmen:

Lieferanten:	
Rohbau:	Dyckerhoff AG, Wiesbaden
Gleitschaltung:	Wayss & Freytag AG, Frankfurt/Main
Fördertechnik/DV:	MAN GHH Logistics GmbH, Heilbronn
Lagerleitsystem (LLS):	agiplan a+o Software GmbH, Stuttgart
Brandmelde- und Telekommunikationstechnik:	Siemens AG, Frankfurt/Main
Sprinkler- und Schaumlöschanlage:	Jacob Nohl GmbH, Frankfurt/Main
CO_2-Löschanlage:	Total Walther Feuerschutz GmbH,Sinsheim
Planer:	
Konzept und Projektleitung:	Merck KGaA, Darmstadt
Architektur und Bauleitung:	Architekturbüro Fay, Bingen
Logistik, Organisation, DV:	integral Berater und Planer GmbH, Mülheim a.d. Ruhr

4. Sicherheitskonzept

Im Eurolager N 90 werden entzündliche, giftige, wassergefährdende und ätzende Chemikalien auf Paletten gelagert. Selbstverständlich werden hierbei die gesetzlichen Bestimmungen zur getrennten Lagerung von Chemikalien eingehalten.

Das Sicherheitskonzept besteht aus verschiedenen Elementen, die sich gegenseitig ergänzen:

4.1 Brandvorsorge

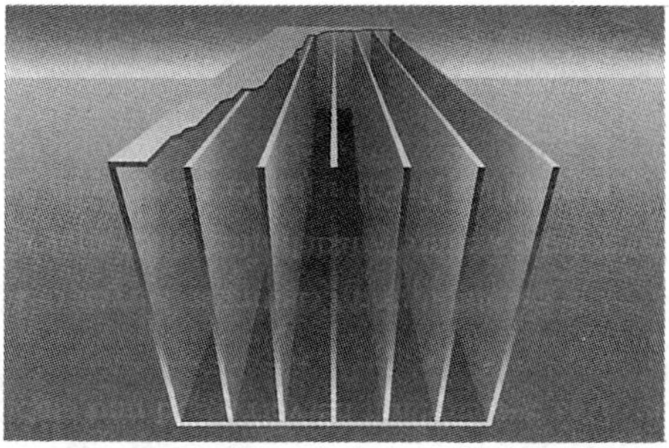

Für den Bau des Lagers wurden nur nichtbrennbare Baustoffe, wie Stahlbeton und Stahl verwendet. Das eigentliche Lager ist in sechs Brandabschnitte unterteilt, die wiederum von der Vorzone brandschutztechnisch getrennt sind.

Die einzulagernden Stoffe werden gemäß ihrer Stoffeigenschaften getrennt gelagert. Dies wird durch das Lagerleitsystem (LLS) überwacht. Die Grundlage für die Getrenntlagerung bildet das 'Konzept zur Zusammenlagerung von Chemikalien' des Verbandes der Chemischen Industrie (VCI).

4.2 Brandfrüherkennung

Im gesamten Gebäude wurden flächendeckend mehr als 3 000 automatische Rauchmelder installiert. Das gewählte Meldesystem hat eine Einzelkennung, so daß die Werkfeuerwehr schon bei Alarmeingang die genaue Lage des Melders kennt.

Zusätzlich werden alle Stör- und Alarmmeldungen der Löschanlagen, der Lüftung, der Leckagesensoren und der Einbruchmeldeanlage auf die Gefahrenmeldeanlage der Werkfeuerwehr Merck aufgeschaltet und von dort abgearbeitet.

4.3 Brandbekämpfung

Zum sofortigen Löschen eines Brandes schon in der Entstehungssphase sind in allen 6 Gassen drei automatische Löschsysteme installiert :

- Die **Sprinkleranlage** ist nach der höchsten Brandgefahrklasse (BG 4.4) ausgelegt. Sprinklerdüsen befinden sich in jeder Regalebene. Dem Sprinklerwasser wird zusätzlich ein Schaumkonzentrat (AFFF-ATC) zugemischt.

- Die **CO_2-Löschanlage** wird über die Brandmeldeanlage oder manuell über Handtaster ausgelöst. Das CO_2 verdrängt den zum Brand notwendigen Sauerstoff. Pro Lagergasse werden bei Auslösung 25 t CO_2 eingeblasen. Innerhalb weniger Minuten wird damit eine löschwirksame Konzentration aufgebaut. Diese Löschanlage wurde insbesondere wegen der Lagerung entzündlicher Flüssigkeiten installiert.

- Die **Bodenbeschäumung** in den Lagergassen wird dann automatisch aktiviert, wenn eine der beiden erstgenannten Löschanlagen ausgelöst hat. Damit sollen evtl. auslaufende Flüssigkeiten am Lagerboden abgedeckt werden, um eine Brandausbreitung zu verhindern.

4.4 Gewässerschutz

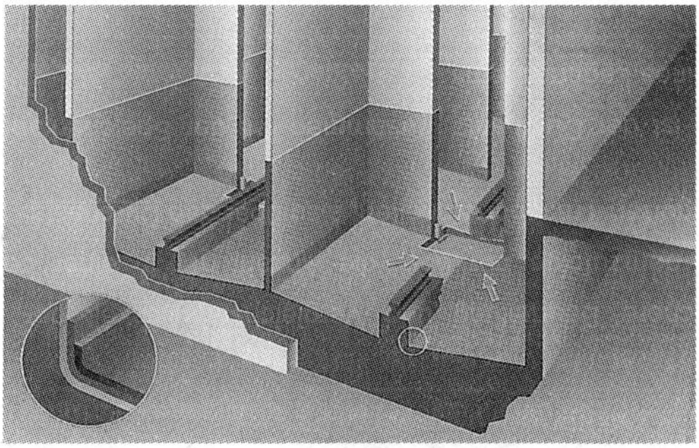

Jede Lagergasse besteht aus einer wasserundurchlässigen "Wanne" mit einem Fassungsvermögen von 1,5 Mio l, so daß im Störfall die gesamte Löschwassermenge aufgefangen werden kann.

Der untere Bereich dieser Wannen ist mit einem undurchlässigen, chemikalienbeständigem Kunststoff beschichtet, um ggf. auslaufende Flüssigkeiten sicher aufzufangen. In diesem Fall wird durch Leckagesensoren bei der Werkfeuerwehr Alarm ausgelöst. Die Leckage würde innerhalb kurzer Zeit von der Werkfeuerwehr Merck beseitigt.

4.5 Einbruchschutz

Neben den normalen Sicherheitsmaßnahmen, die ein Betreten des Werkgeländes verhindern sollen, ist das Eurolager N 90 zusätzlich überwacht.

Die Lagergassen dürfen -auch wegen der automatischen CO_2-Löschanlage- nur in Absprache mit der Werkfeuerwehr betreten werden.

4.6 Genehmigungsverfahren

Das Eurolager N 90 unterliegt dem Bundes-Immissionsschutzgesetz (BImSchG). Zu den Antragsunterlagen gehörte auch eine umfangreiche Sicherheitsanalyse, die vom TÜV Bayern begutachtet wurde.

Das gesamte Genehmigungsverfahren dauerte ca. 2 Jahre.

5. Materialflußkonzept

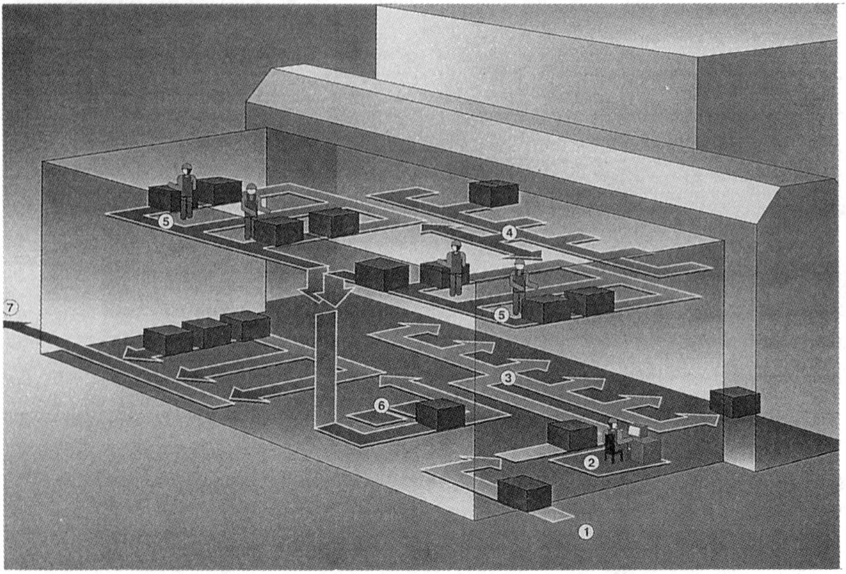

1. Im Erdgeschoß der Vorzone werden die palettierten Stoffe mit Schleppzügen durch den Werkverkehr angeliefert. Elektrogabelstapler setzen die Paletten dann auf die Förderanlage.

2. Nach der automatischen Barcode-Lesung folgt die Konturen- und Gewichtskontrolle. Durch eine zusätzliche Plausibilitätsprüfung am I-Punkt wird eine fehlerhafte Datenerfassung ausgeschlossen.

3. Jede freigegebene Palette wird nun automatisch über die Förderanlage im EG zum Bereitstellungsplatz in die vom Lagerleitsystem (LLS) vorgegebenen Lagergasse transportiert. Dabei werden auch die Zusammenlagerungverbote sowie die vorgeschriebenen Mengenbegrenzungen

berücksichtigt. Anschließend übernimmt das RBG die Paletten und lagert sie auf dem -ebenfalls vom LLS vorgegebenen- Lagerplatz ein.

4. Kundenaufträge werden von der zentralen Auftragsabwicklung im SAP-System an das LLS übermittelt. Die vom LLS festgelegten Paletten werden von dem jeweiligen RBG ausgelagert und von der Förderanlage automatisch an einen der vier Kommissionierplätze im Obergeschoß der Vorzone gefördert.

5. An diesen Arbeitsplätzen erhalten die Mitarbeiter ihre Aufträge über einen Bildschirmdialog. Neben der reinen Kommissioniervorgabe gibt das DV-System auch an, welche Gefahrgutkennzeichnung anzubringen ist und druckt am Arbeitsplatz eine barcodierte Versandadresse aus. Für das Kommissionieren schwerer Verpackungseinheiten ist pro Arbeitsplatz ein elektrischer Kettenzug mit Faßgreifer sowie ein Vakuumheber für Well-papp-Faltkisten installiert.

6. Nach dem Kommissionieren tranportieren Etagenförderer die Auftragspaletten und die Restpaletten in das EG. Restpaletten laufen zurück in das Hochregallager. Auftragspaletten werden bei Bedarf ladungsgesichert. Dazu wurde im Erdgeschoß je ein automatischer Umreif- und Wickelautomat in die Förderanlage integriert.

7. Die fertigen Auftragspaletten -sowohl für externe als auch interne Kunden (Produktion)- werden dann auf den vom LLS vorgegebenen Pufferstrecken bereitgestellt. Ein (teil-)automatisches Verladesystem (AVS) verlädt die bereitgestellten Paletten auf Schleppzüge, die die Ware entweder im Versand oder an einem Produktionsgebäude abliefern. Größere Kundenaufträge werden im Anbau bereitgestellt und von dort direkt auf Lkw oder in Container verladen.

Vom Leitstand aus wird die gesamte Anlage permanent über ein Leuchtschaubild sowie eine Anlagen-Visualisierung überwacht.

6. DV - Konzept

Das DV-Konzept basiert auf einem Drei-Ebenen-Modell, in dem die Aufgabenverteilung ganz klar abgegrenzt ist.

Auf der HOST-Seite wird SAP-R/2 mit den Modulen RM-MAT, LVS und RV eingesetzt. Da jedoch kein SAP-Modul in der Lage ist, die operative Logistik-Ebene für ein derartiges automatisches Lagersystem komplett online abzuwickeln, wird im Eurolager N 90 ein separates dezentrales LLS zwischengeschaltet.

Das LLS kommuniziert zum einen über eine online-Kopplung "CPI-C" sehr eng mit der SAP-Ebene und über die Sinec-H1-Procedur mit den SPS-Komponenten der Steuerungsebene. Das LLS ist als Dual-Host-System ausgelegt, mit zwei im Cluster-Verfahren zusammengeschalteten DEC 4000-710 mit dem Betriebssystem "Open VMS" und einer Verfügbarkeit von >99 %.

Die speicherprogrammierbaren Steuerungen (SPS) der Fördertechnik sind so ausgelegt, daß der aktuelle Belegungsbestand der Anlage immer auf je einer benachbarten Steuerung parallel geführt wird. Dadurch ist, selbst bei Komplettausfall einer Steuerung, kein Leerfahren der Anlage erforderlich, da die ausgetauschte Komponente sofort wieder aktualisiert werden kann.

7. Betriebserfahrungen

Das Eurolager N 90 ist seit 16 Monaten in Betrieb.

Der Inbetriebnahme gingen zahlreiche Funktions- und Leistungstests voraus. Nachdem die Leistungsfähigkeit der einzelnen Anlagenkomponenten nachgewiesen war, wurde zum Abschluß ein Verfügbarkeitsnachweis der Gesamtanlage durchgeführt. Die Testphase wurde auch zur intensiven praktischen Schulung des Personals genutzt.

Im Sommer 1995 begann nach 2 Jahren Bauzeit der Echtbetrieb des Lagers. Das Bedienpersonal war zum ersten Mal auf sich alleine angestellt. Hier profitierten wir dann davon, daß wir frühzeitig Personal für die Schulungen bei Lieferanten und für das Sammeln von praktischen Erfahrungen in der Anlage freigestellt hatten. Im Team des Software-Lieferanten arbeitete z.B. ein Mitarbeiter von Merck aktiv bei der Erstellung der LLS-Software mit.

Bereits nach einem halben Jahr war das Lager zu 90 % ausgelastet. Die Langzeitverfügbarkeit hat sich inzwischen auf ca. 97 % eingespielt. Von der eigenen Wartungstruppe stehen bei Bedarf Elektroniker und Mechaniker zur Verfügung. Das Lager wird mit insgesamt 13 Mitarbeitern betrieben.

Wie vorgesehen, ist das Eurolager N 90 zu einem wichtigen Umschlagspunkt für chemische Produkte und Rohstoffe im Werk Darmstadt geworden. Gegenüber früher hat sich die Wirtschaftlichkeit der Kommissionierung deutlich verbessert. Die Kosten für die Ein- und Auslagerung sowie für die Kommissionierung sind im Vergleich zu manuell bedienten Lägern deutlich gesunken.

Die Lagerkosten pro Palette sind aufgrund der hohen Sicherheitsinvestitionen allerdings auf ca. 20 DM/Monat gestiegen.

Der "Chemie-Safe" N 90 ist wie vorgesehen zur logistischen Drehscheibe für kritische Produktions- und Fertigware geworden. Verbesserte Abläufe sorgen für einen zügigeren Auftragsdurchlauf mit sehr hoher Termintreue. In den Produktionsbereichen konnten dadurch an vielen Stellen Bestände reduziert werden.

Ergonomisch gestaltete Arbeitsplätze erleichtern dem Bedienpersonal die Arbeit. Vor allem aber geht das Sicherheitskonzept im Eurolager N 90 auf. So stellt Merck unter Beweis, daß Chemie, Umweltschutz und Logistik auf einen Nenner zu bringen sind.

Neues Bewertungsmodell zum Effizienzvergleich von automatischen Lagersystemen

Wolfgang Krenmüller, Regensburg

1. Zusammenfassung:

Die Vielzahl von unterschiedlichen Lagertechniken und -systematiken, die durch die technische Weiterentwicklung in den letzten Jahren auf den Markt kamen, läßt eine Vergleichbarkeit nur über den Durchsatz zu. Dies gilt auch, wenn ein Lagersystem in seiner Gesamtheit zu beurteilen ist. Auch hier ist der Durchsatz die aussagekräftigste Kenngröße der Effizienz eines Lagersystems. Der VDI hat sich als Erster zum Ziel gesetzt, hierfür eine entsprechende Richtlinie zu entwickeln, die für Betreiber, Planer und Hersteller gleichermaßen von Nutzen ist.

2. Problematik der Beurteilung und des Vergleichs von Lagersystemen:

Für Anwender und Planer von automatischen Lagersystemen stellt sich immer wieder das Problem, die Effizienz - hier verstanden als Leistungsfähigkeit - eines konzipierten, aber noch nicht realisierten Systems beurteilen zu müssen.

Eine weitere Problemstellung in diesem Zusammenhang ist, verschiedene Lagerkonzepte miteinander zu vergleichen. Meist kommt hier dazu, daß hinter verschiedenen Konzepten häufig auch unterschiedliche Maschinentechniken stehen (als einfaches Beispiel sei hier angeführt: Einfach- oder Mehrfach-Lastaufnahmemittel). Dies erschwert die Aufgabenstellung zusätzlich.

Bisher wurde an dieser Stelle in der Regel versucht, eine Beurteilung und einen Vergleich über die allgemein bekannten „Spielzeiten" herbeizuführen. Dies stößt aber bald auf Schwierigkeiten: Wie sollen die Spielzeiten z.B. eines herkömmlichen Regalbediengerätes mit einer Teleskopgabel als Lastaufnahmemittel mit den Spielzeiten eines Regalbediengerätes verglichen werden, das sechs, zwölf oder noch mehr Lastaufnahmen mit sich führt?

(Abb. 1). Oder ein anderes Beispiel: In einer Lagergasse fährt in der einen Variante ein Regalbediengerät und in der anderen Variante in jeder Lagerebene ein Verschiebewagen, die wiederum alle unabhängig voneinander fahren können. Gibt es hier Spielzeiten, die miteinander verglichen werden können? (Abb. 2).

Diese beiden Beispiele zeigen, daß eine Beurteilung der Leistungsfähigkeit, und damit ein Vergleich unterschiedlicher Systeme und Konzepte, anhand von „Spielzeiten" oder „Spielzahlen" kaum oder gar nicht möglich ist. Es fehlt hier nämlich eine sehr wichtige Aussage und zwar, wie viele Ladeeinheiten oder besser gesagt, Transporteinheiten, denn in einem bestimmten Zeitraum in das Lager eingelagert bzw. ausgelagert wurden!

Spielzeiten können darüber keine Auskunft geben, weil sie nicht berücksichtigen, ob z.B. ein Regalbediengerät eine oder mehrere Transporteinheiten mitführen kann. Ein Leistungsvergleich über Spielzeiten versagt auch, wenn die Spielzeiten aufgrund einer unterschiedlichen Systematik nicht miteinander vergleichbar sind oder Spielzeiten nicht definierbar sind, weil z.B. mehrere Vorgänge im Lagersystem gleichzeitig ablaufen (beispielsweise bei Umlauflagern).

Eine sichere Beurteilung und Vergleichsmöglichkeit der Effizienz eines Lagersystems besteht demzufolge nur über die Anzahl der in einer bestimmten Zeiteinheit ein- und ausgelagerten Transporteinheiten, also über den Durchsatz.

Folglich ist der Durchsatz, zusammen mit der Speicherkapazität, die bedeutendste Kenngröße eines Lagersystems.

3. Vergleich und Bewertung anhand des Durchsatzes:

Wie ist der Durchsatz definiert?

Der Durchsatz (Q) ist definiert als mittlerer Stückgutstrom in das Lager hinein und/oder aus dem Lager heraus. Gemessen und angegeben wird er in Transporteinheiten pro Stunde (TE/h).

Je nach Betriebsart unterscheidet man zwischen dem „Einlagerdurchsatz“ (Q_E), dem „Auslagerdurchsatz“ (Q_A) und dem „kombinierten Durchsatz“ (Q_K), bei dem Einlagern und Auslagern in einem Zyklus miteinander kombiniert werden. Der kombinierte Durchsatz wird durch die zwei Zahlenwerte „kombinierter Einlagerdurchsatz“ (Q_{KE}) und „kombinierter Auslagerdurchsatz“ (Q_{KA}) angegeben. Dies soll einerseits der Verdeutlichung dienen, es kann andererseits aber auch Systeme und Techniken geben, die hier unterschiedliche Werte aufweisen.

In Formeln gefaßt bedeutet dies:

- Einlagerdurchsatz: $Q_E = \frac{Z_E}{t_E}$ [TE/h] (1)

- Auslagerdurchsatz: $Q_A = \frac{Z_A}{t_A}$ [TE/h] (2)

- Kombinierter Durchsatz:: $Q_K = (Q_{KE}; Q_{KA})$ [TE/h]

  $Q_{KE} = \frac{Z_E}{t_K}$ [TE/h] (3)

  $Q_{KA} = \frac{Z_A}{t_K}$ [TE/h] (4)

Z_E, Z_A sind die Anzahl der ein- bzw. auszulagernden Transporteinheiten,
t_E, t_A, t_K sind die Zeiten für einen Einlager-, Auslager-, und kombinierten Zyklus.

Zyklus bedeutet hier, daß die Transporteinheiten von den Einlagerpunkten des Lagersystems in bestimmte Lagerplätze eingelagert werden, bzw. von anderen bestimmten Lagerplätzen zu den Auslagerpunkten hin ausgelagert werden. Ein Zyklus umfaßt dabei das vollständige Ausführen und Abschließen aller Einlager- und Auslageroperationen.

Die Einlager- und Auslagerpunkte eines Lagersystems sind genau definiert. In welche Lagerplätze eingelagert wird bzw. aus welchen ausgelagert werden muß (die „Referenzlagerplätze“) leitet sich von der räumlichen Lage der Einlager- bzw. Auslagerpunkte und der Topologie des Lagerkörpers ab.

Wie dieses Verfahren im einzelnen aussieht und die Umgang hiermit sind Inhalt der neuen Richtlinie VDI 4480.

4. Neue Richtlinienreihe VDI 4480:

Mit der Richtlinienreihe VDI 4480 soll ein Standard geschaffen werden, der unterschiedliche Lagertechniken und -systematiken unter dem Gesichtspunkt „Durchsatz" betrachtet und bewertet.

Die Richtlinie ist deshalb in einzelne Blätter aufgeteilt, um besser auf die verschiedenen Lagersystematiken eingehen zu können, ohne daß dabei ein einzelnes Blatt zu umfangreich wird. Außerdem kann durch Hinzufügen weiterer Blätter die Richtlinie bei Neuentwicklungen einfach ergänzt werden.

Der geplante Aufbau der Richtlinienreihe sieht gegenwärtig folgendermaßen aus:

VDI 4480

Blatt 1	Durchsatz von automatischen Lagern mit gassengebundenen Regalbediensystemen	Gründruck
Blatt 2	Durchsatz von automatischen Lagern mit nicht gassengebundenen Regalbediensystemen	
Blatt 3	Durchsatz von automatischen Durchlauflagern	
Blatt 4	Durchsatz von automatischen Kanallagern	in Bearb.
Blatt 5	Durchsatz von automatischen Umlauflagern	Gründruck
Blatt 6	Durchsatz von automatischen Lagern mit Verschieberegalen	
Blatt 7	Durchsatz von	

5. Anforderungen und Grundlagen der Richtlinie:

Die Richtlinie soll folgenden Anforderungen gerecht werden:

- Sie soll auf unterschiedliche Techniken und Lagersystematiken anwendbar sein.
- Mehrere Ein- und Auslagerpunkte sollen berücksichtigt werden können.
- Die eingesetzte Technik soll ihre Leistungsfähigkeit darstellen und dokumentieren können.
- Das Ergebnis soll ein aussagefähiger Mittelwert des zu erwartenden Durchsatzes sein.
- Mit Hilfe dieses Verfahrens soll im vorhinein eine Berechnung des Durchsatzes und später ein praktischer Nachweis möglich sein.

Das Verfahren zur Durchsatzermittlung beruht daher auf folgenden Grundlagen:

- Das Lagersystem wird in seiner Gesamtheit betrachtet und bewertet.
- Ausgangspunkt der Durchsatzbetrachtung ist die Topologie des Lagerkörpers mit der räumlichen Anordnung der Lagerplätze und der Lage der Ein- und Auslagerpunkte.
- Alle Lagerplätze gelten als gleichwertig.
- Es wird von gleichförmigen Materialströmen ausgegangen.
- Um vergleichbare Voraussetzungen zu schaffen werden anwendungsspezifische Parameter wie Lagerstrategien, Artikel- und Auftragsstrukturen, manuelle Vorgänge (z.B. Kommissioniervorgänge) etc. nicht berücksichtigt.
- Um den unterschiedlichen Techniken Rechnung zu tragen werden Bewegungsabläufe, wie z.B. die Reihenfolge des Anfahrens der Referenzlagerorte, nicht vorgegeben. Diese Bewegungsabläufe können so gewählt werden, daß die eingesetzte Technik ihre optimale Leistungsfähigkeit unter den gegebenen Rahmenbedingungen entwickeln kann.

6. Referenzlagerorte:

Jeder Einlagerpunkt (EP) und jeder Auslagerpunkt (AP) erhält eine fest zugeordnete Gruppe von Referenzlagerplätzen, welche das „Referenzsystem“ für den jeweiligen EP bzw. AP darstellen. Diese Referenzsysteme werden in allen Lagergassen abgebildet, in die vom jeweiligen EP eingelagert wird, bzw. aus denen zum jeweiligen AP ausgelagert wird.

Auf das genaue Ermittlungsverfahren, wie sich die Referenzlagerplätze von den EP bzw. AP ableiten, wird an dieser Stelle nicht näher eingegangen. Dies ist im einzelnen in der Richtlinie beschrieben. Nur soviel sei hier erwähnt:

Jedes Referenzsystem hat einen sog. „Ursprungspunkt“. Dieser ist abhängig von der Lage des jeweiligen EP bzw. AP relativ zum Lagerkörper. Vom Ursprungspunkt (P_{UE} bzw. P_{UA}) wiederum leiten sich in weiterer Folge die Referenzlagerplätze ab. Ein Referenzsystem deckt dabei von allen möglichen Fachpositionen in den drei Koordinatenachsen (x, y, z) mindestens einen Lagerplatz als Referenzlagerplatz ab. Die Anzahl der Lagerplätze eines Referenzsystems in einer Gasse ist daher so groß, wie die größte Anzahl an vorkommenden Fachpositionen in einer der Koordinatenachsen. (Abb. 3).

Aufgrund ihrer Bedeutung bezüglich der gesamten Durchsatzermittlung müssen die Ein- und Auslagerpunkte eines Lagersystems eindeutig definiert werden. Auch dies ist in der Richtlinie genau beschrieben. Als Leitgedanke gilt hier, daß alle Komponenten, die für den Betrieb des Lagersystems ursächlich erforderlich sind, in die Betrachtung einzubeziehen sind. Dies bedeutet, daß auch Teile der Fördertechnik zum betrachteten System zählen. Die EP und AP eines Lagers sind so definiert, daß dies berücksichtigt wird.

7. Anwendungsbeispiele:

Die Abbildungen 4 bis 6 zeigen, wie sich in verschiedenen Lagersystemen die Ein- und Auslagerpunkte und die Referenzsysteme darstellen. Das Schema der Ableitung der Referenzlagerplätze ist in allen Fällen das gleiche.

8. Aufbau der Richtlinienblätter:

Jedes Richtlinienblatt ist vom inhaltlichen Aufbau her gleich gestaltet und ist eine vollständige Arbeitsunterlage, mit der unabhängig von den anderen Blättern gearbeitet werden kann.

Die wesentlichen Inhaltspunkte sind (Auszug aus dem Inhaltsverzeichnis):

1. Gültigkeitsbereich

2. Durchsatz

   2.1 Definition
   2.2 Durchsatzermittlung
   2.3 Ermittlung der Referenzlagerplätze
   2.4 Unterschiedliche Größe der Transporteinheiten
   2.5 Spezifische Einlager- und Auslagerpunkte
   2.6 Unterschiedliche Materialströme
   2.7 Unterschiedliche Betriebszustände
   2.8 Auftrennung in Teilsysteme

   3. Durchsatznachweis

Auf folgende Punkte sei an dieser Stelle noch eingegangen:

- Unterschiedliche Materialströme (Abschnitt 2.6):

  Grundsätzlich gelten alle Lagerplätze und auch alle EP und AP als gleichwertig. Dies bedeutet, daß über alle EP und AP gleich große Materialströme fließen. Es gibt aber natürlich Fälle, bei denen unterschiedlich große Materialströme über die einzelnen EP bzw. AP fließen.

  Um diese Anforderung zu überprüfen, werden die den betreffenden EP und AP zugeordneten Referenzsysteme „ausgedünnt“. Das heißt, derjenige EP bzw. AP mit dem größten Materialteilstrom behält das „volle“ Referenzsystem, während die Anzahl der Referenzlagerplätze der anderen Referenzsysteme im Verhältnis der Materialströme verringert wird.

- Unterschiedliche Betriebszustände (Abschnitt 2.7):

  Besitzt ein Lagersystem mehrere EP und AP, so sind zusammen mit den Betriebsarten (einlagern, auslagern, kombiniert) auch die verschiedenen Betriebszustände zu beachten.

Als Betriebszustände sind möglich:

- Alle EP und AP sind gleichzeitig in Betrieb.
- Nur teilweise sind EP und/oder AP gleichzeitig in Betrieb.
- Nur jeweils ein EP und/oder AP ist in Betrieb.

- Aufgrund der unterschiedlichen Anzahl an gleichzeitig wirksamen EP und AP resultieren unterschiedliche Durchsätze, die betrachtet und angegeben werden müssen.

- Auftrennung in Teilsysteme (Abschnitt 2.8):

  Grundsätzlich ist für die Durchsatzbewertung das Lagersystem in seiner Gesamtheit zu betrachten. Unter bestimmten Voraussetzungen ist es jedoch möglich und zulässig, ein komplexes Lagersystem in kleinere Teilsysteme aufzutrennen, deren Durchsätze separat festgestellt und bewertet werden können. Wann diese Voraussetzungen gegeben sind, ist in der Richtlinie genau beschrieben.

- Durchsatznachweis (Abschnitt 3):

  Es wird in der Richtlinie auch - erstmals - darauf eingegangen, wie ein praktischer Nachweis des Durchsatzes, ein „Durchsatztest" zu erfolgen hat. Hier bestand Nachholbedarf.

  Gemäß dem Grundsatz, daß alle zum Betrieb des Lagers ursächlich erforderlichen Komponenten in die Betrachtung einzubeziehen sind, werden nicht nur die Komponenten des Maschinenbaus und seiner Steuerungstechnik, sondern auch die relevanten Komponenten der EDV mit in den Test einbezogen. Auch hier stehen klare Anweisungen in der Richtlinie, wie dies zu geschehen hat.

9. Stand der Richtlinienarbeiten:

Die Arbeiten am Blatt 1 „Durchsatz von automatischen Lagern mit gassengebundenen Regalbediensystemen" und Blatt 5 „Durchsatz von automatischen Umlauflagern" sind abgeschlossen. Das Blatt 1 ist seit April 1996 im Gründruck am Markt und geht jetzt in Weißdruck. Blatt 5 wird demnächst im Gründruck erscheinen.

Das Blatt 4 „Durchsatz von automatischen Kanallagern" ist in Angriff genommen, die Arbeiten werden voraussichtlich im Herbst 1997 abgeschlossen sein.

Verschiedene RBG – Bauformen

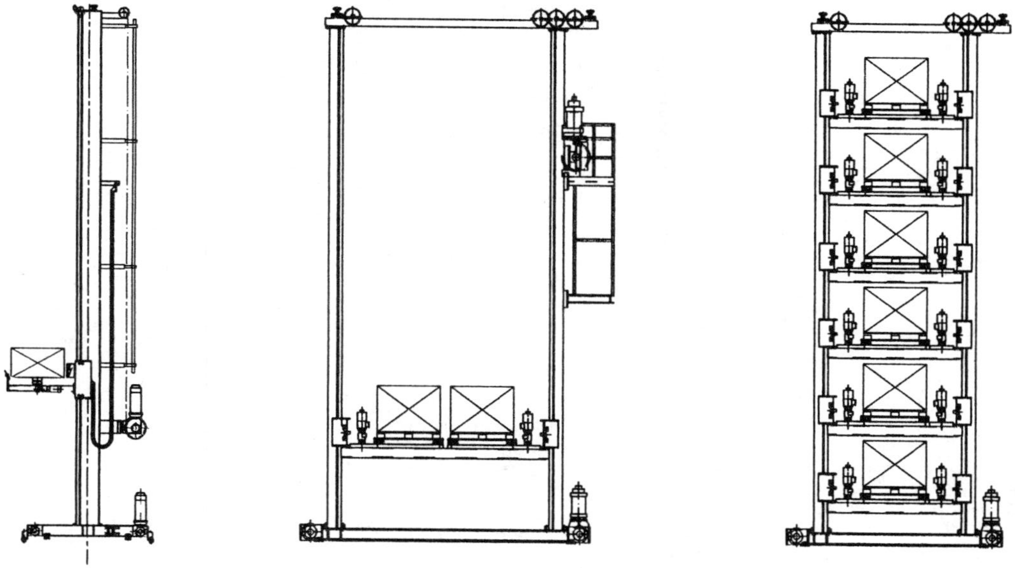

Abb. 1

Schnitt durch eine Lagergasse

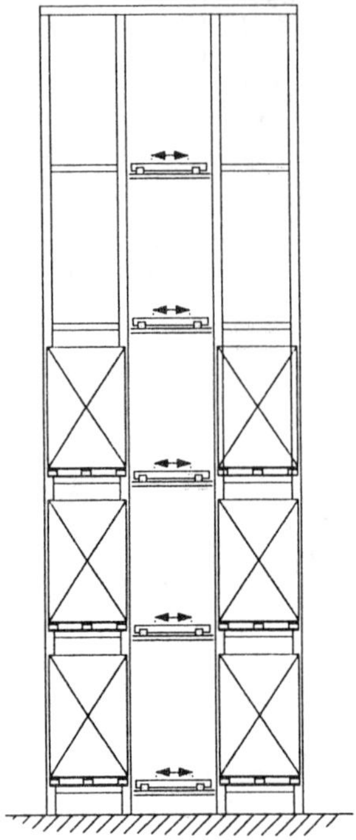

Verschiebewagen in jeder Ebene

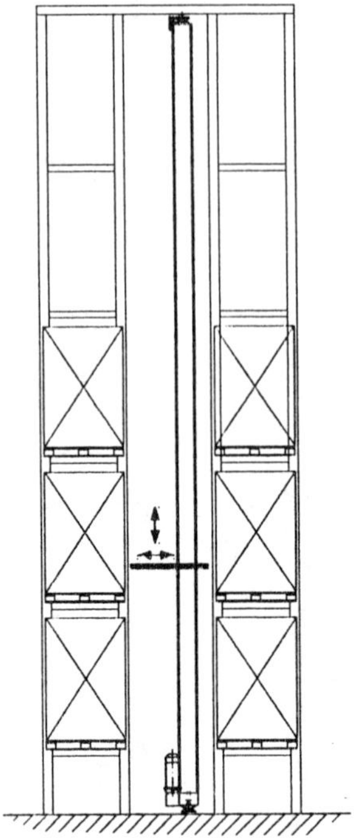

Regalbediengerät

Abb. 2

Beispiele für Referenzlagerplätze

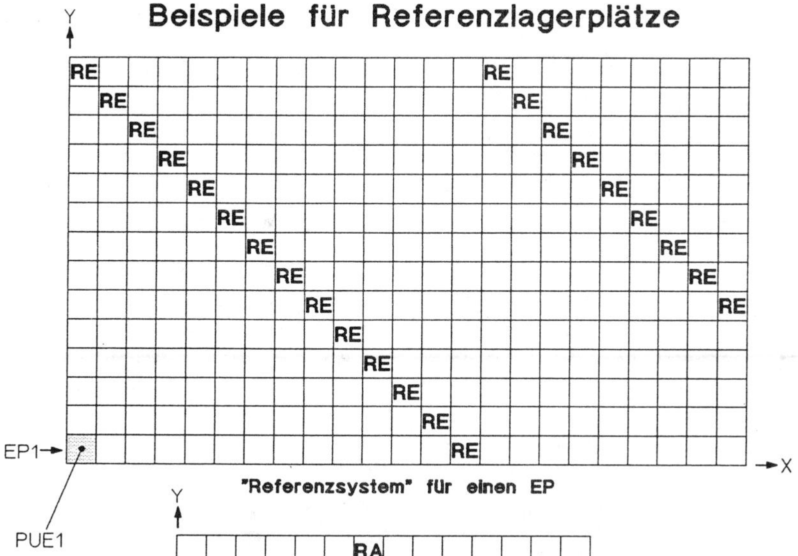

"Referenzsystem" für einen EP

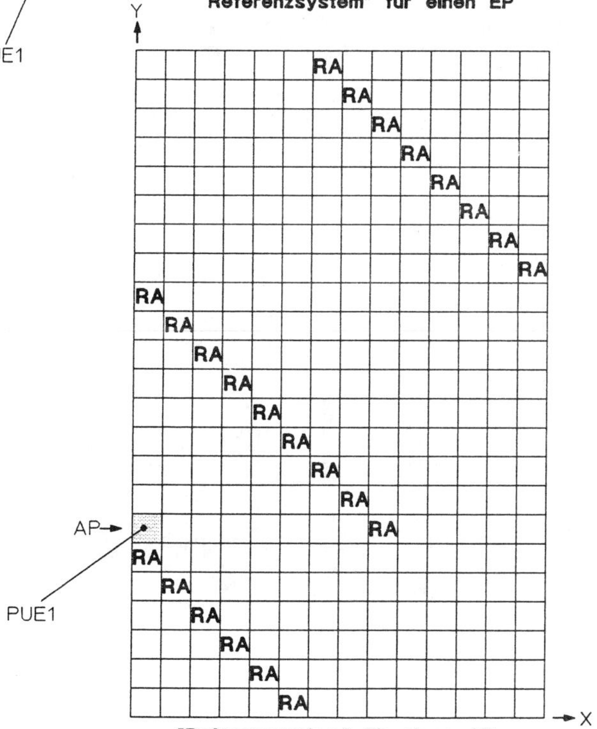

Abb. 3

"Referenzsystem" für einen AP

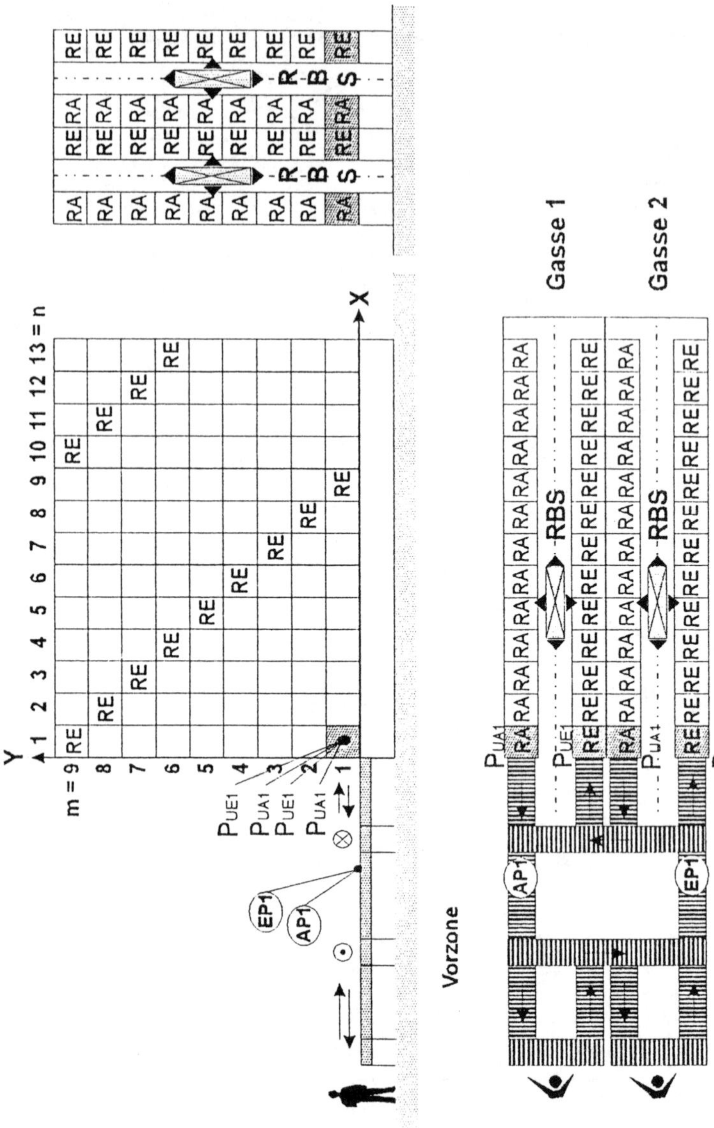
RE
RA
R
B
S
m = 9
Y
X
13 = n
P_{UE1}
P_{UA1}
EP1
AP1
Vorzone
RBS
Gasse 1
Gasse 2

Abb. 4

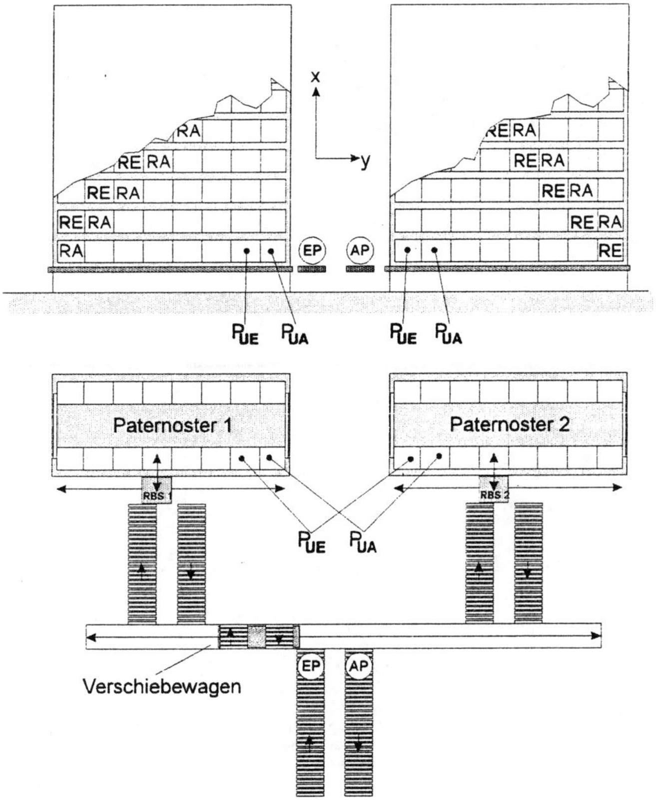
x
y
RA
RE RA
RE RA
RE RA
RA
EP
AP
RE RA
RE RA
RE RA
RE RA
RE
P_{UE} P_{UA}
P_{UE} P_{UA}
Paternoster 1
Paternoster 2
RBS 1
RBS 2
P_{UE} P_{UA}
EP
AP
Verschiebewagen

Abb. 5

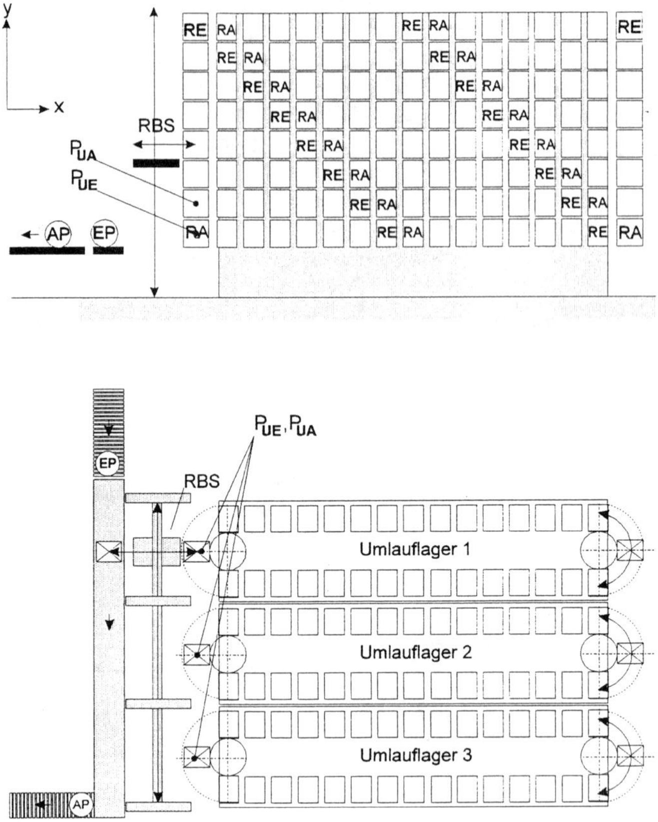
y
x
RBS
PUA
PUE
AP
EP
RE
RA
PUE, PUA
EP
RBS
Umlauflager 1
Umlauflager 2
Umlauflager 3
AP

Abb. 6

Neue Logistik-Konzepte am Beispiel eines mittelständischen Unternehmens

Dr.-Ing. **Volker Heidenblut,** Dortmund

Zusammenfassung

An einem Beispiel wird die Neukonzeption eines Lagers für ein mittelständisches Unternehmen durch einen Outsourcing-Dienstleister beschrieben. Neben der konsequenten Einführung von Mehrweggebinde-Einheiten (Behälter und Paletten) zeichnet sich das Logistikzentrum durch hohe Leistungsfähigkeit bei einem breit gefächerten Artikelspektrum aus. Die Gestaltung der Komm.-Plätze für Teilmengenentnahmen aus dem Palettenlager-Bereich ist so vorgenommen worden, daß außer manuellen Hilfsmitteln für das Umpacken von Ladungseinheiten nach dem Prinzip Ware zum Mann verfahren wird und Leergebinde als auch volle Versandeinheiten automatisch zu- und abgeführt werden.

Die Inbetriebnahme des Lagers erfolgte zum Jahreswechsel 1994/95. Auf die bei einer zeitengen Inbetriebnahme auftretenden Probleme wird in dem Bericht eingegangen.

Ausgangssituation

Viele Unternehmen, gerade auch aus dem mittelständischem Bereich, sind an einem Entscheidungspunkt angelangt: Wie soll die Logistik des Unternehmens langfristig gestaltet werden, insb. wie soll oder wie kann die physische Verteilung der Waren erfolgen?

Nach den Jahren des Aufbaus, der technologischen Entwicklung und des Gewinnens neuer Märkte ist die Logistik meist als der Bereich übriggeblieben, für den sich Handlungsbedarf angesammelt hat. Sei es durch interne Gründe wie veraltete Lager und Komm.-Technik, Zahl der angemieteten Läger, verbunden mit hohem Aufwand für Organisation und Abwicklung, Kapazitäts- und Leistungsdefizite, oder auch durch externe Gründe, wie gewandeltes Kundenverhalten, neue Anforderungen durch Umweltsituation, Ausdehnung der Märkte, usw.

Konkret stellen sich dann Fragen wie:

- o Welche Lagerkapazität und welche -leistung (Zahl der Ein- und Auslagerungen) müssen zukünftig vorgehalten werden?
- o Ist die Logistik eine Kernkompetenz des Unternehmens - auch langfristig - oder nicht?
- o Kann den Herausforderungen zusammen mit einem Outsourcing-Dienstleister besser begegnet werden?
- o Hält die Tendenz zu kleineren und häufigeren Sendungen an, d.h. Verlagerung der Vorratshaltung auf den Hersteller sowie Steigerung der Komm.-Leistung und -Qualität?

Diese und ähnliche Fragen standen am Anfang des Projektes, von dem im folgenden berichtet werden soll.

Das Unternehmen

Firma Winkhaus Technik GmbH & Co. KG mit Sitz in Telgte ist ein bekanntes mittelständisches Unternehmen für die Herstellung von hochwertigen Fensterbeschlägen.

Im Zuge der Verbesserung wurde Anfang 1994 eine Neukonzeption der Versandlogistik beschlossen, um parallel zum wachsenden Umsatz den Lieferservice zu erhöhen sowie die Logistikkosten zu senken. Die bestehenden dezentralen Läger mit manueller Lagerbedienung sollten zu einem zentralen automatischen Versandlager zusammengeführt werden. Darüber hinaus wurde beschlossen, die Kartonageverpackung gänzlich durch ein umweltfreundliches Mehrwegverpackungssystem, vornehmlich auf Basis von Kunststoffbehältern, zu ersetzen.

Damit war ein ehrgeiziges Ziel formuliert, nicht nur in der Lagertechnologie einen „Quantensprung" zu vollziehen, sondern auch die Ver- und Entsorgung des Marktes auf ein völlig neues System umzustellen.

Aufgrund der Vorgespräche und dem im Transportbereich schon bestehenden engen Beziehungen zu einem bekannten Logistikdienstleister entschloß man sich, das ganze Projekt in Verbindung mit einem Outsourcing-Schritt zu vollziehen. Neben dem Vorteil, daß stark saisonal schwankende Geschäft mit möglichst effizientem Personaleinsatz des Outsourcing-Dienstleisters abwickeln zu können, sollen durch Angliederung des neuen Versandlagers an einen bestehenden Standort Synergieeffekte bei Lagerhaltung und Transporten erzielt werden.

Der Dienstleister

Die Spedition* Gebr. Hellmann GmbH & Co. KG mit Sitz in Osnabrück bot sich als idealer Partner zur Realisierung des neuen Versandlagers an. Zum einen handelt es sich um einen erfahrenen und kompetenten Logistikdienstleister, zum anderen hatte Winkhaus bereits positive Erfahrungen in der Zusammenarbeit mit Hellmann im Transportbereich gesammelt. Das Leistungsangebot des Intern. Logistikunternehmens Hellmann erstreckt sich vom traditionellen Speditionsgeschäft bis hin zur kompletten Logistik-Abwicklung incl. Kundenkommissionierung und Sonderbearbeitungen. Transporte werden über das eigene, weltweite Distributionsnetz für Pakete und Paletten abgewickelt.

Der Logistikplaner

Den Auftrag für Konzeptfindung, Ausplanung und Realisierung des neuen Versandlagers erhielt die VES Planungsgesellschaft für Transport- und Lagersysteme mbH, Dortmund, mit langjähriger Erfahrung in herstellerunabhängiger Logistikplanung und -beratung in allen Produktions- und Handelsbranchen.

Das neue Versandzentrum

Auf dem Gelände des Logistikunternehmens Hellmann in Osnabrück wurde das neue Versandzentrum mit Lager- und Kommissionierbereich in einem kurzen Planungs- und Realisierungszeitraum von etwa einem Jahr errichtet und Anfang Januar 1995 in Betrieb genommen.

* Zwischenzeitlich hat die Fa. Hellmann umfirmiert in:
Gebr. Hellmann GmbH & Co. KG, Internationales Logistikunternehmen

Das Gebäude

Das Lagergebäude besteht aus einer 1.500 m² großen Halle in Betonbauweise, in die das 20 m hohe Regallager integriert ist. Die Lagervorzone befindet sich in einem 6 m hohen Hallenbereich mit etwa 1.000 m² Grundfläche. Hier werden alle weiteren Aufgaben abgewickelt wie WE-/WA-Bereitstellung, Eingangskontrolle, I-Punkt und Kommissionierung. Durch die Lagerungshöhe von 20 m wurde wenig Baufläche benötigt, so daß die eigentliche Lagerhalle relativ geringe Investitionen erforderte.

Das Lagergut

Bei dem Lagergut handelt es sich um alle Arten von Beschlägen zur Dreh- und Kippbewegung von Kunststoff-Fenstern. Hierbei sind Kleinteile von wenigen Zentimetern Abmessung bis hin zu Groß- und Langteilen bis 2,40 m Länge gegeben. Da es sich grundsätzlich um Metallteile handelt, sind die Gewichte der Gebindeeinheiten relativ hoch. Insgesamt sind 1.500 verschiedene Artikel gegeben.

Die Lagertechnik

Kernstück des Versandlagers ist ein automatisches Hochregallager. Zwei Lagerbereiche für Europaletten und Langgutpaletten schaffen Platz für insgesamt 10.000 Lagereinheiten bei direktem Zugriff.

6 Lagergassen mit Regalbediengeräten, Ketten- und Rollenförderer in der Vorzone auf zwei Ebenen sowie 3 Verteilwagen können bis zu 420 Paletten pro Tag umschlagen. Dies gewährleistet eine hohe Dynamik des Lagers, welches maximal 10 x pro Jahr umgeschlagen wird. Die automatische Lagertechnik verursacht für den geforderten Umschlag in diesem Fall weniger Betriebskosten, als eine vergleichbare Lösung mit mannbesetzten Staplern.

In der Lagervorzone ist aufgrund der bis zu 30 kg schweren Mehrwegbehälter eine Kommissionierung nach dem Prinzip „Ware zum Mann“ mit automatischer Ver- und Entsorgung von Versandpaletten angeschlossen worden. 3 ergonomisch gestaltete Kommissionierplätze mit pneumatischen Hebehilfen und EDV-Terminals für die beleglose Kommissionierung wickeln 200 Aufträge mit insgesamt 1.000 Positionen pro Tag ab.

Die Lagerverwaltung

Ein eingehender Bewertungsprozeß ging der Einführung einer neuen zentralen Lagerverwaltung für das geplante Versandzentrum voraus. Man entschied sich für die Installation eines PC-Netzwerks für 10 Arbeitsplätze einschl. belegloser Kommissionierung sowie für Lager- bzw. Auftragsverwaltung. Über dieses Netzwerk innerhalb der Spedition erfolgen automatisch Frachtbrieferstellung und Export-abwicklung. Mit Anschluß des Lagerverwaltungssystems per ISDN-Leitung an den Vertrieb der Fa. Winkhaus ist ein schnelles Reagieren auf Kundenanforderungen möglich. Mehrmals täglich werden im Hause Winkhaus erfaßte Bestellungen direkt in den Lagerleitstand des Versandzentrums übertragen. Dort wird der Auftrag zum Mitarbeiter in den Kommissionier-PC weitergeleitet und stellt somit eine kurze Auftragsdurchlaufzeit sicher. Der Auftrag wird am gleichen Tag kommissioniert und nach Rückmeldung an Winkhaus fakturiert. Die Fehlerrate am Kommissionierplatz fällt durch die EDV-Unterstützung minimal aus.

Die Mehrwegverpackung

Für Lagerung und Transport werden ausschließlich wiederverwendbare Ladungsträger eingesetzt. Die Waren werden bereits in der Produktion und bei den Zulieferern in Mehrwegeinheiten abgepackt. Für Kleinteile finden die aus der Automobilindustrie bekannten „KLT“ (Kleinladungsträger) Anwendung.

Bei der Kommssionierung können diese mit installierten Hebehilfen gehandhabt und zügig umgesetzt werden. Die verschließbaren KLT können auf Paletten oder lose als Paket versandt werden. Langgutartikel bis zu 2,4 m Länge werden gebündelt in Euro- oder Spezial-Paletten mit Holzaufsetzrahmen transportiert. Aufwendiges Aufreißen von Kartons und Verwendung von Umkartons in der Verpackung sind damit nicht mehr erforderlich. Durch die Verwendung der „standardisierten“ Mehrwegverpackung ist ein Rationalisierungseffekt eingetreten, da die früher große Zahl von Transport- und Verpackungseinheiten auf ein Minimum reduziert worden ist. Darüber hinaus wird hierdurch ein Beitrag zum Umweltschutz erreicht.

Der Wareneingang

Im Bereich des Wareneingangs wird die Entladung der bereitgestellten Wechselpritschen mit Frontstaplern durchgeführt. Die Ware ist von der Produktion bereits mit Barcodeetiketten versehen. Nach Aufsetzen der Paletten auf die Fördertechnik erfolgen automatisch Scannung sowie Einlagerung in das HRL. Der Mitarbeiter im Lagerleitstand muß nur bei Anbruch- oder artikelgemischten Paletten die Menge zusätzlich am Terminal eingeben. Die Meldung der Warenzugänge an Winkhaus erfolgt per Datenfernübertragung (DFÜ) im Stundentakt. Somit ist der Vertrieb stets aktuell über die verfügbaren Bestände sowie den Bestandszulauf informiert.

Der Warenausgang

Per DFÜ übermittelt die Winkhaus-Vertriebsabteilung Kundenaufträge direkt an den Lagerverwaltungsrechner des LVZ bei Hellmann.

Im Lagerleitstand werden die Aufträge nach Versandkriterien wie Liefertermin und Lieferadresse für die Bearbeitung freigegeben. Ab hier steuert der LVR die autom. Versorgung der Kommissionierzone und gibt den Mitarbeitern an den Kommissionierplätzen via Terminal den Ablauf für die kundengerechte Zusammenstellung der Ware vor.

Ein Auftrag kann verschiedene Zusammenstellungen aufweisen, bspw.:

- o Vollpaletten aus dem Vorratsbereich
- o Teilmengenentnahmen

jeweils bezogen auf Pool-Paletten oder Langgutbereich

Durch automatische Artikel- und Leerpalettenzufuhr zum Kommissionierbereich (Pool-Paletten-Bereich und auch Langgut-Bereich) über Verteilwagen vollzieht sich der Warenfluß. Der Mitarbeiter wickelt per Bildschirmdialog die gesteuerte Entnahme von Teilmengen und das Umpacken auf Packpaletten ab.

Je nachdem in welchem Lagerbereich die letzte Entnahme zur Abwicklung eines Gesamtauftrages quittiert wird, wird der Abschluß des Auftrages mit Auslösen des Lieferscheindrucks veranlaßt.

Ebenfalls über Fördertechnik findet die autom. Entsorgung der fertigen Packpaletten vom Kommissionierbereich zum Warenausgang statt. Abnehmen der Packpaletten und direkte Beladung der bereitstehenden LKW-Pritschen erfolgen abschließend durch Frontstapler.

Umfaßt ein Auftrag mehrere Packstücke oder Einheiten aus den Lagerbereichen, wird eine Zusammenstellung im Warenausgangsbereich vorgenommen, ggf. auch noch eine Packstückverdichtung.

Durch die Visualisierung der Betriebszustände im Leitstand ist der Bearbeitungsfortschritt und die aktuelle Lagerleistung unter ständiger Beobachtung. Zur Bestandsaktualisierung werden die abgearbeiteten Aufträge als Lagerabgänge incl. eingesetzter Mehrwegverpackung durch den Lagerverwaltungsrechner automatisch verbucht. Die Meldung der ausgeführten Aufträge an Winkhaus zur Fakturierung erfolgt im Stundentakt.

Die Transporte

Die Logistikkette setzt bereits bei Abholung der Produktionserzeugnisse von den Werkstätten mittels bereitgestellter Wechselpritschen durch Hellmann ein.

Vom Versandzentrum fahren die LKW mit der kommissionierten Ware zu Umschlagszentren des Logistikunternehmens Hellmann, wo dann die Feinverteilung der palettierten Sendungen auf Sammelrouten erfolgt. Damit kann eine optimale Auslastung der Fahrrouten erzielt werden. Kleinsendungen werden über den Deutschen Paketdienst (DPD) abgewickelt.

Inbetriebnahme

Die Inbetriebnahme mußte zum Jahreswechsel 1994/95 erfolgen. Antransport und Einlagerung der Vorratspaletten aus dem Stammwerk und den Mietlägern erfolgte zwischen den Festtagen. Durch eingehende organisatorische Vorbereitungen mußten alle Abläufe aufeinander abgestimmt werden, damit die „Rundum-Die-Uhr-Einlagerung“ erfolgen konnte. Natürlich konnte trotz intensiver Vorbereitung nicht alles ohne Probleme abgewickelt werden. Einige Aspekte seien hierzu aufgeführt:

- Mit einem Palettenzugang von 5.000 Paletten wurde gerechnet, schließlich waren es jedoch etwa 9.000.

- o Eine Einlagerung war definitionsgemäß nur dann möglich, wenn der Artikel über einen Artikelstammdatensatz dem System bekannt war. Bei der Einlagerung stellte sich heraus, daß nicht alle Artikel und Artikelgruppen erfaßt worden waren und damit zur Ablehnung dieser Artikel führte.

- o Um möglichst keine technischen Probleme wegen n.-i.-O.-Paletten zu erhalten, wurden alle Zulieferer auf die Notwendigkeit der Palettenqualität hingewiesen. Auch wurden im großen Stil neu beschaffte Paletten zur Verfügung gestellt. Leider wiesen gerade diese neuen Paletten nicht die geforderten Toleranzen auf, insb. Einfahröffnungen für die Teleskopiereinrichtungen, so daß beim Lagerzugang ein Großteil der Paletten von der Profilkontrolle abgewiesen worden sind und anschließend manuell mit hohem Aufwand gerichtet bzw. umgepackt werden mußten.

- o Die Steuerung eines zentralen Förderelementes (Verteilwagen auf der Einlagerungsebene) war nicht i.O. Der Fehler konnte jedoch nicht in kurzer Zeit lokalisiert und behoben werden, da es sich hard- und softwaremäßig um ein neues Teil handelte.

- o Aus verschiedenen Gründen konnte die Software des übergeordneten Lagerverwaltungsrechners nicht ausreichend getestet werden. Dies betraf insb. die Kommissionierung und den Warenausgang. Kurzfristig mußte auf eine Notstrategie für eine gewisse Zeit umgeschaltet werden, um die Lieferungen, wenn auch in reduziertem Umfange, überhaupt aufnehmen zu können.Die Performance der gesamten Rechneranlage, insb. der Rechner an den Komm.-Plätzen, mußte durch Aufrüsten der CPU's verbessert werden.

Abb. 1: Lager- und Versandzentrum des Logistikunternehmens Hellmann, Osnabrück
Über 8 Verladetore können täglich 700 Paletten umgeschlagen werden

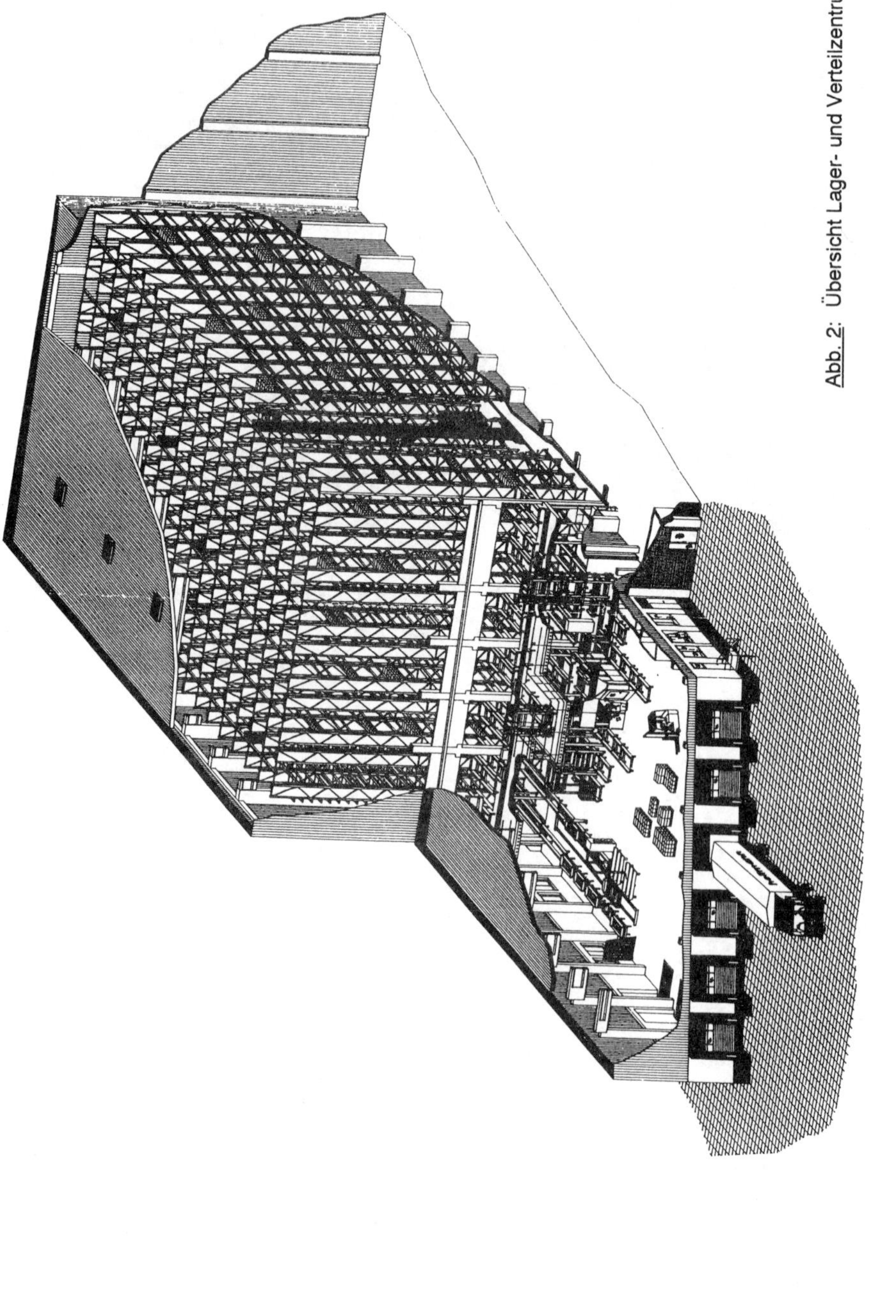

Abb. 2: Übersicht Lager- und Verteilzentrum

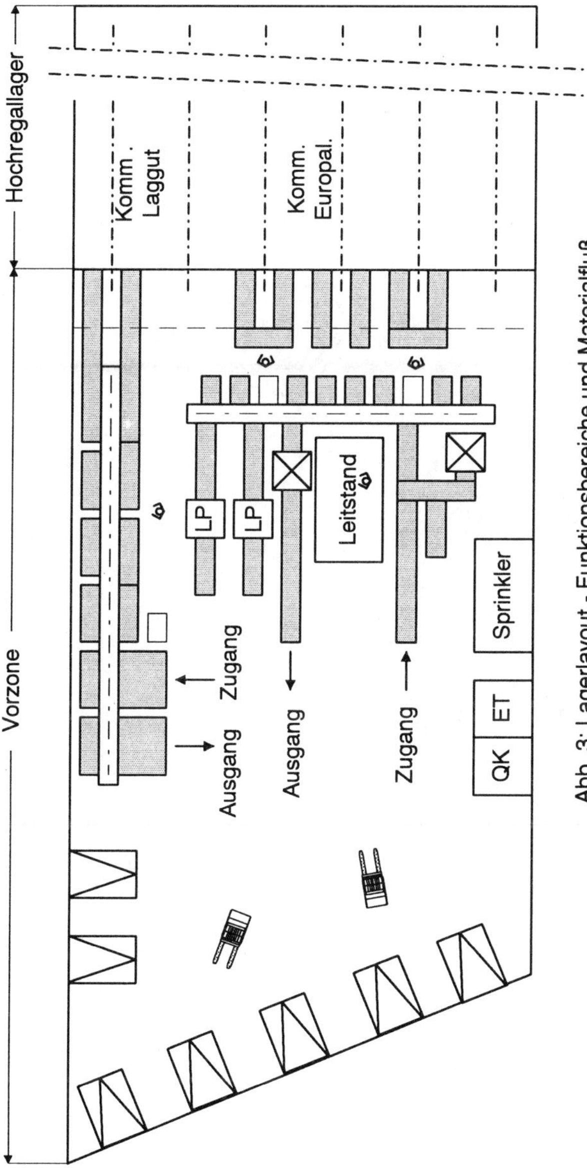

Abb. 3: Lagerlayout - Funktionsbereiche und Materialfluß

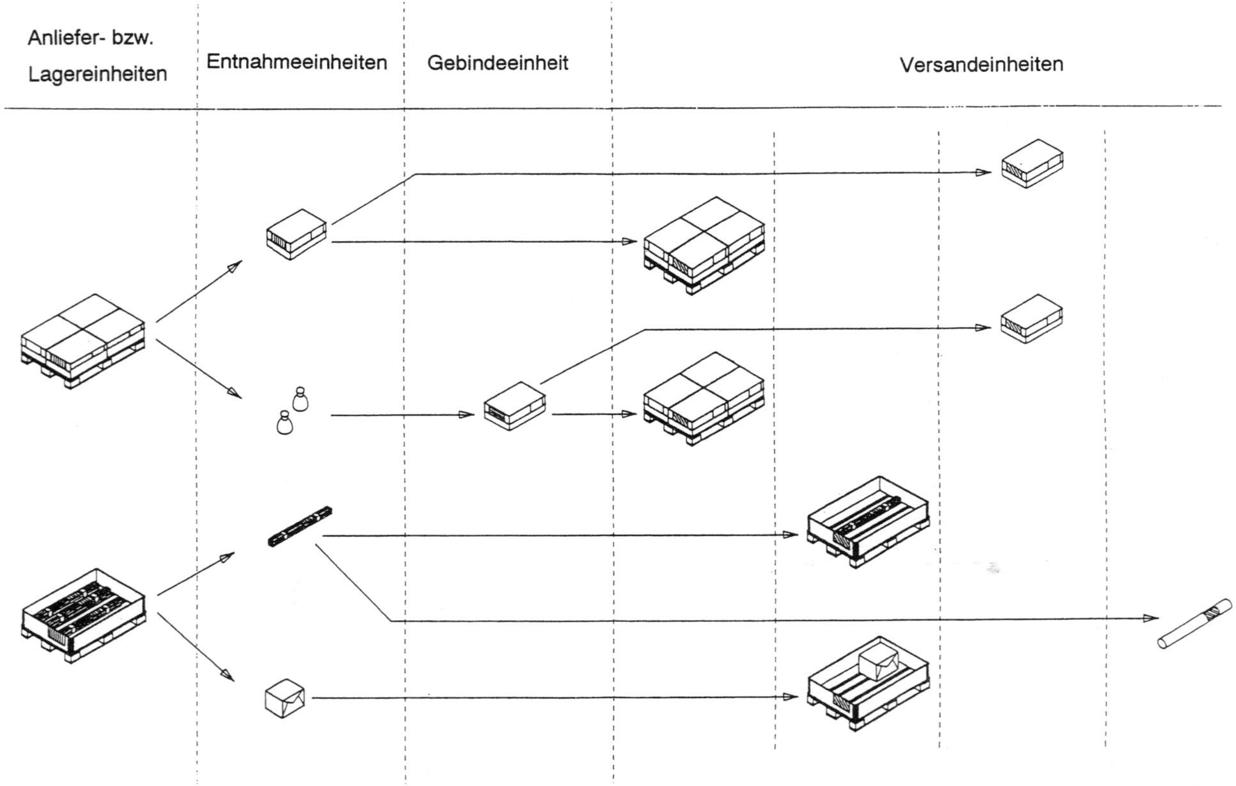

Abb. 4: Transport-, Lager- und Kommissioniereinheiten auf Basis von Mehrwegverpackungen

Abb. 5: Warenein-/Warenausgangszone
Vom Leitstand werden alle Aktivitäten gesteuert und überwacht

Abb. 6: Kommissionierbereich mit 2 ergonomisch gestalteten Arbeitsplätzen
Automatische Ver- und Entsorgung ermöglicht bis zu 1.000 Pos./Tag

Baubeginn	01.01.1994	
Betriebsbeginn	01.01.1995	
Lagerkapazität	10.000	Pal.
Lagerleistung	50	Pal./h
Lagerfläche	1.500	m^2
Lagerhöhe	20	m
Anzahl Artikel	1.500	Stk.
Kommissionierfläche	1.000	m^2
Kommissionierleistung pro Stunde		
- Aufträge	15	
- Positionen	75	
- Verkaufseinheiten	300	

Tab.: Kenndaten des Lager- und Verteilzentrums des Logistikunternehmens Hellmann, Osnabrück

Sicherheit in der DFÜ

Dr. **Michael Hortmann,** Hamburg

Datenschutz durch Verschlüsselungstechnik:

Die rechnergestützte Übermittlung kritischer Daten in Wirtschaft und Behörden, aber auch im privaten und medizinischen Bereich über öffentliche Netze war bisher kaum möglich, da kein Schutz gegen Verfälschung und unberechtigte Einsichtnahme bestand.

Aber nicht nur kommunikativ "fließende", sondern auch "statische" Daten auf materiellen Trägern wie Magnetbändern, Disketten, Festplatten, PCMCIA-Karten etc. sind häufig höchst vertraulich, sollten daher für Unbefugte nicht einsehbar und ggf. mit einem Urhebernachweis versehbar sein.

Moderne kryptographische Verfahren ermöglichen es heute jedermann, Daten sicher zu kommunizieren, aufzubewahren und vor Verfälschung zu sichern. Zusätzlich wird es auch möglich, elektronische Dokumente mit Unterschriften zu versehen und ihnen somit Urkundencharakter zu verleihen. Die Anwendung derartiger Methoden wird bald alltäglich sein und unsere öffentliche, wirtschaftliche und finanzielle Infrastruktur wesentlich mittragen. Im folgenden geben wir eine Einführung in die dazu notwendigen Methoden und Infrastrukturen, aber versuchen auch, Grenzen und Gefährdungen aufzuzeigen.

Es ist einleuchtend, daß solche neuen Möglichkeiten Konsequenzen für unser Rechtssystem nach sich ziehen. Konstrukte wie Unterschriften und Urkunden müssen dort eingebettet sein, wenn sie Rechtsverbindlichkeit erlangen sollen; entsprechende Gesetze und Verordnungen zur "Digitalen Signatur" sind in Vorbereitung. Aber auch vor einer endgültigen gesetzlichen Regelung erweist sich der Gebrauch der entsprechenden Methoden als notwendig und sinnvoll.

Der technisch mögliche Schutz vor "unberechtigter Einsichtnahme" ist ebenfalls nicht unproblematisch. Im Gegenzug ist die Frage zu stellen, wie die "berechtigte Einsichtnahme" sicherzustellen ist. Dies beginnt beim Schlüsselmanagement für den Zugang zu den eigenen Daten. Es wäre unangenehm bis katastrophal, wenn durch verlorengegangene Zugangsschlüssel Datenverluste eintreten. Unternehmen und Behörden müssen sich aber auch dagegen schützen, daß unzugängliche oder gar unbeobachtbare Datenströme nach außen und innen neue Gefährdungen aufwerfen. Außerdem gibt es natürlich auch für die Sicherheitsbehörden Probleme, wenn in Zukunft alle digitale Kommunikation "unknackbar" verschlüsselt sein sollte. Welche Lösungen können hier öffentlichem, privatem und wirtschaftlichem Interesse gemeinsam gerecht werden?

Kryptologische Algorithmen:

Klassische Chiffriermaschine

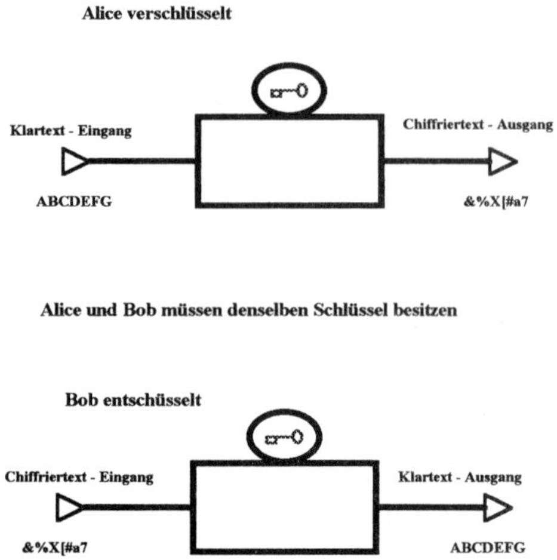

Das obige Bild beschreibt eine "klassische Chiffriermaschine". Sie besitzt einen Dateneingang, einen Datenausgang sowie einen Schlüsseleingang. An diesem simplen Konzept können schon viele Probleme der Verschlüsselungstheorie und -praxis dargelegt werden.

Wesentlich ist, daß Sender und Empfänger der Daten bei der "klassischen Maschine" über denselben Schlüssel verfügen müssen. Ein Qualitätsmerkmal einer klassischen Maschine, die in Hardware materiell oder nur als Softwarealgorithmus repräsentiert sein kann, ist die Schlüssellänge. So benutzt der Standardalgorithmus **DES**, der z.B. in Geldausgabeautomaten verwendet wird, 56 Bit Schlüssellänge. Einen derartigen Schlüssel könnte man darstellen als Folge von 8 Ascii-Zeichen, Folge von 16 Hex-Ziffern, oder Folge von 56 Binärziffern (Bits), z.B.

```
a&/%.B6@
61 26 2f 25 2e 42 36 40
110 0001  010 0110  010 1111  010 0101  010 1110  100 0010  011 1110  100
0000
```

was in verschiedener Kodierung dasselbe bedeutet; wobei man auch bei einem so relativ kurzen Schlüssel sieht, daß man ihn sich nur schwer merken kann, ein Problem für ein sicheres *Schlüsselmanagement*.

Die Schlüssellänge ist deshalb wesentlich, damit der richtige Schlüssel nicht durch Ausprobieren aller Möglichkeiten gefunden werden kann; bei einer Schlüssellänge von16 Bit wären beispielsweise 65536 Möglichkeiten zu testen, was von einer Maschine offenbar schnell durchgeführt werden kann. Erschwerend kommt beim Durchprobieren hinzu, daß i.a. das Ergebnis des Dechiffrierens mit einem Testschlüssel auf Sinnhaftigkeit untersucht werden muß, was je nach der Natur der Klartextdaten für eine Maschine bzw. ein Programm schwierig sein könnte, es sei denn, man kenne bereits einen Teil des Klartexts.

Untersuchungen speziell zum DES mit 56 Bit Schlüssellänge haben gezeigt, daß Spezialhardware zur systematischen Schlüsselsuche zu vertretbaren (stets sinkenden) Preisen gebaut werden kann.

Man kann die effektive Schlüssellänge des DES durch den sogenannten **Triple-DES** Modus auf 112 Bit verdoppeln, indem man 2 unabhängige Schlüssel wählt. Die Triple-DES-Verschlüsselung erfolgt dann, indem mit dem ersten eine Verschlüsselungsoperation durchgeführt wird, dann mit dem zweiten eine Entschlüsselungsoperation, schließlich mit dem ersten wieder eine Verschlüsselungsoperation. Für 112 Bit lange Schlüssel gibt es dann keine Möglichkeit der systematischen Schlüsselsuche mehr.

Während die *Komplexität* des Schlüssels für eine klassische Chiffriermaschine wichtig ist, darf aber auch die eigentliche Verschlüsselung keine Schwächen aufweisen. Man kann dies vergleichen mit einem Schloß, bei dem ja nicht nur der Schlüssel schwierig nachzumachen sein darf; das Schloß selbst muß auch stark sein. (Die Analogie trägt noch weiter: der zu schützende Raum darf keine weiteren, schwächer geschützten Eingänge haben.)

Kryptographische Qualität:
In diesem Sinne ist DES ein sehr starker Algorithmus, der seit seiner Spezifikation in den 70er Jahren sehr genau untersucht worden ist. Es wurde kritisiert, daß nicht alle Designkriterien veröffentlicht wurden und das Verfahren deshalb mögliche Hintertüren besitzt. Der Grund für diese Zurückhaltung lag aber darin, daß die beim Design beteiligten Institutionen nicht ihr seinerzeit überlegenes Wissen über den Entwurf derartiger Kryptoalgorithmen preisgeben wollten. Auch die Beschränkung auf 56 Bit Schlüssellänge war wohl weniger darin begründet, daß sie der amerikanischen National Security Agency gerade noch brechbar erschien, als darin, daß die Implementation des Algorithmus in Hardware vorrangig war und damalige integrierte Schaltkreise größere Schlüssellängen nicht verkrafteten.

Dies führt zur Frage, wie für Außenstehende die Qualität eines Kryptoalgorithmus überhaupt beurteilbar ist. Ein wichtiges Merkmal ist die Öffentlichkeit des Verfahrens und nach Möglichkeit auch der Designkriterien. Je länger ein solches Verfahren dann öffentlich analysiert wurde, ohne wesentliche Schwächen aufzudecken, umso vertrauenswürdiger stellt es sich dar. Im Idealfall gäbe es mathematische Beweise für die Sicherheit; für die wichtigen Anwendungen ist dies heutzutage nicht der Fall. Alternativ könnte man der Institution, die den Algorithmus zur Verfügung stellt, das Qualtitätsurteil überlassen. Dies führt aber leicht zu Interessenkonflikten. Außerdem könnte man in diesem Fall auch Zweifel an der Qualität der kritischen Kryptoanalyse des offerierten Verfahrens haben. Während in der akademischen und sonstigen öffentlichen

"Cryptographic Community" weltweit einige tausend Kryptologen tätig sind und sich solchen Problemen widmen, wird mit Ausnahme der amerikanischen NSA keine Firma oder sonstige hiesige Institution eine derartige "Mannschaftsstärke" aufweisen.

An der ETH Zürich wurde Ende der achtziger Jahre der IDEA-Algorithmus als potentieller "Nachfolger" des DES entwickelt mit einer Schlüssellänge von 128 Bit; die öffentliche Kryptanalyse hat ihn als stark validiert. Während DES/3DES frei benutzt werden kann, besitzt die Firma Ascom-Tech für kommerzielle Anwendungen von IDEA Lizenzrechte (15$ pro Implementation, bzw. weniger bei größerer Stückzahl).

Die "klassische Chiffriermaschine" ist dadurch charakterisiert, daß Chiffrierschlüssel und Dechiffrierschlüssel identisch sind. Man wird diese Klasse von Algorithmen dort einsetzen, wo die Menge der beteiligten Kommunikationspartner relativ klein ist, so daß nicht allzuviele Schlüssel im Spiel sind, beispielsweise zum Schutz einer festen Kommunikationsstrecke (link encryption).

Grundsätzlich gilt:
Die Sicherheit eines Chiffrieralgorithmus darf nur von der Geheimhaltung des Schlüssels abhängen, nicht von der Geheimhaltung des Algorithmus, über den "der Gegner" im Zweifelsfall doch verfügt. Der Algorithmus sollte jahrelanger öffentlicher Kryptanalyse standgehalten haben. Dem Endanwender sollte eine unabhängige Institution garantieren, daß die von ihm ins Auge gefaßte Implementation des Algorithmus korrekt und frei von Nebeneffekten ist; nach Möglichkeit sollte er bei einer Softwareimplementation die Quelltexte selbst oder durch einen unabhängigen Gutachter überprüfen können.

Public Key Kryptographie

Wenn es eine unübersehbare Anzahl von Teilnehmern eines zu sichernden Kommunikationssystems gibt, reichen Methoden, die sich aus der klassischen Chiffriermaschine ableiten, nicht mehr aus. Entweder müßten sich dann mehrere Benutzer einen Schlüssel teilen, was natürlich unsicher wäre, oder es müßten Schlüsselverteilungszentralen geschaffen werden, die über "Master-Keys" verfügen und die Kommunikationsschlüssel der Benutzer kennen, was nicht unbedingt vertrauenerweckend ist; oder aber die Anzahl der Schlüssel wächst in unübersichtliche und Unsicherheit schaffende Größenordnungen. Die Idee der **Public Key Kryptographie**, die Mitte der 70er Jahre von Diffie und Hellman in den USA publiziert wurde, schafft hier Abhilfe. Sie geht davon aus, daß die klassische Chiffriermaschine derart abgeändert werden kann, daß Chiffrier- und Dechiffrierschlüssel verschieden sind, und daß letzterer aus ersterem nicht errechenbar ist.
In einem solchen Falle lassen sich die Chiffrierschlüssel sämtlicher Teilnehmer in ein öffentliches Verzeichnis schreiben, vergleichbar mit einem Telefonbuch (ebenso sind private "Notizbücher" möglich, in denen jeder die öffentlichen Schlüssel seiner Kommunikationspartner vorhält), während jeder Benutzer seien eigenen privaten Dechiffrierschlüssel geheimhält und wohl verwahrt.

Im folgenden Diagramm wird ein Public Key Chiffrier/Dechiffriervorgang illustriert:
Links möchte Bob mit Alice vertraulich kommunizieren, lädt Alices Chiffrierschlüssel (=öffentlicher Schlüssel) aus dem Schlüsselverzeichnis in die Chiffriermaschine und versendet den Chiffriertext über ein öffentliches Netz.

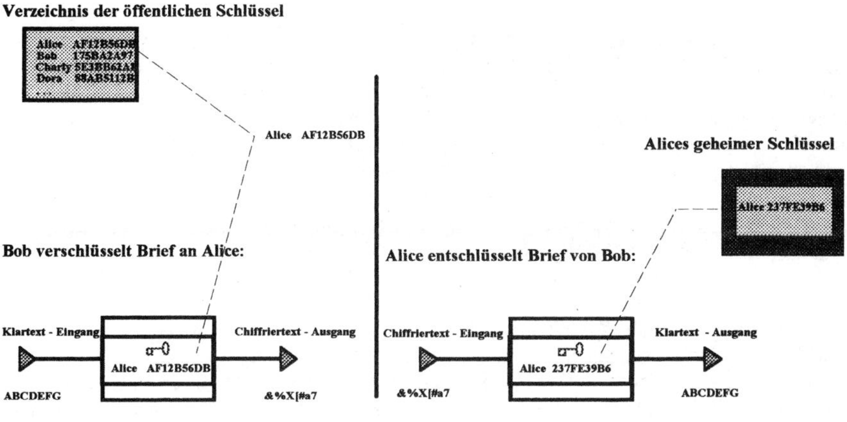

Rechterhand erhält Alice den verschlüsselten Text, lädt ihren Dechiffrierschlüssel (=geheimer, privater Schlüssel) aus einem geschützten Bereich in die Maschine (am besten wäre er bereits unauslesbar darin enthalten) und stellt somit den Klartext wieder her.
Da nur Alice über den richtigen geheimen Schlüssel verfügt, kann nur sie die Dechiffrierung vornehmen. Andererseits kann jeder Systemteilnehmer ihr vertrauliche Botschaften schicken.

Für das *Schlüsselmanagement* stellen sich jetzt folgende Fragen:

- Wer erzeugt die Schlüssel?
- Wodurch ist sichergestellt, daß ein öffentlicher Schlüssel wirklich zu dem intendierten Empfänger gehört?

Letzteres ist bedeutsam, damit die vertrauliche Post nicht für den falschen Empfänger lesbar wird. Dies soll im Abschnitt über *Zertifizierung* diskutiert werden.

Umgekehrt kann Alice ein Dokument mit einer *Digitalen Signatur* versehen:
Indem sie das zu signierende Dokument mit ihrem geheimen Schlüssel "chiffriert", entsteht eine Datei, die von jemandem, der die Unterschrift prüfen will, mit ihrem öffentlichen Schlüssel "dechiffriert" wird: wird hierbei der Klartext rekonstruiert, ist nachgewiesen, daß die "Signieroperation" vom Besitzer des geheimen Schlüssels, also Alice, vorgenommen wurde.

Auf diese Weise wird es möglich, Zeugnisse, Berechtigungsnachweise, Pässe, etc. per Datennetz zu versenden oder auf einfachen Datenträgern vorzuhalten.

Interessant an der Ideengeschichte ist die Tatsache, daß zunächst kein Verfahren bekannt war, das diese Trennung von Chiffrier- und Dechiffrierschlüssel ermöglichte. Erst zwei Jahre später entwickelten Rivest, Shamir und Adleman das nach Ihnen benannte RSA Verfahren, die auch heute noch bedeutsamste Realisierung eines Public Key Verfahrens.

RSA

Dieses Verfahren benutzt zahlentheoretische Operationen zur Chiffrierung/Dechiffrierung, bzw. Signaturerzeugung/Signaturprüfung. Seine Sicherheit, insbesondere die Tatsache, daß der geheime Schlüssel nicht aus dem öffentlichen rekonstruierbar ist, beruht darauf, daß ein Produkt zweier "zufälliger" mehr als 100-stelliger Primzahlen auch bei Einsatz aller auch in absehbarer Zukunft verfügbarer Rechenleistung nicht mehr in diese Faktoren zerlegbar ist. Es läßt sich recht zuverlässig abschätzen, wie groß die Zahlen sein müssen, um Sicherheit für 20 Jahre zu gewährleisten.
Sicherheit für 5 Jahre bieten Schlüssel von 768 Bit Länge; für Anwendungen bei Zertifizierungsinstanzen oder zur Kontrolle nuklearer Waffensysteme wird man dagegen Schlüssel von 1024 oder 2048 Bit Länge wählen.

Die Sicherheit des RSA-Verfahrens wird seit 20 Jahren intensiv "beforscht"; es haben sich keine wesentlichen Schwächen ergeben. Trotzdem bleibt ein "Restrisiko": Es gibt keinen mathematischen Beweis, daß es nicht bisher unbekannte Algorithmen gibt, die es möglich machen, den geheimen Schlüssel letztlich doch auszurechnen. Bisher ist kein Public Key Verfahren und auch keine klassische Chiffriermaschine bekannt, bei der dieses Restrisiko nicht bestünde.

Bei der Schlüsselerzeugung für RSA werden zwei "zufällige" Primzahlen von mindestens 384 Bit Länge benötigt. Diese können auch auf einem PC leicht erzeugt werden, jedoch ist die Qualität des dazu notwendigen "Zufallsgenerators" eine kritische Komponente. Gelänge es einem Angreifer, diesen so zu manipulieren, oder sonstwie zu erreichen, daß seine Outputs für ihn vorhersagbar wären, so könnte er später den geheimen Schlüssel errechnen. (Es ist gelungen den Zufallsgenerator des Netscape Browsers zur Erzeugung sogenannter Session-Keys für das SSL-Protokoll vorherzusagen; dieser Fehler wurde inzwischen repariert). Man sieht, daß viele Komponenten bei der Sicherheit eines kryptographischen Systems zusammenwirken müssen.
Das Produkt der beiden Primzahlen dient als öffentlicher Schlüssel; eine weitere Zahl von mindestens 768 Bit Länge, die nur bei Kenntnis dieser Primzahlen errechenbar ist, dient als geheimer Schlüssel.

Andere Public Key Verfahren

Grundlage des RSA Verfahrens war die mathematische Tatsache, daß hinreichend große Primzahlen zwar leicht zu erzeugen und zu multiplizieren sind, die entsprechende Zerlegung des Produkts in seine Faktoren aber praktisch unmöglich ist. (Theoretisch haben wir auf der Schule gelernt, daß jede Zahl eindeutig in ihre Primfaktoren zerfällt). In der Mathematik sind einige andere Probleme bekannt, bei denen Rechnungen in einer Richtung leicht, in der Rückrichtung aber praktisch unmöglich durchführbar sind, falls man nicht über gewisse Zusatzinformationen, die dann als geheimer Schlüssel dienen können, verfügt. Solche Probleme können dann zur Begründung von Public Key Systemen eingesetzt werden und somit Möglichkeiten der vertraulichen Datenübermittlung für beliebig große Teilnehmerkreise und der digitalen Signatur bieten.

Eine besonders wichtige Problemklasse in diesem Zusammenhang ist das sogenannte "Diskrete Logarithmus Problem", auf dem Systeme wie Diffie/Hellman und ElGamal basieren:

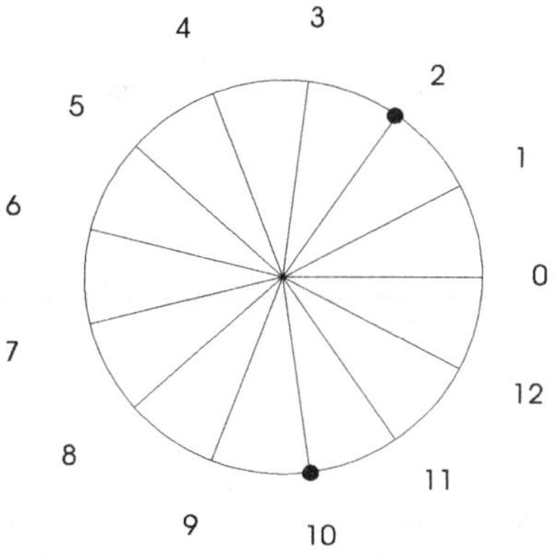

Der obige Kreis ist in 13 Teile geteilt. Durch wiederholte Verdoppelung des zwischen 0 und 2 liegenden Winkels werden alle von 0 verschiedenen Punkte erreicht. Logarithmus Problem: Wie oft muß man den Winkel verdoppeln, um den Punkt 10 zu erreichen? Man findet das nur durch Ausprobieren heraus: 2 - 4 - 8 - 3 - 6 - 12 - 11 - 9 - 5 - 10, also 9 mal. Wäre der Kreis statt in 13 Teile in 200-stellig viele Teile zerlegt worden, so ließe sich das entsprechende Problem weder durch Ausprobieren noch durch sonstige den Mathematikern bekannte Methoden praktisch lösen. Andererseits ist die "Vorwärtsrechnung", den Winkel derartig oft zu verdoppeln, effektiv durchführbar und erfordert in etwa nur soviele Schritte, wie die "Verdoppelungszahl" Stellen besitzt.

Wählt man statt Kreisen wie in obiger Diskussion komplexere Objekte, sogenannte "elliptische Kurven", so vereinfachen sich sogar die notwendigen Rechnungen für dieselbe Sicherheitsstufe; solche Systeme eignen sich zur Implementation auf kryptographischen Chipkarten; ein Ansatz, den man insbesondere auch bei der Firma Siemens verfolgt.

Hybride Verfahren

Public Key Verschlüsselungs- und Signaturoperationen sind um einen Faktor 1000 aufwendiger und daher (in Software) langsamer als "klassische Chiffrieralgorithmen" wie DES oder IDEA. Zum Verschlüsseln geht man deshalb in der Praxis so vor: Mit Hilfe eines kryptographisch sicheren Zufallsgenerators wird ein "Sitzungs-Schlüssel" für einen klassischen Algorithmus erzeugt. Nur dieser Sitzungsschlüssel wird Public-Key verschlüsselt und vornweg übermittelt, die eigentlichen Daten dann klassisch verschlüsselt. Auf diese Weise erhält man den

Vorteil des einfacheren Schlüsselmanagements des Public Key Verfahrens und die Geschwindigkeit des klassischen. Andererseits sind jetzt natürlich mehr Systemkomponenten im Spiel, und jede Kette ist nur so stark wie das schwächste Glied.

Auch für die Signatur wird ein entsprechender Trick benutzt: mittels einer *kryptographischen Hashfunktion* werden die zu signierenden Daten auf beispielsweise 128 Bit komprimiert. Dies muß und kann so geschehen, daß es rechnerisch nicht möglich ist, andere Ausgangsdaten zu finden, die denselben "Hashwert" liefern. Dadurch wird erreicht, daß genausogut nur dieser Hashwert signiert werden kann, anstelle der Gesamtdatenmenge. Sichere Hashalgorithmen arbeiten genauso schnell wie klassische Chiffrieralgorithmen, (sind sogar häufig von diesen abgeleitet); die Public Key Signieroperation wirkt nur auf eine kleine Datenmenge, so daß insgesamt der gesamte Signiervorgang sehr schnell arbeitet. Allerdings kommt auch hier wieder eine zusätzliche Komponente, die Hashfunktion, ins Spiel, die kryptographisch sicher und auch korrekt implementiert sein muß. Wichtige Hashalgorithmen sind MD5 (entwickelt von R. Rivest) und der US-Standard SHA.

Schlüsselmanagement

Zum Schlüsselmanagement gehören sichere Erzeugung , Transport, Aufbewahrung, Gebrauch, Backup, Vernichtung, Revozierung kryptographischer Schlüssel. Wenn wir in Zukunft solche Schlüssel für rechtsverbindliche Signaturen einsetzen, kann es durchaus vernünftig sein, sie in offiziell zertifizierten und lizensierten *Trust Centern* erzeugen zu lassen, wo in professioneller Weise eine sichere Umgebung und kryptographische Qualität garantiert wird.

Schlüssel-Zertifizierung

Wenn man beispielsweise eine von der Universität Bremen digital signierte Promotionsurkunde prüfen will, muß der entsprechende öffentliche Signierschlüssel der Universität bekannt sein. Für öffentliche Schlüsselverzeichnisse muß sichergestellt werden, daß die dort vorgehaltenen Schlüssel auch authentisch sind. Dies kann aber ohne besondere Sicherheitsanforderungen an den Betreiber des Schlüsselverzeichnisses garantiert werden. Es genügt nämlich, wenn die Zuordnung Name - Schlüssel ihrerseits die digitale Unterschrift einer Zertifizierungsinstanz trägt, der wir für diesen Fall vertrauen. Solche Zuordnungen samt weiteren Informationen und zusätzlicher Unterschrift einer Zertifizierungsinstanz heißen Zertifikate, im Schlüsselverzeichnis werden also Zertifikate gespeichert. Indem sich Zertifizierungsinstanzen gegenseitig oder hierarchisch geordnet zertifizieren, wird es möglich, öffentliche Schlüssel einer "fremden" Person oder Institution zu verifizieren.

Ein wichtiger Standard für den Umgang mit Zertifikaten und Zertifizierungshierarchien ist ISO X.509. Weitere Forderungen an *Trust Center* als Zertifizierungsinstanzen für rechtsverbindliche Signaturschlüssel beinhaltet das im Referentenentwurf vorliegende *Digitale Signaturgesetz*. In der zugehörigen *Elektronischen Unterschriftsverordnung, §126a Abs. 2 BGB* wird auf die Sicherheit der technischen Verfahren, Details der Beantragung, Ausstellung, Inhalt, Gültigkeitsdauer, Haftungsbeschränkungen, Sperrung und Widerruf von Zertifikaten, Zulassung von Zertifizierungsinstanzen und Anerkennung ausländischer Signaturverfahren eingegangen.

Schlüssel-Hinterlegung

Die eigenen privaten kryptographischen Schlüssel müssen einerseits geheim bleiben, dürfen aber auch nicht verlorengehen. Man könnte sie also auf verschiedenen Datenträgern in Schließfächern verschiedener Banken oder bei Notaren deponieren. Sinnvoller wäre es, bei so immateriellen Objekten wie kryptographischen Schlüsseln systemimmanenter vorzugehen. Banken und Notare werden in Zukunft Treuhanddienste für digitale Dokumente anbieten; wesentliche geldwerte Objekte werden in Zukunft nur noch in dieser Form vorliegen. Das zu schützende Dokument kann jetzt mit Hilfe spezieller Algorithmen, sogenannter *Schwellenschemata*, zerlegt werden, beispielsweise in 3 Teile, die bei verschiedenen Treuhändern (verschlüsselt verschickt per Email) hinterlegt werden. Der Benutzer kann, wenn es nötig wird, seine Information mit Hilfe der bei zwei Treuhändern hinterlegten Teile rekonstruieren, d.h. eine Hinterlegungsinstanz darf ausfallen. Kein Treuhänder kann aus der nur bei ihm hinterlegten Teilinformation irgendein Wissen über das Originaldokument ableiten.

Wenn in Zukunft sämtliche digitale Kommunikation nur noch verschlüsselt abläuft, bleibt die Frage: wie kann staatlich legitimierte Überwachung von Kommunikation dann noch stattfinden? Zu verlangen, daß jeder seine Schlüssel a priori an die Polizei oder eine andere Behörde herausrückt, dürfte politisch nicht durchsetzbar sein. Verschlüsselte Kommunikation überhaupt zu verbieten (Frankreich, Rußland), ist aber technisch nicht durchsetzbar (*Steganographie*). Es wird daher für ein *Kryptogesetz* Kompromißvorschläge geben, wie bei der sogenannten *Clipper Initiative* in den USA. Beispielsweise könnten nach der Erzeugung der eines Schlüsselpaars zur sicheren Kommunikation bei einer zentralen Instanz Teilschlüssel an zwei Treuhandinstitutionen abgegeben werden. Bei einer genehmigten Abhöraktion wird sich der "Bedarfsträger" gegenüber diesen Treuhändern legitimieren, die Herausgabe der Teilschlüssel erreichen und so die Abhörmaßnahme durchführen können.

An einem solchen Szenario wäre folgendes zu verbessern:
Es muß und kann gewährleistet werden, daß die ausgehändigten Schlüssel nur ein bestimmtes "Zeitfenster" für das Abhören ermöglichen.
Eine zentrale Erzeugung der Schlüssel sollte nicht erzwungen werden. Der Benutzer sollte den Treuhändern auch Teile selbsterzeugter Schlüssel übergeben können. Dies kann in vertrauenswürdiger Weise geschehen (*faire Kryptosysteme*).
Die Treuhandinstitutionen dürfen nicht ausschließlich der Exekutive unterstehen.

Steganographie

Es handelt sich um verschiedene algorithmische Verfahren, um verschlüsselte Informationen in digitalisierten Analogdaten, also Bild oder Tondaten, so zu verstecken, daß jemand, der nicht über den Dechiffrierschlüssel verfügt, gar nicht feststellen kann, daß diese Information überhaupt vorhanden ist. Mit der allgemeinen Verfügbarkeit solcher Methoden wird ein Verbot "nicht zugelassener Kryptoverfahren" sinnlos, da man nicht den intendierten Gegner, also organisierte Kriminalität, gegnerische Geheimdienste, etc. gar nicht treffen würde.

Ein Gegenargument ist hier, daß man zwar die geschützte Kommunikation krimineller Elemente untereinander so nicht verhindern könne, wohl aber ihre Kontakte mit der legalen Außenwelt, beispielsweise beim Buchen von Mietwagen, Hotels, etc.

US-amerikanische Exportpolitik:

Die amerikanische Computer- und Softwareindustrie war lange Zeit führend in Entwicklung und Realisierung moderner computergestützter Kryptoverfahren. Da der Export entsprechender "starker" Hardware und Software (auch nach Westeuropa) jedoch unter Waffenkontrollgesetze fällt, durften bisher nur "abgespeckte" Versionen exportiert werden, was der Wissenschaft und Industrie in Europa ein Aufholen ermöglichte. Beispiel für unsichere Exportsoftware: die Firma Netscape verwendet in ihrer Client und Server Software zum Aufbau sicherer Datenverbindungen im World Wide Web den an sich starken Algorithmus RC-4. Für Exportversionen wurden hierfür aber die Schlüssellängen auf 40 Bit reduziert, ein für uns sicher nicht akzeptables Verfahren. Einige Pariser Studenten haben kürzlich demonstriert, wie relativ einfach hier eine erschöpfende Schlüsselsuche durchführbar ist.

Spezielle Public Key Implementationen

PEM (Privacy Enhanced Mail) wurde als Internet Standard für sichere Email entwickelt und in den Internet Standard Dokumenten RFC 1421-1424 spezifiziert. PEM benutzt RSA und DES, sowie im wesentlichen X.509 für das Schlüsselmanagement. Der praktische Wert ist dadurch eingeschränkt, daß es eine globale hierarchische Zertifizierungshierarchie voraussetzt, die längst noch nicht existiert. Die Implementation **SecuDE** der GMD ist z.Zt. frei verfügbar und kann zu Testzwecken eingesetzt werden. Für den zu schützenden zukünftigen Datenverkehr für Abrechnungsdaten zwischen Krankenhäusern und Krankenkassen wird die PEM Spezifikation vorgeschlagen.

PGP (Pretty Good Privacy) ist ein Public Domain Softwarepaket, das auf praktisch allen Hardware/Betriebssystemplattformen lauffähig ist. Es ist ein hybrides System auf der Basis RSA/IDEA, mit einem ausgefeilten dezentralen Schlüsselmanagement, welches es sofort einsetzbar macht. Wegen der IDEA-Komponente sind bei kommerziellem Einsatz Lizenzgebühren an die Schweizer Firma Ascom-Tech zu zahlen (bis zu 15$/Maschine).
PGP hat sich als de facto Standard im Internet durchgesetzt, da es keine externen Infrastrukturen voraussetzt. Der Source Code liegt vollständig vor und wird seit Jahren im Internet kritisch diskutiert (sci.crypt, alt.security.pgp). Kryptographische Qualität und Software Engineering sind ausgezeichnet, Source Code und vorkompilierte Versionen durch digitale Signaturen der Leiter der Entwicklungsteams gegen Manipulationen geschützt. PGP wird von den Landesdatenschutzbehörden empfohlen und in Pilotprojekten in den Landesfinanzverwaltungen in Baden Württemberg, Niedersachsen und Bremen eingesetzt. Vom Autor dieses Artikels stammt eine Version, die Blockchiffrierkomponente IDEA gegen den lizenzfreien 3DES austauscht.

Kryptographische Chipkarten

Wenn es um das sichere Aufbewahren geheimer Schlüssel geht, sind reine Softwaresysteme gefährdet, insbesondere vernetzte Rechner. Dabei werden Schlüssel ihrerseits verschlüsselt im Dateisystem verwahrt, aber im Arbeitsspeicher des Rechners kurzzeitig im Klartext benutzt, nachdem durch Paßworteingabe die Entschlüsselung des Schlüssels freigegeben wurde. Sehen wir von elektromagnetischen Abstrahlungen des Rechners ab, so sind Angriffe gegen den geheimen Schlüssel durch Viren, trojanische Pferde, den Systemverwalter, oder andere möglich.

In einer kryptographischen Chipkarte ist der geheime Schlüssel des Benutzers unauslesbar eingeschrieben und verläßt auch bei Entschlüsselungs- und Signieroperationen nie diese gesicherte Umgebung. Dies ist ein wichtiges Sicherheitsmerkmal. Leider haben solche Karten kein eigenes manuelles Input und Displaysystem. Die Karte unterschreibt also blind, was der Rechner ihr zur Unterschrift reicht: dies kann bei einem manipulierten Rechner durchaus etwas anderes sein als das, was der Benutzer eingegeben hat oder auf dem Display sieht. Zukünftige PDAs (Personal Digital Assistants) werden hier Abhilfe schaffen; auch der **ME-Chip** der Firma ESD bietet zumindest sicheren Input. Eine wünschenswerte weitere Eigenschaft, die gegenwärtigen Karten nicht besitzen, ist die Erzeugung der Schlüssel auf der Karte. Daß die Schlüssel also zunächst anderweitig erzeugt und dann auf die Karte gebracht werden müssen, gefährdet sie in jener "Lebensphase". RSA fähige kryptographische Chipkarten gibt es bei uns von **Philips, Siemens, Gemplus und CE-Infosys**.

Neuartige Physikalische Verfahren

Quantenkryptographie sendet zur Informationsübermittlung einzelne Photonen über Glasfaser. Zwischen Sender und Empfänger herrscht ein "quantenkohärenter Zustand". Abhörversuche zerstören die Information, allerdings auch für den Empfänger. Es gibt inzwischen Teststrecken über 30 km.

Auch zur Realisierung "starker Zufallsgeneratoren" könnten in Zukunft Methoden der Quantenoptik dienen.

Quantencomputer sind zur Zeit intensiv studierte, aber nicht praktisch realisierte Objekte der physikalischen und informationstechnischen Grundlagenforschung. Würden sie realisiert, so wäre beispielsweise das RSA-Public-Key System und andere kryptographische Algorithmen nicht mehr sicher. Die Forschung bemüht sich einerseits um Verfahren "safe against quantum attacks", andererseits um neuartige, erst auf Quantencomputern lauffähige Kryptoalgorithmen.

Software vs. Hardware

Software ist i.a. billig und flexibel, Hardware oft teuer und oft umständlich zu handhaben. Wenn es auf Geschwindigkeit ankommt, sind manchmal nur Hardware-Lösungen möglich, man denke an die Übertragungsgeschwindigkeiten bei ATM oder TV. Softwareverschlüsselung wird z.Zt. kaum wesentlich 100 kByte/sec übertreffen, was natürlich für die meisten und sehr wichtige Anwendungen völlig ausreicht. Bei reinen Softwareimplementationen sind die kryptographischen Schlüssel, wie oben erwähnt, leichter ausspähbar und sollten nach Möglichkeit durch Hardware, z.B. kryptographische Chipkarten geschützt werden.

Kontrolle verschlüsselter Datenströme

Wenn in einer Organisation eine kryptographische Infrastruktur, beispielsweise ein Public Key System mit Untereinheiten wie Verzeichnis öffentlicher Schlüssel, Zertifizierungsinstanz, Treuhandinstanz, etc. eingeführt wird, müssen im Vorfeld verschiedene Punkte geklärt und in einem "Policy Statement" festgehalten werden:

- Sollen die Schlüssel zentral, dezentral, oder von den Benutzern selbst erzeugt werden?
- Wie soll das Hinterlegungssystem für die privaten Schlüssel gestaltet und konfiguriert werden?
- Unter welchen Umständen wird auf den privaten Schlüssel eines Benutzers zugegriffen?
- Sollten nach außen gehende verschlüsselte Daten zugleich immer mit einem oder mehreren "Supervisor Schlüsseln" zu rekonstruieren sein, auf die unter definierten Umständen zugegriffen werden kann?

Verwandte Fragen stellen sich natürlich grundsätzlich bei Verwendung organisationsinterner und organisationsübergreifender digitaler Kommunikation. Da diese bisher im Klartext geschieht, wird sich beispielsweise Industriespionage bisher kaum auf diesem Wege abspielen. Bei Einsatz "starker Kryptographie", für die allein die Täter über die Schlüssel verfügen, sieht dies aber anders aus und man wird dies in den Schlüsselhinterlegungsszenarien berücksichtigen müssen.

Schluß:

Es gibt viele weitere Aspekte der Anwendung von Verschlüsselungsverfahren, auf die hier nicht weiter eingegangen wird: digitales (anonymes) Geld und Finanztransaktionen, Verwendung von Pseudonymen in der Beziehung zwischen Individuen und Institutionen, technische Datensicherheit in der Medizin, digitale Wahlen, die frei und geheim sind, bei denen aber jeder Wähler die Korrektheit der Zählung kontrollieren kann, Zeitstempeldienste, und vieles andere mehr. Wir haben uns hier auf die Vorstellung und Diskussion einiger grundlegender Mechanismen beschränkt.

Klar sollte geworden sein, daß kryptographische Algorithmen, Protokolle, Technologien und Infrastrukturen zur Sicherung unserer Informationsgesellschaft und der Realisierung der informationellen Selbstbestimmung der Bürger eine wesentliche Rolle spielen werden.

NVE/EAN 128 im Warenfluß eines internationalen Speditionsunternehmens

Jens Müller, Karlsruhe

1. Auswahl des Barcode-Systems

Bei der Auswahl des Barcodesystems waren der Fa. DACHSER zwei Faktoren besonders wichtig:

- Das System muß sich problemlos in die Betriebsabläufe der Kunden integrieren.
- Es müssen genügend Optionen für die Zukunft offenstehen, um vom technischen Fortschritt nicht abgeschnitten zu werden.

Eine Insellösung (= eigenes Barcodesystem) kam daher für DACHSER nicht in Frage, da man bereits recht früh erkannt hatte, daß nur ein branchenübergreifendes Barcode System die notwendige Kundenakzeptanz finden wird.

DACHSER entschied sich deshalb für ein nach allen Seiten hin offenes System: der **"Nummer der Versandeinheit (NVE)"** im EAN 128 Standard.

Die NVE dient dazu, Versandeinheiten auf Ihrem Weg vom Versender zum Empfänger weltweit eindeutig zu identifizieren, d.h. die NVE hat einen rein identifizierenden Charakter, der den Datenzugriff auf vorhandene Daten (Stammdaten oder per EDI übermittelte Informationen) ermöglicht.

Der Rückgriff auf vorhandene Daten ist der rationelle Ansatz zur Standardisierung von Kommunikationsbeziehungen zwischen allen Partner der logistischen Kette.

Verändern sich die Informationsbedürfnisse eines Partners müssen nur die vorgehaltenen Stammdaten geändert werden.

Mit dem Wissen, daß sich in der Praxis z.B. durch Umverfügungen etc. der Informationsbedarf innerhalb der Logistikkette ständig ändert, hat sich DACHSER daher für die NVE entschieden.

Zusammenfassend kann gesagt werden, daß DACHSER die Hauptvorteile der NVE in der Kompatibilität mit der EAN-Artikelnumerierung sowie der Standardisierung und Lesbarkeit in derzeit 71 Ländern der Erde sieht.

2. Kundenakzeptanz

Der Erfolg eines Barcodesystems hängt mit der Akzeptanz der Kunden und deren Bereitschaft, die Sendungen entsprechend mit Barcodelabeln zu versehen, ab.

DACHSER konnte bei seinen Kunden eine sehr hohe "Labelbereitschaft" feststellen. Der beschleunigte Warenausgang, die schnelle Fakturierung, die barcodegestützte Sendungsbeauskunftung waren überzeugende Argumente für das DACHSER-Barcode-System.

Die vorgedruckten NVE Barcode-Label werden den Kunden zum einen durch DACHSER kostenlos zur Verfügung gestellt, zum anderen kann die NVE auch durch den Kunden selbst über die kundeneigene DV generiert werden. Voraussetzung hierfür ist lediglich die Einhaltung der EAN-Richtlinien und die Zuteilung einer eigenen BBN/ILN Nummer durch die Centrale für Coorganisation in Köln.

Übrigens verfügt jeder Betrieb der EAN-Artikelnumerierung betreibt, über eine BBN/ILN Nummer und hat somit die wichtigste Voraussetzung zur Generierung der NVE bereits erfüllt.

Eine weitere Alternative zum Erzeugen der Barcodelabel stellt das jüngste Produkt bei DACHSER dar. Seit Oktober 1995 stellt DACHSER interessierten Kundenkreisen eine PC-gestützte Versandsoftware zur Verfügung, die ebenfalls die Packstück ID "NVE" unterstützt.

3. Einsatz der "Nummer der Versandeinheit" bei DACHSER

Nahverkehr-Entladung

Jede einzelne Versandeinheit wird an der ersten Schnittstelle DACHSER/Nahverkehrsunternehmer nach der Abholung gescannt und protokolliert.

Darüberhinaus werden dem Entladepersonal über Datenfunk während dem Scannvorgang die wichtigsten Entladekennzeichen auf dem mobilen Datenerfassungsgerät (MDE) mitgeteilt.

Fernverkehr-Beladung

Der Einsatz modernster Technik (Datenfunk) ermöglicht das Vorhalten wichtiger Verladedaten zeitgleich an zwei verschieden Stellen, so daß DACHSER die Versandeinheiten nochmals bei Verlassen der Terminals scannen und protokollieren kann.

Darüberhinaus ist man in der Lage, bei jeder Versandeinheit eine Plausibilitätsabfrage vorzunehmen, ob die jeweiligen Versandeinheiten überhaupt für die entsprechenden Fernverkehrsfahrzeuge vorgesehen sind. Die Fehlverladungsquote konnte somit nachhaltig minimiert werden.

Fernverkehr-Entladung

Die Fernverkehrsentladung erfolgt ebenfalls barcodegestützt über Funkscanner. Der Hauptvorteil einer barcodegestützten Entladung liegt eindeutig an dem automatisierten SOLL/IST Abgleich (Entladebericht), d.h. Informationen über mögliche Differenzen werden zeitnah der Ausgangsniederlassung, ebenfalls per EDI, mitgeteilt.

Nahverkehr-Beladung

Diese Modul befindet sich noch in der Entwicklung und wird in Kürze ebenfalls in die DACHSER-Organisation integriert.

4. Kundenvorteile der "Nummer der Versandeinheit"

Die Vergabe der standardisierten NVE bietet für den **Versender** folgende Hauptvorteile:

- Schnelle Auskunft über den Status der Sendung. Der Kunde findet mit der eigenen NVE seine Versandeinheit in der DACHSER Sendungsauskunft.

- Auf dem Transport befindliche Waren lassen sich schneller und gezielter lokalisieren und gegebenenfalls zurückrufen.

- Mit der NVE können eine Vielzahl von Informationen verknüpft werden (Gewichtsangabe, Artikelnummer, MHD etc.).

- Warenausgangsscanning

Die Vergabe der standardisierten NVE bietet für den **Empfänger** folgende Hauptvorteile:

- Beschleunigung der Abläufe an der Wareneingangsrampe durch den maschinell lesbaren NVE-Code. Zeitraubende manuelle Vergleichsarbeiten entfallen.

- Reduzierung der Rückfragen und Mißverständnisse bei der Abrechnung auf ein Minimum.

- Belegloses Einbuchen der Wareneingänge in ein Warenwirtschaftssystem.

DACHSER
EAN-Organisation
Länderliste:
Argentinien
Australien
Belgien & Luxemburg
Brasilien
Bulgarien
Chile
China
Dänemark
Deutschland
Ecuador
Estland
Finnland
Frankreich
Griechenland
Großbritannien
Hongkong
Indonesien
Irland
Island
Israel
Italien
Japan
Jugoslawien
Kolumbien
Kroatien
Kuba
Malaysia
Malta
Marokko
Mexico
Neuseeland
Niederlande
Norwegen
Österreich
Peru
Philippinen
Polen
Portugal
Rußland
Schweden
Schweiz
Singapur
Slowenien
Spanien
Südafrika
Südkorea
Taiwan
Thailand
Tschechien
Türkei
Tunesien
Ungarn
Uruguay
USA
Venezuela
Zypern
CCG = Vertretung
für Deutschland
547

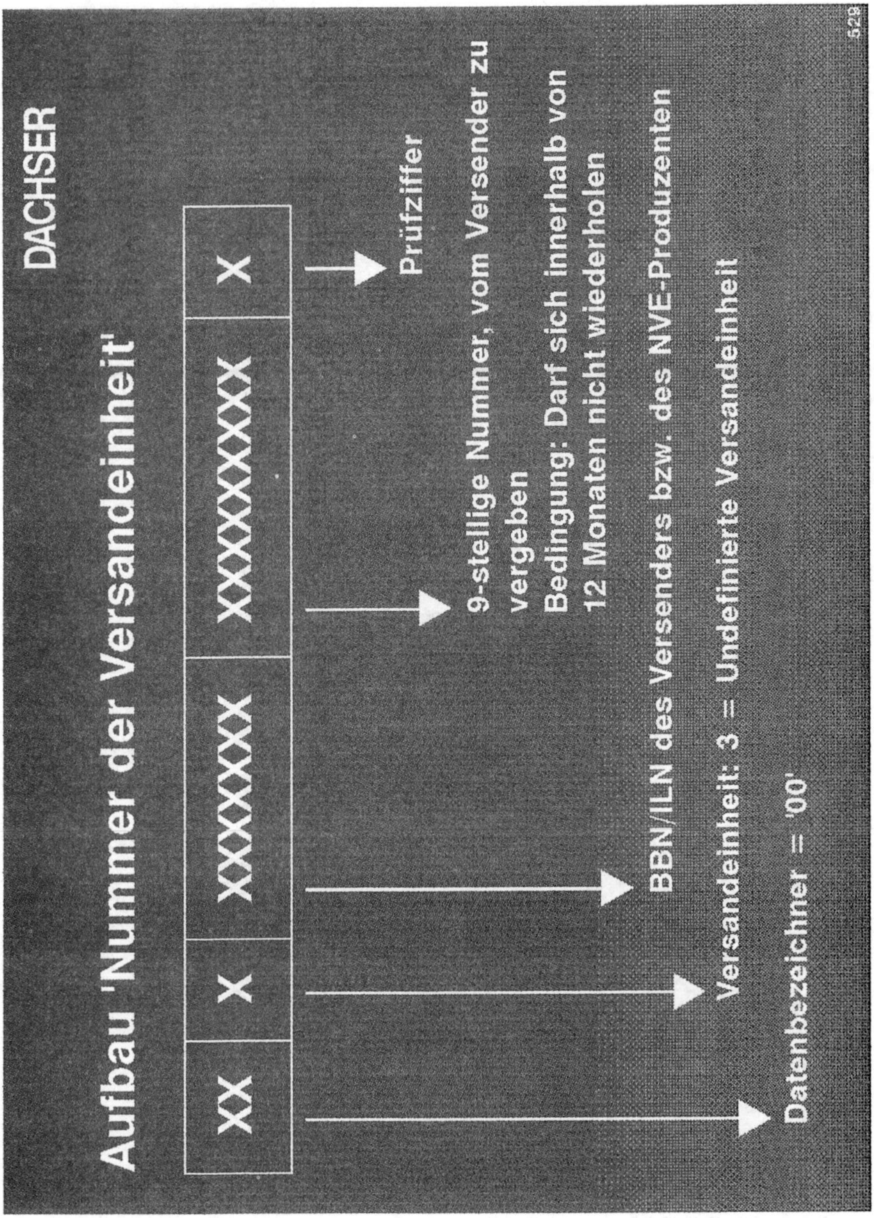
DACHSER
Aufbau 'Nummer der Versandeinheit'
XX
X
XXXXXXX
XXXXXXXXX
X
Prüfziffer
9-stellige Nummer, vom Versender zu vergeben
Bedingung: Darf sich innerhalb von 12 Monaten nicht wiederholen
BBN/ILN des Versenders bzw. des NVE-Produzenten
Versandeinheit: 3 = Undefinierte Versandeinheit
Datenbezeichner = '00'
528

NVE-Label-Varianten
DACHSER
Kundenlabel von DACHSER
Versandeinheit
DACHSER Berlin
NVE/SSCC
00340222940002080143
Kunde NVE / SSCC
00340222940002080143
Auftrag NVE / SSCC
00340222940002080143
Kundenadresslabel von DACHSER
Versandeinheit
DACHSER Berlin
NVE/SSCC
00340222940002080157
Kunde NVE / SSCC
00340222940002080157
Auftrag NVE / SSCC
00340222940002080157
Absender
Datum:
Empfänger
Vom Versender erzeugtes Label
NVE/SSCC
Badischer Weinvertrieb, 67098 Bad Dürkheim
Empfänger:
Voraussetzungen:
Eigene BBN/ILN und selbständige Vergabe der 9-stelligen-Nr. (Kann evtl. Lieferschein-Nr. oder andere bestehende ID sein)
532

DACHSER
NVE-Einsatz bei DACHSER
NVE
Relation 0033
AS/400
- NV-Entladung
Anzeige Verladehinweis (Rel., Produkt, Sonderbehandl.)
- FV-Beladung
Warnung, wenn Verladegefäß nicht mit zugeordneter Relation übereinstimmt
Vollzähligkeitskontrolle vor Abfahrt
- FV-Entladung
Anzeige Verladehinweis (Rel., Produkt, Sonderbehandl.)
Automatischer Entladebericht
- NV-Beladung
Warnung, wenn Verladegefäß nicht mit zugeordneter Relation übereinstimmt
- NV-Zustellung
Digitalisierte Unterschrift
Sofortige Statusweitergabe an das SAS
620

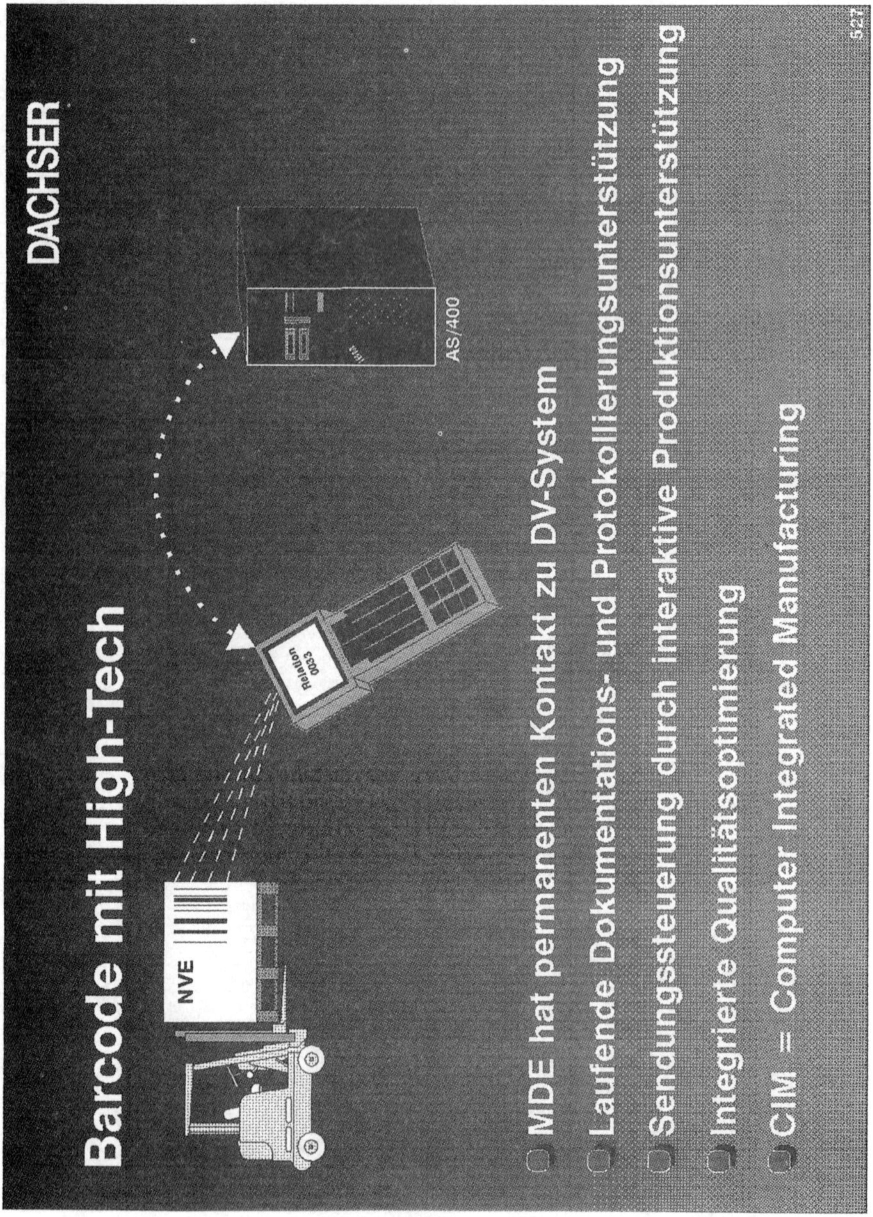
Barcode mit High-Tech
DACHSER
NVE
Relation
0033
AS/400
MDE hat permanenten Kontakt zu DV-System
Laufende Dokumentations- und Protokollierungsunterstützung
Sendungssteuerung durch interaktive Produktionsunterstützung
Integrierte Qualitätsoptimierung
CIM = Computer Integrated Manufacturing
527

DACHSER
NVE-Einsatz beim Kunden
-Zeitgleiche Information zum Sendungsstatus
-Exakte Bestimmung der einzelnen Versand-
einheit bei unvollständiger Lieferung
-Detailgenaue Kenntnis bei Rückrufaktionen
Rampe Versender
Artikel C + D
Besteller
Bestand
Verladen am
Eindeutige Identifikation zum Spediteur
SAS
-Beschleunigte Warenannahme
-Effizientere interne Warenflußsteuerung
-DV-Abgleich Bestellung/Wareneingang/
Rechnung
Rampe Empfänger
Lieferant
Artikel C + D
Bestellung vom
Bestand
547

Nr.		DM
1195	**Blockheizkraftwerke '95** **Technik und Entwicklung, Wirtschaftlichkeit, Betriebserfahrungen** (Tagung Essen 1995)	108,–
1196	**Experimentelle Verfahren zur Lösung bautechnischer Aufgaben** (Tagung Hannover 1995)	108,–
1199	**Erfahrungen mit dem LWL-Koppler** (Tagung Berlin 1993)	78,–
1200	**Solarthermische Kraftwerke II** (Tagung Stuttgart 1995)	108,–
1201	**Wasserstoff Energietechnik IV** (Tagung München 1995)	108,–
1202	**Großbehälterbau** (Tagung Stuttgart 1995)	168,–
1204	**Lebensstandard, Lebensstil und Energieverbrauch** (Tagung Veitshöchheim 1995)	108,–
1205	**Brenner in der Heiztechnik** (Tagung Dresden 1995)	87,–
1206	**Kommissionieren in Industrie und Handel** (Tagung Kassel 1995)	78,–
1207	**Gleitwälzkontakte** (Tagung Fulda 1995)	168,–
1208	**Turbokompressoren im industriellen Einsatz III** (Tagung Hannover 1995)	138,–
1209	**Luftfremde Stoffe am Arbeitsplatz** (Tagung Fulda 1995)	138,–
1210	**Informationserfassung und -verarbeitung in der Energietechnik** (Tagung Dresden 1995)	108,–
1211	**Landtechnik 95** (Tagung Braunschweig 1995)	108,–
1212	**Erfolg mit Produktinnovation** (Tagung Braunschweig 1995)	78,–
1213	**Schalltechnik '95 – Geräuschemissionsmessung –** (Tagung Düsseldorf 1995)	108,–
1214	**Europäische Rechtssetzung zum Umweltschutz Teil II** (Tagung Düsseldorf 1995)	78,–
1215	**Simulation in der Praxis – neue Produkte effizienter entwickeln** (Tagung Fulda 1995)	138,–
1216	**CAD/CAM-Systemwechsel – ein Schritt ins Ungewisse?** (Tagung München 1995)	78,–
1217	**Wissensverarbeitung in Entwicklung und Konstruktion** (Tagung Nürnberg 1995)	108,–
1218	**Kumulierter Energieaufwand** (Tagung Veitshöchheim 1995)	108,–
1219	**Simulation und Simulatoren für den Schienenverkehr** (Tagung München 1995)	218,–
1220	**Schwingungen in Antrieben** (Tagung Veitshöchheim 1995)	218,–
1221	**Neue Spielregeln zwischen Vertrieb und Beschaffung** (Tagung Langen 1995)	78,–
1222	**Besondere Vertriebserfolge durch systematische Marktbearbeitung** (Tagung Berlin 1995)	108,–
1223	**Vom Wertanalyse-Koordinator zum Value Manager** (Tagung Düsseldorf 1995)	78,–
1224	**Reifen Fahrwerk Fahrbahn** (Tagung Hannover 1995)	168,–
1225	**Rationelle Energienutzung bei Hybridfahrzeugen** (Tagung München 1995)	108,–
1226	**Fortschrittlicher Rechnereinsatz in der kommunalen Energieversorgung** (Tagung Nürnberg 1995)	78,–
1227	**Festigkeitsberechnung metallischer Bauteile** (Tagung Fulda 1995)	108,–
1228	**Emissionen des Straßenverkehrs – Immissionen in Ballungsgebieten** (Tagung Berlin 1995)	218,–
1229	**Kluge Logistik in neuen Produktionsstrukturen** (Tagung Köln 1995)	78,–
1230	**International Conference on Gears** (Tagung Dresden 1996)	268,–
1231	**Bauteilschäden – Verschleiß und Verschleißschutz** (Tagung Würzburg 1995)	108,–
1232	**Kühlhäuser im Warenfluß** (Tagung Hannover 1995)	78,–
1233	**Die Lagerlogistik im turbulenten Umfeld** (Tagung Magdeburg 1995)	108,–
1235	**Neue Werkstoffe im Automobilbau** (Tagung Wolfsburg 1995)	138,–
1236	**Regenerative Energiesysteme erfolgreich planen und betreiben** (Tagung Osnabrück 1996)	108,–
1237	**Technik im Niedrigenergie-Gebäude** (Tagung Düsseldorf 1996)	78,–
1238	**Reine Technologien – Aktuelle Fragen der Reinraumtechnik** (Tagung Karlsruhe 1996)	108,–
1239	**Erfolg durch zuverlässige Technik** (Tagung Fulda 1995)	138,–

Nr.		DM
1240	**Auf dem Weg zur Trockenbearbeitung** (Tagung Düsseldorf 1996)	108,–
1241	**Fortschritte bei der thermischen, katalytischen, sorptiven und biologischen Abgasreinigung** (Tagung Mannheim 1996)	218,–
1242	**Optische und elektronische Verbindungstechnik** (Tagung München 1995)	108,–
1243	**Maskentechnik für Mikroelektronik-/Mikrotechnik-Bauteile** (Tagung München 1995)	78,–
1245	**Regelungs- und Optimierungskonzepte für den koordinierten Kraftwerks- und Netzbetrieb** (Tagung Berlin 1996)	138,–
1246	**Berlin baut im Grundwasser** (Tagung Berlin 1996)	138,–
1249	**Ventilatoren im industriellen Einsatz III** (Tagung Braunschweig 1996)	218,–
1250	**Externe Kosten von Energieversorgung und Verkehr** (Tagung Stuttgart 1996)	108,–
1251	**Energierückgewinnung durch Entspannungsmaschinen im industriellen Einsatz** (Tagung Magdeburg 1996)	108,–
1252	**Betriebsmanagement-Systeme in der Energietechnik** (Tagung Darmstadt 1996)	218,–
1253	**Energiekonzepte für Kläranlagen – heute und morgen** (Tagung Veitshöchheim 1996)	108,–
1254	**Ganzheitliches Produktrecycling elektr(on)ischer Geräte** (Tagung Düsseldorf 1995)	78,–
1255	**Sensoren und Meßsysteme** (Tagung Bad Nauheim 1996)	218,–
1256	**150 Jahre Wilhelm Maybach** (Tagung Heilbronn 1996)	78,–
1257	**Aktuelle Aufgaben der Meßtechnik in der Luftreinhaltung** (Tagung Heidelberg 1996)	268,–
1258	**Koordinatenmeßtechnik** (Tagung Erlangen 1996)	108,–
1259	**Materialfluß-Reengineering** (Tagung Ingolstadt 1996)	78,–
1260	**Geräusche und Schwingungen** (Tagung Veitshöchheim 1996)	78,–
1261	**Die Stärkung des Kundendienstes in Zeiten des Umbruchs** (Tagung Bad Honnef 1996)	87,–
1262	**Schüttgut fördern und lagern** (Tagung Köln 1996)	78,–
1263	**Kommissionieren heute – Warum Outsourcing „in" ist –** (Tagung Dortmund 1996)	78,–
1264	**Entwicklungen im Karosseriebau** (Tagung Hamburg 1996)	218,–
1268	**Stillegung und Rückbau kerntechnischer Anlagen** (Tagung Berlin 1996)	108,–
1269	**Innovative Kleinantriebe** (Tagung Mainz 1996)	168,–
1270	**Zukunftschance Produktentwicklung** (Tagung Dresden 1996)	108,–
1271	**Kernenergie – Option für die Zukunft** (Tagung Aachen 1996)	108,–
1274	**Innovative Umschlagsysteme an der Schiene** (Tagung Düsseldorf 1996)	108,–
1276	**Bearbeitung neuer Werkstoffe** (Tagung Aachen 1996)	248,–
1279	**Heiße Themen eiskalt gelöst** (Tagung Osnabrück 1996)	78,–
1280	**Entwicklungslinien der Energie- und Kraftwerkstechnik** (Tagung Siegen 1996)	248,–
1281	**Kurvengetriebe, Gelenkgetriebe, Gesteuerte Antriebe – Problemlösungen in der Bewegungstechnik** (Tagung Veitshöchheim 1996)	116,–
1282	**Verfahrens- und Fertigungstechnik. Energie – Umwelt – Kommunikation – Mechatronik – Theorie** (GMA-Kongreß '96 Baden-Baden)	268,–
1283	**Berechnung und Simulation im Fahrzeugbau** (Tagung Würzburg 1996)	218,–
1285	**VDI-Schwingungstagung '96 – Schwingungen in Maschinen, Fahrzeugen und Anlagen** (Tagung Veitshöchheim 1996)	218,–
1286	**Energieberatung für Industrie und Gewerbe nach VDI 3922 – Ein Instrument zur Kostensenkung und Klimavorsorge** (Tagung Köln 1996)	78,–
1287	**Elektronik im Fahrzeugbau** (Tagung Baden-Baden 1996)	268,–
1293	**Airport-Logistics** (Tagung Eindhoven 1996)	108,–
1300	**Müllverbrennungsanlagen und Kraftwerke, Erhöhung der Anlagensicherheit durch Schadensanalyse** (Tagung Würzburg 1996)	108,–
1303	**Menschengerechte Bedienung technischer Geräte** (Tagung Kaiserslautern 1996)	108,–
1305	**Erfolgreiche Produkte und Prozesse** (Tagung Mannheim 1996)	218,–

VDI VERLAG Postfach 10 10 54
40001 Düsseldorf